U0782253

高校教育管理的
方法研究

陈博　刘湘　张斌 ◎ 著

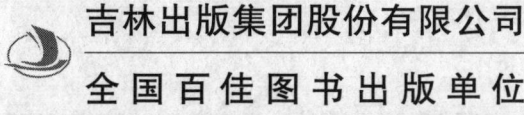

吉林出版集团股份有限公司

全国百佳图书出版单位

图书在版编目（CIP）数据

高校教育管理的方法研究 / 陈博，刘湘，张斌著
. — 长春：吉林出版集团股份有限公司，2022.7
ISBN 978-7-5731-1575-1

Ⅰ．①高… Ⅱ．①陈… ②刘… ③张… Ⅲ．①高等学
校—教育管理—研究 Ⅳ．①G640

中国版本图书馆CIP数据核字(2022)第094597号

GAOXIAO JIAOYU GUANLI DE FANGFA YANJIU

高校教育管理的方法研究

著　　者	陈　博　刘　湘　张　斌	
责任编辑	张婷婷	
装帧设计	朱秋丽	
出　　版	吉林出版集团股份有限公司	
发　　行	吉林出版集团青少年书刊发行有限公司	
地　　址	吉林省长春市福祉大路 5788 号（130118）	
电　　话	0431–81629808	
印　　刷	北京昌联印刷有限公司	
版　　次	2022 年 7 月第 1 版	
印　　次	2022 年 7 月第 1 次印刷	
开　　本	787 mm×1092 mm　　1/16	
印　　张	10.25	
字　　数	220 千字	
书　　号	ISBN 978-7-5731-1575-1	
定　　价	58.00元	

前　言

　　如今的中国正处于一个历史上前所未有的发展时期，人类科学技术的飞速发展、国际竞争的加剧，特别是知识经济的到来，使得人们对人才素质的要求不断提高。为了满足不断提高的人才培养要求，我国社会教育的结构类型、专业设置、课程设置、教育内容、教育的组织形式、培养手段、教育方法都已经或正在发生着变化。传统的教育教学管理者应主动接受现代科学管理理论的指导，不断提高决策水平，锻炼管理能力，形成自己的领导风格，以便在各项管理工作中取得事半功倍的效果，提高教育质量，为社会主义现代化建设培养更多的合格人才。

　　近些年来，我国教育管理研究和改革实践取得了不错的成绩，在许多方面都有了突破性进展。全国教育工作会议的召开和《中共中央国务院关于深化教育改革全面推进素质教育的决定》《国务院关于基础教育改革与发展的决定》《基础教育课程改革纲要（试行）》及《公民道德建设纲要》等一系列教育法规文件的颁布，对教育管理改革提出了许多新的要求，教育管理工作需要在新形势下做出进一步的调整、深化和完善。

　　本书共十章，在内容上对国内外教育管理理论兼收并蓄，紧密结合我国教育状况的实际，从教育管理原理、教育行政管理、学校管理三个方面入手，既阐述、探讨了教育管理理论，又重点分析、讲述了教育行政体制、政策法规、督导评价等教育行政管理实务，并结合学校管理的实际，对各类学校的目标管理、质量管理和领导艺术等提出了可行性的建议及具体操作方法，将理论指导和实际应用相结合。笔者在撰写本书的过程中，立足于我国的教育管理现状，重视国内外教育管理理论的新发展，以期为我国教育管理学发展提供参考。

　　由于笔者水平有限，本书可能存在着一些不足之处，希望广大读者给予批评指正，以便今后修订。

目　录

第一章　高等教育管理概述 …………………………………………… 1

　　第一节　高等教育管理的性质 ………………………………… 1

　　第二节　高等教育管理学的知识体系 ………………………… 8

第二章　教育管理的管理科学理论基础 ……………………………… 11

　　第一节　古典管理理论 ………………………………………… 11

　　第二节　行为科学管理理论 …………………………………… 15

　　第三节　现代管理科学理论 …………………………………… 22

第三章　教育管理发展趋势 …………………………………………… 38

　　第一节　教育管理发展的历史与现状 ………………………… 38

　　第二节　现代教育管理的发展趋势 …………………………… 39

　　第三节　教育管理现代化的理性思考 ………………………… 43

第四章　学校德育管理理论与实践研究 ……………………………… 47

　　第一节　学校德育管理的重要性 ……………………………… 47

　　第二节　学校德育内容与任务 ………………………………… 47

　　第三节　学校德育管理实效性提高的方法 …………………… 51

第五章　学校师生管理的理论与实践研究 …………………………… 56

　　第一节　学生管理工作的特点、观念与内容 ………………… 56

　　第二节　学生管理工作的基本原则 …………………………… 60

　　第三节　教师管理的地位和作用 ……………………………… 62

　　第四节　教师管理现状与教师管理制度创新 ………………… 66

第六章　学校领导体制与领导艺术 …………………………………… 74

　　第一节　领导艺术概述 ………………………………………… 74

　　第二节　领导艺术提高的主要途径 …………………………… 79

第七章　教育行政管理研究 ·································· 85

第一节　教育行政管理概述 ···································· 85

第二节　教育行政管理的性质、职能和原则 ·········· 89

第三节　教育体制与教育机构 ······························ 100

第四节　现行的教育体制及改革措施 ···················· 104

第八章　教育计划研究 ·· 110

第一节　教育计划在教育管理中的应用 ·················· 110

第二节　教育计划的制订 ······································ 111

第三节　教育计划的执行和控制 ···························· 115

第九章　教育政策与法规建设 ·································· 118

第一节　教育政策的制定与实施 ···························· 118

第二节　教育法规的制定与实施 ···························· 125

第三节　如何完善我国教育政策与法规建设 ·········· 131

第十章　新生代大学生的教育管理策略 ···················· 136

第一节　更新大学生教育管理理念 ························ 136

第二节　创新大学生教育管理方法 ························ 142

第三节　拓展大学生教育管理途径 ························ 148

参考文献 ·· 157

第一章　高等教育管理概述

高等教育管理的研究，根据视角的不同，可以从下述几个方面进行：一是从高等教育管理的科学性出发，把它作为一门学科来进行研究；二是从高等教育本质功能出发，偏重于管理实践及其活动规律的研究；三是把二者结合起来，先弄清楚它的学科性质，从它的科学性出发，研究高等教育管理的实践活动及其规律。我们提出的高等教育管理学的研究，不完全是一个系统的高等教育管理学的学科理论研究，而是在学科研究的基础上，通过几个主要的专题研究来说明它的科学性，更好地探索高等教育管理的规律问题，为更加深入地认识和了解高等教育管理提供一些基本的思路，为从事高等教育管理的实践活动提供一些认识上的帮助。

研究一门学科必须先搞清楚它的学科性质和科学性。既然是一门学科，那么它的理论体系是什么，相关的知识及知识结构又是什么，然后在此基础上研究它的管理的规律，并在理论上提供一些研究的依据，以反映出它的科学性。在研究高等教育管理活动的过程中，需要以科学理论为支撑，避免就事论事，从理论的科学体系出发，从学科的特性出发，逐步形成高等教育学研究的科学体系。

第一节　高等教育管理的性质

高等教育管理学是关于高等教育管理的内涵、系统原理、学科体系研究的科学，是揭示高等教育管理学科内外部规律的科学。

从学科研究的基础来讲，高等教育管理是以高等教育的实践活动为研究平台，运用系统的理论研究方法对管理学进行研究，对高等教育实践活动中的规划、组织、协调、控制，从理论上予以阐述。从学科的结构和内容来讲，它既具有教育学方面的属性，又具有管理学方面的属性；既有教育科学的社会属性，又有管理科学的自然属性。高等教育管理学是一门应用型科学，是教育科学、管理科学和其他技术科学的理论与方法等在高等教育实践活动中的应用，高等教育管理学就是研究这种应用规律的科学。

从学科的层次来讲，高等教育学是教育学学科中的二级学科，高等教育管理学是高等教育学研究领域内的分支科学。既然它有性质的两重属性，那么，它也是管理学科中的一个分支科学。所以，从国家学位授予的规则来看，对于这一学科的教育与学位授予，特别是在本科教育中，没有严格的教育学或管理学之分，而在研究生教育中，则主要把它放在教育学学科中。从管理的特性来讲，在管理学科的研究中，管理的属性体现在高等教育的活动中，具有教育的专业性，是一般管理理论在教育平台上的有效应用。实质上，高等教育管理学的实际落脚点应该是在管理上，专业方面是教育学的问题。虽然有些研究资料及教科书是从学科理论体系进行研究的，如研究学科的科学含义与特性、学科的理论体系与知识结构、学科的内容与系统联系、学科的建设与学科的发展等，这走的是学科系统理论的科学性研究的道路。从学科的特性出发，特别是从它的实践性来研究高等教育管理活动及其规律，是否对高等教育的管理活动具有更加积极的指导意义，则属于更深入的专业层次研究的问题。

如果从课程的地位来讲，它是高等教育学相关专业的一门主干专业课。高等教育管理学是高等教育学专业教学活动中的主要课程，是高等教育专业和其他学习研究高等教育管理人员的必修课程。无论高等教育学专业，还是高等教育管理专业或研究方向，如果缺乏高等教育管理学的这些知识，那么，就没有了这一专业的基本属性，缺乏学科基本层面的支撑，所以说，它是高等教育管理专业的基础课程，是引导高等教育管理人员进行研究的一条基本线索。

从对高等教育管理学内涵的表述可以看出，高等教育管理学所具有的科学性表明，它是一门集人文科学与社会科学为一体的交叉应用学科，是用相关知识构成的体系对高等教育管理的本质、目的、原理和方法的理论探索与实践研究。高等教育管理学是研究高等教育管理活动的一门学科。《辞海》对"科学"的解释为运用范畴、定理、定律等思维形式反映现实世界各种现象的本质和规律的知识体系，是社会意识形态之一。科学的含义，即明确科学是一个怎样的知识体系，"知识体系"作为一种非常实用的知识结构，通过知识构成的规律，说明其具有严密的条理性。根据百度词典的解释，科学一词，英文为 science，源于拉丁文的 scio，后来又演变为 sciemin，最后成了今天的写法，其本意是"知识""学问"。1893 年，康有为引进并使用"科学"二字。严复在翻译《天演论》等科学著作时也使用了"科学"二字。此后，"科学"二字便在中国广泛运用。science 的本来含义是系统知识，科学在 19 世纪已是一个非常庞大的知识体系，并形成了许许多多的专业及专业知识，而这些专业知识又是相互联系的。"科"的意思是分科、分类或分层，"学"的意思是学问，那么，我们也可以这样理解，科学也可以说是分科类的知识和学问。从目前的科学分类来讲，按研究对象的不同可分为自然科学、社会科学，以及思维科学。按分类科学的功能与研究的内容、性质，科学又可以分为理论科学、技术科学、应用科学等。科学来源于人对大自然的认识和研究，来自人的社会活动和实践，通过社会实践改造自然，最终服务人类，这是出发点和目的。科学的研究如果不能服务于社会实践，那么，这样的研究就是空洞的、没有价值的。1965 年诺贝尔物理学奖获得者费曼对"科学"这样描述：一般所说的科学是指下述三个方面之一，或者为其混合体。第一，导致科学发现的具体方法；第二，源于科学发现的具体知识；第三，在某些科学发现后，人们所能做的新事情或者正在做的新事情。一般人们谈论得最多的是第三点，人们所能做的新事情或者正在做的新事情其实是指科学技术。而科学家最关注的是第二点，他们更在意的是客观世界的重大发现，为此，他们愿意投入一辈子，哪怕是几代人，不论达到或者达不到目的，都无怨无悔。其实，这些发现的理论和定律，对于社会大众而言，科学方法也许更为重要，因为，科学的结论是用于指导实践的，科学方法是建立在实践的基础之上的。科学的观察实验只能检验部分个案，实际上，有些现象是无法证实的。但是，科学可以通过证伪的方式得到反向验证，即用例外的情况来检验某个判断是错误的，科学知识是已被证明了的知识，科学理论是严格地从观察和实验得来的经验事实中推导出来的，科学是以我们能看到的、听到的、触碰到的事物为基础的，是客观的。因此，科学方法就显得十分重要，没有科学方法，这些工作都是难以达到目标的。西方哲学家、社会学家认为，科学是反映客观世界（自然界、社会和思维）的本质联系及其运动规律的知识体系，科学方法是实证的方法，要用实验观察来证实，理性的方法则需要用归纳逻辑、演绎逻辑来推理。高等教育管理科学的纵向科学体系是在心理学、教育学、管理学、高等教育管理学这些学科的基础上逐渐发展起来的，它的实践与证明最开始是很原始的方法，这与社会对教育的要求很有关系，如果社会的发展对教育科学的要求没有达到一定的程度，特别是整个社会科学的发展还没有进入教育的高级阶段的时候，高等教育管理学的学科体系是难以建立的。实际上，高等教育学的知识体系究竟有多少原创的内容呢？这是值得我们认真思考的。我们认为原创的内容是教育研究的最原始的部分，以及对最本质的、最基本的属性的研究，这就是自然属性与社会属性的问题，通过教育，对自然的、社会的其他知识进行学习与研究，然后再去认识自然和改造自然。所以，纵向看高等教育管理学的科学知识还是在心理学、教育学、管理学最原始的知识领域之中的。

一、学科与专业

既然我们是从学科入手研究高等教育管理学的，那么，就必须清楚什么是学科。一般认为，学科有两个含义。第一个含义是指学术的分类，指一定的科学领域或科学的分类，如自然科学中的物理学、生物学，人文社会科学中的史学、教育学等。从一定意义上讲，学科是与知识相联系的一个学术概念，是自然科学、社会科学两大知识系统（也有自然、社会、人文三分说）内各知识的子系统的集合概念，学科是科学领域的专业化，是自然科学、社会科学概念的下位概念，是科学的具体描述。国家标准 CB/T13735-1992 依据学科研究对象、研究特征、研究方法、学科的派生来源、研究目的五个方面对学科进行分类，分成：A. 自然科学、B. 农业科学、C. 医药科学、D. 工程与技术科学、E. 人文与社会科学，下设一级、二级、三级学科，共有 58 个一级学科。据统计，当今自然科学学科种类总计近万种。根据20 世纪 80 年代的另一种统计方法，认为自然科学已发展为约 5550 个学科，其中非交叉学科为 2969 个，占全部学科总数的 53.5%；交叉科学总量达 2581 个，占全部学科总数的46.5%。第二个含义是指高等学校教学、科研等功能单位，对高等学校人才培养、教师教学、科研业务隶属范围的相对界定。学科建设中"学科"的含义侧重后者，但与第一个含义也有关联。实际上，我们在研究高等教育管理学学科的时候，更多的是从第二个含义出发来研究高等教育管理学这一学科的。高等教育管理学从科学研究的角度来看，或者从教学的角度来看，其不仅仅是有一套科学的理论体系，而且也是一门应用性较强的学科知识体系，在大学教育的研究中，往往是站在学校自身功能的角度进行研究的。目前的状况是，高等教育管理学的研究针对自身的研究比较多，与社会关联的研究少。但是，仅仅从纯理论、纯学科的方面去研究是远远不够的，这不是我们研究高等教育管理学的最终目的。只有在真正搞清楚学科的性质、学科的结构、学科的内在联系后，才能开阔我们的研究视野。特别是要从高等教育管理学的社会属性来看它的规律性，看它的学科目的与其他学科之间的关系，这对于指导研究高等教育管理学是大有益处的。目前我国普通高等学校的研究生教育和本科教育的学科划分均为 11 大门类（哲学、经济学、法学、教育学、文学、历史学、理学、工学、农学、医学、管理学，军事院校的学科不在其列，军事院校的学科门类统称为军事学），加上军事学是 12 门。1997 年颁布的《授予博士、硕士学位和培养研究生的学科、专业目录》指出，我国高等学校一级学科由原来的 72 个增加到 88 个，二级学科（学科、专业）由原来的 654 个减少到 381 个。1998 年国家教育部颁布的《普通高等学校本科专业目录》中，高等学校本科教育学科专业包括哲学、经济学、法学、教育学、文学、历史学、理学、工学、农学、医学、管理学 11 大学科门类，72 个二级学科，249 个专业。从高等教育的科学研究体系来讲，学科是高等学校教育划分的知识组织体系，高等学校的各种功能活动都是在学科中展开的，离开了学科，就没有高等教育的专门人才培养活动，也不可能有系统的科学研究，更不可能进行有目的的社会专业服务。高等教育管理学涉及两大基础学科，即教育学、管理学。高等教育管理学是在教育学、管理学的基础上形成的一门新型学科，研究高等教育管理就是运用先进的管理思想、管理方法、管理手段等研究高等教育管理活动，以实现既定的高等教育目标。所以，我们在研究高等教育管理的过程中，不能脱离教育学和管理学的基础，如教育学和管理学的基本规律的问题。

高等教育管理学研究的目的和重点肯定要落实在教育上，因为，大学教育是专业教育。那么，什么是专业？专业一般指高等学校或中等专业学校根据社会分工需要而划分的学业门类。实际上，专业有广义、狭义和特指三种解释。广义的专业是指某种职业不同于其他职业的、具有脑力劳动和体力劳动特点的行当。狭义的专业主要指某些特定的社会职业，这些职业的从业人员从事的是比较高级、复杂、专门化程度较高的脑力劳动或者技术性的体力劳动。从这个角度来讲，一般所理解的专业，大多就是指这类特定的职业。特指的专业是指高等学校中的专业，它是一种学科知识、社会分工和教育结构三位一体的概念，其中，社会分工是专业存在的基础，学科知识是专业的内核，教育结构是专业形成的表现形式，三者共同构成高等学校人才培养的专业。这里所指的专业是建立在学科的基础上的，学科与专业的关系具有内在的联系及统一性。学科是科学知识体系的分类，不同的学科就是不同的科学知识体系，专业是在一定学科知识体系的基础上构成的，离开了学科知识体系，专业也就丧失了其存在的依据。一个学科可以由若干个专业组成，不同学科之间也可以组成跨学科的专业。因此,学科、专业又是不同层次的两个概念,人们容易混淆二者,并由此造成高等教育管理活动中关于基本概念认识的模糊性,在学科和专业建设方面,如不知道或者不完全知道什么是专业建设,什么是学科建设,必然导致对高等教育管理学学习和研究上的模糊。

学科与专业的构成是有界定的。从专业和学科构成的要素来看,学科构成要素主要包括三点:一是研究的对象或研究的领域,即独特的、不可替代的研究对象;二是理论体系,即特有的概念、原理、命题、规律等所构成的严密的逻辑知识体系;三是方法论,即学科知识的产生方式。专业构成的要素主要包括五点:一是专业教育目标、课程体系和专业人员;二是专业培养目标和专业活动;三是课程体系的知识结构,它是社会职业的需要与学科知识体系相结合的产物,是专业的具体内容;四是课程体系结构,课程及知识结构的设置、质量直接影响着人才培养目标的质量及人才的社会适应性;五是专业教育的基本条件,即专业人员、专业场所及对象,主要指教育者和受教育者、教学实验条件等,是一种综合互动的过程。没有"人"的介入、没有一定专业知识的人的参与、没有专业教育的手段、没有专业教育的思想和方法,专业的教育活动是不可能完成的。

从学科、专业的社会功能看,学科与专业所追求的目标是不同的。学科发展的目标是知识的发现和创新。学科以知识形态的成果服务于社会,一般称之为科研成果,科研成果又可分为科学型和技术型两种。专业的目标是为社会培养各级各类专门人才,因此,学科与专业目标的区别表明两者之间具有不可替代性。同时,学科与专业并存又是高等学校的一种特有现象,两者相互依存、相互促进,由此形成了高等学校的三大功能,即教学、科研、服务。其实,主要就是两大功能,教学和科研的目的就是服务于社会,高等学校除此之外没有也不应该有其他的功能,至于说通过它的某些富余资源为社会服务,这不是学校的主流服务。专业是学科承担人才培养职能的基地,学科是专业发展的基础。一所高等学校的人才培养质量如何,很大程度上取决于其学科、专业的水平。在专业建设与学科建设中,专业往往被人们等同于二级学科,把学科建设混淆为专业建设,把专业建设混淆为学科建设。因此,如果我们对这两个基本概念以及概念之间的界限不清,那么学科的研究,特别是综合和交叉应用学科的研究必然会受到影响。

由于学科专业的特性区别、功能区别,学科专业的侧重点也有不同,由此造成了学科专业在大学的特定环境下构成的大学的分类,因此,有了研究型大学、研究教学型大学、教学研究型大学、教学型大学之分。

二、学科属性

属性是指事物的本质特征。前面也提到过学科的社会属性和自然属性的问题是学科的分类涉及的学科属性。学科的属性当然是指该门学科的类别范畴及其本质特征。从某种意义上讲学科的分类也是指科学的分类,现代科学是按照社会科学与自然科学两种类别进行划分的。

社会科学是指以社会现象为研究对象的科学，如政治学、经济学、军事学、法学、教育学、文艺学、史学、语言学、民族学、宗教学、社会学等。其任务是研究并阐述各种社会现象及其发展规律。但是早先人们提出的科学概念一般叫人文科学，人文科学原指同人类文化发展及利益有关的学问，但是，绝对有别于在中世纪教会中占统治地位的神学。在这里要明确指出的是，神学不是宗教学，当然也不是科学。在古代欧洲，对于社会科学的定义曾经狭义地指拉丁文、希腊文、古典文学的研究，包括哲学、经济学、政治学、史学、法学、文艺学、伦理学、语言学等。从上述来看，人文科学和社会科学难以明确区分，二者都与人类的教养和文化、智慧和德行有关。如果说有一点点区别的话，其区别在于人文科学直接研究人的需要、意志、情感和愿望，强调人的主观心理、文化生活等个性方面；社会科学强调人的社会性、关系性、组织性、协作性等共性方面。因此，后来人们把人文科学和社会科学总称为人文社会科学。在人为地把科学分为两大类的时候（社会科学与自然科学），社会科学就包含了人文科学，所以，这里讲的社会科学是人文社会科学的简称。

自然科学是研究物质世界的科学，是研究物质的运动、变化、性质的科学。在自然科学家的努力下，我们更了解我们周围世界的存在和运行规律。当牛顿提出万有引力定律，人们的视野从地球扩展到了宇宙；当爱因斯坦提出相对论，人们了解到一些规律性的东西不太好理解了；当霍金在讲解他关于宇宙、黑洞的理论时，我们也知道了可以不必亲眼见到，凭借理论推导也是可以知道一些东西的存在。所以，自然科学的研究除了看得见的东西以外，今后更多地还将走向研究那些用肉眼看不见的或在遥远时空中的东西。宏观和微观的两个极端，特别是宏观的概念，一反常规，如小到夸克，大到行星，这些还能够在机器的帮助下检验理论的正确，到了场，更大了，更宏观了，反而就只能是概念了，用物质检验不出来了，科学家只能用推理，推测出场的性质，然后再用场中物质的变化来证明推论的正确与否。也就是说，自然科学的另一方面，今后更多要靠理论推断来探索规律。但是，随着科学技术的发展，人们观察、了解、探测手段的提升，技术方法的作用大大地帮助了人们，未知科学不断地被人们解读。将来，自然科学一定将走向对越来越难以看到，甚至难以理解的事物的研究，那样将更加考验人们推理、想象的能力。18世纪以前自然科学与哲学几乎不可分开，古希腊的哲学家大多也是自然科学家，如笛卡儿、莱布尼茨、洛克等著名的自然科学家同时也是哲学家。一些人认为亚里士多德是自然科学的创始人，伽利略被认为是将实验引入自然科学的第一人，而他们又是名副其实的哲学家。科学的循环性规律对社会科学的认识论来说有着重要意义，因为它来自标志着主体与客体间相互作用的基本圆圈。主体只是通过自己的活动认识客体，但主体也只是在作用于客体时才学会认识自己。物理学是一门客体科学，但它只有通过主体活动产生的逻辑——数学结构才能达到客体，由此可见，社会科学尽管是最复杂、最困难的学科，在科学的圆圈中却占据着优越的位置。社会科学虽是建造其他科学的主体科学，却不能与其他科学分离而导致一种带有歪曲性的和人为的简单化。如果把主体人重新放回到他的真正位置上，从行动和思想的角度看又是创造出发点的这个位置上，那么，只有社会科学能使这个科学圆圈的封闭性、内在紧密性变得可以理解。

教育学是研究人类教育现象和问题、揭示一般教育规律的科学。高等教育是在完全的中等教育基础上进行的，培养学术性或职业性的各类高级专门人才的专业教育，用现在最新的表述，我国高等教育的任务是培养具有创新精神和实践能力的高级专门人才、发展科学技术文化、促进社会主义现代化建设。高等教育学是一门以高等教育的运行形态和发展基本规律为研究对象的，是具有综合性、理论性和应用性的教育科学。教育是广泛存在于人类生活中的社会现象，是有目的地培养社会人的活动。特别是随着现代社会的发展、现代教育实践的发展，对教育学研究提出了更新、更高的要求。教育学研究的内容很多，例如教育本质问题，教育、社会、人的关系问题，教育的目的、内容、教育实施的途径、方法、形式及它们的相互关系问题，教育过程问题，教育主体与客体的关系问题，教育制度、教育管理问题，以及反映中国特色的各种教育理论和教育实践问题，等等。高等教育管理学是教育学领域的分支科学，通过对高等教育管理活动现象和问题的研究，揭示高等教育管理活动的一般规律，是高等教育学研究的具体的领域之一。教育规律是教育、社会、人三者之间和教育内部各因素之间的内在的本质的关系，具有客观性、必然性、稳定件、重复性。例如教育与社会的政治、经济、文化、人口之间的关系，教育活动与人的发展之间的关系，教育、教学活动中智育与德、体、美、劳之间的关系，教育者的施教与受教育者的受教之间的关系，学生学习活动中学习动机、学习态度、学习方法与学习成绩之间的关系等都存在着规律性。高等教育学是针对以人为中心的，研究人的高级社会化活动的生理、心理过程。那么，这些过程的实施只有通过有效的管理才能实现，否则，高等教育的目的、任务只是一纸空文，只有通过高等教育的管理，运用管理学中的基本方法和手段（数学的、生物的、计算机技术的等自然科学的手段和技术方法），达到高等教育的目的，才形成了高等教育管理学。这就是高等教育管理学自然科学属性的一面。高等教育管理学的基本层面是社会科学，这当然是毫无疑问的，它的技术层面的自然科学性也是不容置疑的。因此，把高等教育管理学归入应用科学的范畴是不无道理的。那么，应用科学成为社会科学与自然科学之外的第三类科学，就成了必然，因为，简单地用社会科学和自然科学的范畴，囊括不了社会科学与自然科学的中和与交叉。

既然高等教育管理学是一门应用科学，确切地说，是自然科学方法在社会科学中的应用，是管理学的原理、原则、方法在高等教育学中的具体应用，那么，势必要搞清楚高等教育管理学研究的侧重点，或者说它的落脚点在哪里。其应该是在管理学的原理、原则、方法的具体应用上。但是，我们并不是完全讲具体的应用，研究具体的应用，为应用而研究应用，如果这样研究容易进入实用主义的怪圈。我们需要的是研究它的应用规律，是从认识论和方法论上研究这种应用的科学性与合理性，形成一种应用的规则，找出其共性和个性，给人以启迪。应用规律一定是、也只能是建立在高等教育基础上的，这就决定了高等教育管理研究的特点，决定了高等教育管理学的特殊性。

研究学科与专业、社会科学与自然科学的目的是显而易见的，只有弄清楚了它们各自的本质特征、意义与内涵、差异与共性、独立与联系等，才能在高等教育管理中，把教育学的理论、管理学的原理和方法很好地融会贯通。

第二节　高等教育管理学的知识体系

高等教育管理学是研究高等教育管理活动及其规律的一门学科。高等教育管理学是关于高等教育管理的本质、目的、原理和方法，揭示高等教育管理的内外部规律的科学。从学科的大类方面来讲，高等教育管理学的知识结构包含两个方面的知识体系：一是高等教育学，二是管理学。那么，高等教育学的知识体系是什么？这就得从高等教育学的基本概念开始进行分析。

高等教育是在完全的中等教育基础上进行的，是培养学术性或职业性的各类高级专门人才的专业教育。高等教育学是一门以高等教育的运行形态和发展基本规律为研究对象的，具有综合性、理论性和应用性的教育科学。高等教育的功能是高等教育所具有的功效及能够发挥这种功效的能力的总称，是通过培养高级专门人才对社会起作用的。教育方针是国家在一定的历史时期，根据社会政治经济发展的需要，通过一定的立法程序为教育事业确立的总的工作方向和奋斗目标，是教育政策的总概括。高等教育的目的是按一定社会的要求把接受过完全中等教育的人培养成为社会所需要的高级专门人才。高等学校的管理体制是指与高等教育管理活动相关的组织制度体系，它主要包括高等教育组织机构的设置、组织机构间的隶属关系，以及相互间职责、权限的划分等。高等学校的学制是指一个国家的各级各类学校的系统，它规定了学校的种类、性质、任务、入学条件、修业年限、主办权、领导管理体制及学校之间的衔接和相互之间的关系。高等教育的教师专业化是教师在整个专业生涯中，通过终身专业训练，获得教育专业知识技能，实施专业自主，表现专业道德，并逐步提高自身从教素质，成为一名良好的教育专业工作者的专业成长过程。专业教育培养目标是指各专业根据社会需要和学科特点而确定的所培养的人才应达到的基本素质和业务规格的特殊要求。课程教学计划是指高等学校专业教学计划，是按照高等学校培养目标制定的指导教学活动的规范性文件。它体现了社会对某一种专门人才素质和规格的基本要求，是学校组织和管理教学工作的主要依据。教学大纲是以系统和连贯的形式，按章节、条目、基本论点和进程叙述该课程主要内容的教学指导性文件。学生的社会实践教学是根据一定的教学任务，组织学生深入现实社会，参与具体的生产劳动和社会生活，使理论知识和社会实践相结合的一种教学形式。教学与科研相结合是指在教学过程中逐步加强科学研究工作，以培养学生的科研态度和从事科学研究的能力。以上这些都是高等教育学研究的主要内容，由此可以看出，高等教育学的研究对象，一是高等教育这一特殊的教育现象；二是高等教育的运行形态；三是高等教育的基本规律。高等教育学的知识体系基本上也是由这三个部分组成。它的知识体系主要由教育学、心理学组成，我们延伸一点，还有教育社会学、生理心理学、相关应用技术科学等知识。

管理学的知识体系又是指什么？我们也得从它的研究范围来了解。对于管理学一般有两种认识：一是综合运用经济学、市场学、组织学、管理学、人力资源理论等来研究解决管理的实际问题。二是一门研究人类管理活动规律及其具体应用的科学，它通过一些工具和方法来解决管理的技术问题，如用运筹学、统计学等来定量定性分析。技术科学帮了管理学的大忙，工程技术，特别是计算机科学等信息科学在管理科学中的应用，使得管理学研究如虎添翼，管理效益大大提高。管理学是适应现代社会化大生产的需要产生的，其目的是研究在现有的条件下，如何通过合理的组织和配置（人、财、物等）来提高生产力的水平。管理学的出现与发展根源于社会发展的需要，学习、研究管理学也是这种需要所使然。管理学一出现就显示了它巨大的推动社会发展的功能，在当代社会，无论是生产经营，还是社会管理，如果不自觉地学习、研究管理学，用管理理论知识武装自己，是很难有所作为的。学好管理学的基本前提是从实际出发、理论联系实际。不过，现在有一个问题要特别注意，有些太过于学院派的管理研究人员往往只是推荐和传递传统的、国外的经典管理理论和方法，不太注重现实的管理经验，对现实社会中或身边的优秀管理经验总结不够，挖掘整理不够。这已经引起了人们的广泛关注，并且一些由媒体推介的新的管理经验正在引起人们的共鸣。

管理学研究的基本内容：管理活动与管理理论，管理活动中的道德与社会责任，管理活动信息的获取，战略规划、决策、组织与实施，人力资源管理，管理中的组织文化，领导者与管理者，激励方法与成员沟通，控制与控制过程。由以上可以看出，管理学研究的主要内容有三个方面：第一，管理的目标，就是研究为什么要管的问题；第二，管理的要素，这些要素主要指人、财、物、项目（活动内容），就是研究管什么的问题；第三，要运用好以人为本、心理学需要、控制及数理等管理技术，就是研究如何管的问题。这些知识构成了管理学的知识体系。

当代高等教育管理的发展并不是高等教育学与管理学的简单组合，而是管理学知识在高等教育中的融会贯通与实际应用，由此，又产生了一些交叉科学，高等教育学和管理学知识体系的结合构成了教育哲学、教育法学、教育经济学，构成了高等教育管理学丰富的知识结构体系。高等教育管理学是一种专门的或专业的管理学研究，简单来讲，它的知识结构是专业加管理，如果没有专业的成分，它纯粹是公共的一般性管理研究。我们强调管理的专业性是因为高等教育管理学的性质就是一门应用型科学，管理的专业性必然反映在多学科知识构成的、结构的专业性上，所以，高等教育管理学的知识结构是实用性的专业知识结构。

　　要学习和研究高等教育管理学，就要以现实的高等教育管理活动的目标为中心，注重把管理学的基本理论运用于高等教育的实践中，着力对高等教育实际问题进行理性思考，着眼于高等教育理论和实践的新发展，着眼于高等教育管理理论与实践的创新。我们了解高等教育管理学知识结构的目的，就是要明确学习什么、掌握什么、研究什么，最终要解决如何在管理活动中去应用的问题。研究学习，灵活掌握；融会贯通，学以致用。

第二章 教育管理的管理科学理论基础

第一节 古典管理理论

古典管理理论是指 19 世纪末 20 世纪初在西方一些国家形成的系统的管理理论。19 世纪末 20 世纪初，科学技术水平和生产社会化程度有了很大提高，尤其是资本主义经济由自由竞争阶段进入垄断阶段，企业规模扩大，管理工作日益复杂，劳资矛盾进一步加剧，经济危机频发。这一切都表明，资本家原来那种家长式的行政管理和单凭经验办事的管理方法已不能适应生产发展的需要。在这种背景下，资本主义国家的一些企业管理人员、工程技术人员开始进行各种实验研究，总结管理经验，探求提高劳动生产率的新的管理方法。其主要代表是泰罗的科学管理理论、法约尔的一般管理理论和韦伯的行政组织体系理论。这三个理论被称作古典管理理论的三大支柱。

一、泰罗的科学管理理论

美国管理学家泰罗（1856—1915）是科学管理理论的创始人，在资本主义管理学史上被称为"科学管理之父"。他本来是一个工人，当过工长、绘图员、技术员和工程师，最后当上了总工程师和管理顾问。他一生有许多发明和技术革新成果，获得技术专利 100 多项。他在总结前人研究成果的基础上，通过管理方面的许多重要的试验研究，如"搬运生铁块试验""铲铁砂和煤块试验""金属切削试验"等，提出了他的科学管理理论。他的主要著作有《计件工资制》（1895）、《工场管理》（1903）、《科学管理原理》（1911）。泰罗科学管理理论的主要思想可以概括为以下几点：

1. 科学管理的目的和中心问题是提高劳动生产率

泰罗认为，最高的劳动生产率是工厂主和工人共同达到繁荣的基础。它能使工人关心较高的工资和工厂主关心的较低的劳动成本结合起来，从而使工厂主得到较多利润，工人得到较高工资，可以提高他们对扩大再生产的兴趣，促进生产的发展，达到工厂主和工人的共同富裕。

2. 科学管理的精华是要求管理人员和工人双方实行重大的精神革命

精神革命就是工人和工厂主之间不要对立，不要把注意力放在多余的分配上，而应转向增加盈利的数量，在科学管理的基础上实现劳资双方相互合作，共同促进生产，提高效率。

3. 标准化原理

标准化原理即通过对工人的每一个动作和每一道工序的分析研究,确定标准的操作方法,以代替过去工人单凭经验的操作方法。与此同时,实现操作所需要的工具和环境的标准化,并根据标准化的操作方法和环境的标准化,确定工人一大必须完成的劳动定额。

4. 为了鼓励工人打破劳动定额,实行激励性的差别计件工资制度

5. 科学地选择"第一流的工人",并用科学的操作方法来培训他们,使他们真正按科学的规律去操作

6. 把计划职能和执行职能分开,使工人和管理部门分别执行不同的职能

7. 实行职能组织制,将管理工作予以细分,使所有的管理者只承担一种或两种管理职能

8. 实行例外原理

泰罗提出高层主管人员为了减轻处理纷繁事务的负担,应把处理一般日常事务的权利授予下级管理人员,高层主管人员只保留对例外事项(重要事项)的决策权和监督权。

泰罗的管理理论有许多弊病,所谓科学管理实际上是加强劳动控制的手段,它使工人的意识和行动分离,丧失工作过程中的自主权,成为管理部门活的生产工具。所谓"高效率"是以工人极度紧张的劳动为代价的。然而,这毕竟是人类管理活动史上的一次变革,它反映了当时机器工业生产中的某些客观规律,对以后的管理实践和理论的发展有重要影响。正如列宁所说的:"泰罗的管理理论一方面是资产阶级剥削的最巧妙的残酷手段;另一方面是一系列最丰富的科学成就。"

二、法约尔的一般管理理论

法国管理学家亨利·法约尔(1841—1925)是与泰罗同时代的人,他1888年担任康门曲里·福尔亨包特矿业公司总经理,1918年任公司董事。由于长期担任企业领导工作,对工厂企业的组织、领导机构及组织管理的过程、原则等表现出极大的兴趣,并进行了卓有成效的研究。他的代表作是《工业管理与一般管理》(1916)。

法约尔认为管理和经营是两个不同的概念。企业的全部经营活动可以分为六项,而管理只是其中的一项。这六项活动是技术活动、营业活动、财务活动、安全活动、会计活动和管理活动。

法约尔认为管理包括五项职能,即计划、组织、指挥、协调和控制。法约尔还提出,为了实施这五项职能,必须遵循14条原则,即分工、权限与责任、纪律、命令统一、指挥统一、个别利益服从整体利益、报酬、集权、组织等级、秩序、公平、人员的稳定、首创精神、集体精神。此外,法约尔还论述了社会组织的各级领导人应具有不同的知识结构以及企业人员的培养问题。

法约尔的管理理论深受泰罗的科学管理理论的影响,但又与之有不同的特点。他把管

理作为特有的概念加以理论研究，提出了管理职能和管理原则。他对管理职能的分析，提供了一套管理思想体系。他的管理原则基本上属于组织原则。

三、韦伯的行政组织体系理论

德国管理学家马克斯·韦伯（1864—1920）与泰罗、法约尔不同，他毕生从事学术研究，是当代德国有影响的学者和著作家。他涉猎广泛，宗教、政治、社会科学方法论等方面的著作颇丰，代表作是《社会组织与经济组织理论》。特别是他提出的行政组织体系理论（又称官僚组织模式理论、科层管理理论）为西方古典组织理论的确立做出了杰出贡献。其基本观点是：

1. 职位分类

每个组织的存在都有其组织任务，组织任务的完成必须依赖各个工作部门，每个工作部门下边还有若干个工作岗位，每个工作岗位都应该专业化。组织的建设就是从职务岗位的划分开始的。

2. 权利分层

组织按照等级原则，从顶层到基层有一条权利线。每个层次有不同的职务、责任和权利。

3. 法定资格

每个岗位的人员都必须是称职的。所以组织以"法"的形式规定每个职位的任职资格和条件以及对他们考核的标准和方法。

4. 委以责任

除按规定必须通过选举产生的公职人员以外，官员是委任的，而不是选举的。在授权的同时要委以责任，他的行为必须对上级行政组织负责。

5. 遵纪守法

官员不属于任何一个社会组织，是为全体公民服务的，必须遵守行政组织的纪律和规则。

6. 理性关系

组织内部各个成员之间只讲理性，不讲感情。

7. 固定工资

官员领取固定工资，有明文规定的升迁制度，不得利用行政职位之便获得工资以外的任何报酬。

管理学界认为，20世纪以来工商界的经济组织由家长式的管理演变成科层式管理，这既反映了工业革命对工商业发展的要求，又体现了法治社会的必然结果。这种以责任制为基础、以权利为核心的理性组织的权威性对提高行政组织工作效率有积极意义。它是一种理想的组织，也是不现实的组织。

美国的古利克和英国的厄威克综合研究了泰罗、法约尔、韦伯的管理理论,认为这些管理理论可以相互补充,结合成一体化的古典管理理论。他们提出了适用于一切组织的八项原则,分别是目标原则、相符原则、职责原则、组织阶层原则、控制跨度原则、专业化原则、协调原则以及明确性原则。他们把古典管理理论中有关职能的理论系统化,并提出了有名的"七职能说",即计划、组织、人事、指挥、协调、报告和预算。

四、古典管理理论对教育管理的影响

古典管理这一理论对美国乃至世界范围的教育管理都有深远而持久的影响。受泰罗的科学管理理论影响,教育管理人员开始注重办学质量和效益问题,甚至把泰罗的科学管理作为衡量学校管理的主要标准。例如 1908 年达顿和斯奈登出版的《美国公共教育管理》的基本观点就是要注重管理的合理性和有效性,倡导用较少的管理资源取得较好的实际效果,注重专家的作用,采用行政的方法对教育、教学工作进行业务分析,找出合理的标准的工作方法。这是泰罗的标准化管理和定额管理在教育管理上的最早应用。雷蒙德·卡拉汉在《教育与效率的狂热》一书中描述当时美国学校的校长为赶"时代潮流",要求教师以分钟计算安排工作,利用好每一天的时间。埃尔伍德·卡巴利在《公立学校的行政》一书中认为学校是一所将原料制成各种产品以满足各种生活需要的工厂,主张运用泰罗制总结城市学校行政的经验,并把这种办法运用到州和郡的公共教育组织和行政问题上去。富兰克林·鲍必特认为,要提高学校行政工作的效率,首先要确定学校"产品"的理想标准(毕业生的标准),其次是规定学校的"生产方式"和程序,最后是明确生产者(教师)必须具备的资格和工作准则。教师要遵守由专家制订的"详细的教学计划所应达到的标准,所应用的方法与所使用的教材"。这种效率、成本和标准化的观念对传统教育管理产生了很大的冲击,使教育管理人员不得不放弃传统的教育管理观念和做法,转向接受工商业界的市场原则、价值标准和相应的管理行为。

在国外,人们对在教育管理中应用泰罗制有很多争议。从实际情况来看,泰罗制的管理思想对于实现学校管理的科学化、提高工作效率确实有着积极的作用。但也存在着很多问题,如把工厂企业的管理方法完全照搬到学校管理上,忽视了教师劳动的特点,忽视了学校组织与工厂的区别;泰罗制所推崇的管理方法在学校管理中不一定完全适用,如标准化管理问题,如果学校管理过于强调统一和标准化,就会扼杀被教育者的个性,减弱教育价值;在教育管理中如果过分强调权利等级结构、规章制度、物质刺激,忽视教职工心理需要,就不能有效地调动他们的积极性。

受韦伯行政组织体系理论的影响,美国教育管理学专家马克斯·阿博特提出的学校组织有许多特征是符合韦伯原则的。他认为学校组织具有分工层级等专业化特性,学校内部有着明确严格的纪律和规章制度,学校管理的理性化程度高,教职员是按照自己的职务、责任、工作量领取工资的。因此要提高学校管理的效率就必须从学校组织建设的程序化和规

范化做起。

总之，古典管理理论对教育管理无论是在观念上还是具体管理方法上都有深刻的影响。从观念上来说，它使教育管理人员认识到教育管理活动是可以控制的，通过设计一个合理的组织结构，编制一套完善的规章制度，遵循一系列科学的管理原则，再辅以严格的奖惩手段，学校组织也能像其他组织一样，可以在有限的条件下实现最佳的管理目标。从具体的管理方法来说，如今学校里的许多做法都受到泰罗制的影响，如表 2-1-1 所示。

表 2-1-1 古典管理理论应用表

古典管理理论	适合于教育管理的例子
建立权力等级结构	控制的层次：教育局局长→校长→教导主任→年级组长→教师→学生
工作任务和作业水平的科学度量	全面测试学生在学科领域的能力等方面的情况，并按学习水平分类
规定工作的科学程序	三年级的知识有别于四年级的知识，并为四年级的知识做准备，依此类推
建立劳动分工	语文教师、数学教师、英语教师、历史教师、体育教师、教学辅助人员、校工
确定适当的控制幅度	中小学师生比为1：40，正副校长之比为1：3
制定行为规范	学生手册、教学常规管理条例、教师奖励办法
招聘人员以能力和专业为基础	进入教育部门工作的人员要求有教师资格证书
制定出完成任务的最佳方法	学校不断寻求课程的最佳教学法
在雇员中建立纪律	学生要遵守学校规章制度；教师要服从教育规范，为人师表

第二节　行为科学管理理论

从 20 世纪 20 年代开始，资本主义经济发展进入一个新的时期，科学的进步、技术的突破使生产规模不断扩大，新技术成就广泛用于各类工业部门，资本主义生产越来越机械化、自动化，它不仅对生产者水平的要求越来越高，也使生产者的"异化"程度越来越严重，人们成了机器的附属品。如何使人们摆脱机器的奴役，变被动劳动为积极劳动，成为新的研究课题。另外，由于工人阶级觉悟的提高，他们越来越要求经济上和政治上的民主权利，劳资矛盾进一步加剧。为了缓和劳资矛盾，维护资本主义社会的稳定，西方学者开始重视对人以及人与人的关系的研究。

一、人际关系理论

人际关系学说的创始人是美国哈佛大学教授梅奥（1880—1949）。他出生在澳大利亚，早年学医，后开始学习心理学，曾在昆士兰大学讲授伦理学、哲学、逻辑学，1922 年执教于美国宾夕法尼亚大学沃顿管理学院，1926 年进入哈佛大学。他的著作主要有《工业文明的人类问题》（1933）、《工业文明的社会问题》（1945）。

从 1924 年起，梅奥负责指导美国西屋电气公司霍桑工厂的试验研究。他们通过车间照明变化对生产效率影响的各种试验、工作时间和其他条件变化（如休息间隔、工间茶点）对生产效率影响的各种试验以及与全厂工人的谈话和对有关社会组织的试验分析，提出了人际关系学说，其基本观点是：

1. 人是"社会人"

梅奥反对以往的管理理论中把人看作"经济人"的观点，认为人不单是追求金钱收入，还有社会、心理方面的追求。人的思想行为更多地由感情来引导。因此，工资报酬、工作条件并不是影响劳动生产率的唯一因素，不能单纯从技术、物质条件着眼，而应从社会、心理方面来鼓励工人提高劳动生产率。

2. 正式组织中存在着非正式组织，这两者相互依存，共同影响着劳动生产率

正式组织是具有一定的目标，并由规章、制度、方针、政策等规定企业中各个成员之间相互关系和职责范围的一定的组织体系。非正式组织就是组织内部的成员在共同的工作过程中，由于共同的爱好、共同的倾向等共同的社会情感而形成的非正式团体。这些团体有自然形成的规范，成员约定俗成地自觉服从这些规范。梅奥认为，非正式组织可以保护工人免受内部成员忽视和外部人员的干涉所造成的损失。非正式组织涉及每个人，不仅工人中有非正式组织，管理人员、技术人员中也有。管理人员既要强化正式组织，又不能忽视非正式组织的作用。

3. 新型的领导能力在于提高工人的满意度，从而提高劳动生产率

梅奥从"社会人""非正式组织"的观点出发，认为金钱、经济刺激对提高劳动生产率只起第二位的作用，起重要作用的是工人的情绪和态度，即士气。而士气同人的满意度有关。职工的满意度主要是指对为获取安全的、归属的感觉等需求的满意度。满意度越高，士气越高，生产效率越高。他认为，在传统管理理论基础上形成的领导能力只重视物质、技术因素，不能适应工人社会需求方面的满足。新型的领导能力既要重视技术因素，又要重视生产中的人的因素，关心团体中的人际关系状况，努力提高工人的满意度，最终达到提高劳动生产率的目的。

梅奥的人际关系学说要求管理者按照人的社会特性来改进管理，这不仅是对古典管理理论的重要补充，同时也开辟了西方管理理论发展的一个新领域和新阶段。在实践上，人际关系学说为调动职工积极性提供了新思路和新方法，如重视职工的感情因素，努力为他们创造一种愉快的工作环境，采取民主的领导方式，使下级拥有建议、参与管理工作的机会等。

二、行为科学管理理论

行为科学是运用心理学、社会学、社会人类学等学科理论和自然科学的实验、观察方法，研究人的行为产生的原因和影响行为的因素，以激发人的积极性、创造性的综合性学科。

霍桑试验的成功和梅奥提出的人际关系学说引起了学术界、企业界的极大反响。1949年，在美国芝加哥大学的一次跨学科会议讨论了是否可能利用现有的科学知识，寻找出人的行为的规律的问题。讨论中，与会者充分肯定了人际关系理论的一系列研究成果，认为在此基础上有可能也有必要建立一门新的综合性学科，经过讨论，最后确定使用"行为科学"这一名称。20世纪50年代以后，行为科学真正发展起来，并得到美国政府的支持。1952年美国建立"行为科学高级研究中心"。1956年美国出版了第一期行为科学杂志。20世纪60年代以后又出现了组织行为学的名称，重点研究企业组织中的人的行为问题。现在这门学科已经被广泛应用到各个部门，特别是经济管理部门。有人称行为科学的出现标志着由以物的管理为中心的时代向以人的管理为中心的时代的转移。行为科学理论也成为管理人员培训的必修课，一些著名大学还设有行为科学系和研究中心。行为科学的研究领域非常广泛，以下是一些有影响的人物及其理论观点。

1. 有关人的需要、动机和激励理论

梅奥等人的人际关系研究，强调人是"社会人"和满足人的社会需要。以后的行为科学家在这方面又有所发展。他们指出，人的各种行为都有一定的动机，而动机产生于人的需要。在组织管理中可以根据人的需要和动机进行激励，使人们更好地完成任务，并在这一过程中达到自我实现。这时的行为科学的研究重点从"社会人"发展到"自我实现的人"。这方面研究的主要理论：

（1）马斯洛的需要层次理论

马斯洛（1908—1970），美国人本主义心理学家和行为科学家。他在1954年发表的《动机和人格》中提出了人的需要层次理论。

马斯洛认为，人是"有需要的动物"，随时有某种需要，当人的某一需要得到满足时，这一需要就不再是人的激励因素，他便有了另一种需要。人的需要由低到高分为五个层次，分别是生理需要、安全需要、社交需要、尊重需要和自我实现的需要。

马斯洛提出，人所追求的最终目标是达到自我实现，而不是金钱、名誉、地位。他认为，不管一个人的地位、身份、职业如何，只要他全身心地把自己的智慧、才能和精力充分发挥出来就是达到了自我实现。当高级领导干部可以自我实现，当勤杂工也能自我实现；当主角、骨干可以自我实现，当配角、一般成员同样能自我实现。

（2）赫茨伯格的双因素理论

赫茨伯格是继马斯洛之后进一步研究激励动机的美国心理学家，代表作有《工作的激励因素》（1959）（合著）、《工作与人性》（1966）。

赫茨伯格通过对美国匹兹堡地区200多名工程师和会计人员的访问谈话发现，使职工感到满意的都是属于工作本身或工作内容方面的，可以称之为激励因素；而使职工感到不满意的都是属于工作环境和工作关系方面的，可以称之为保健因素。保健因素不能对职工起到激励作用，但能预防职工的不满。

赫茨伯格进一步归纳出激励因素包括六项，分别是工作上的成就、得到赏识、进步、工作本身、个人发展的可能性、责任。保健因素包括十项，分别是公司的政策和行政管理、技术监督系统、与监督者个人之间的关系、与上级之间的关系、与下属之间的关系、薪金、工作安全性、人的生活、工作环境以及地位。

（3）弗鲁姆的期望理论

弗鲁姆是美国著名心理学家、行为科学家。他于1964年发表《工作和激励》，提出了期望理论。他认为，激励力 = 目标价值 × 期望概率。也就是说，人在行动之前，首先要对自己的行为目标进行选择，对目标价值做出判断。只有当目标价值比较高时，人们才会努力追求这个目标。其次，人们还要根据自己的条件考虑获得目标价值的可能性大小。只有当目标价值高，又有实现目标的把握时，人的积极性才是最高的。反之，某种目标价值对人们没有吸引力或没有实现目标的充分把握时，都不可能激发人们的积极性。

弗鲁姆的期望理论为管理者具体分析影响职工积极性的因素，对于有针对性地实施激励，有一定的指导作用和实用价值。

2. 人性理论

人性问题从来都是伦理学家争论的焦点，也是管理学者研究的一个中心问题。不同的管理理论和方法背后有着不同的人性观。"科学管理理论"认为人是"经济人"，梅奥提出人是"社会人"，行为科学理论对此进行了更深入的研究。

（1）麦格雷戈的X理论、Y理论和莫尔斯、洛希的"超Y理论"

麦格雷戈（1906—1964）是美国麻省理工学院教授，1957年首先提出X理论和Y理论的人性假设，并在他的《企业的人性方面》一书中予以表达。

麦格雷戈认为，每一位管理人员对职工的管理都基于一套人性的假定。他把传统管理对人的观点和管理方法叫X理论，其要点：

①一般人的天性都是好逸恶劳，只要有可能就会设法逃避工作。

②人几乎没有什么进取心，不愿承担责任，而宁愿被别人领导。

③人天生就反对变革，把安全看得高于一切。

④要使人们真正想干活，就必须采取严格的控制、威胁和经常不断地施加压力。

麦格雷戈主张在管理指导思想上变X理论为Y理论，Y理论是建立在人性和人的行为动机更为恰当的认识基础上的新理论，其要点：

①人并非天生懒惰，厌恶工作，工作对人们来说，正如游乐和休息一样是自然的。

②控制和威胁并不是促使人们为实现组织目标而努力的唯一办法，人们对自己所参与的目标能实现自我控制和自我指挥。

③人追求个人目标和欲望的满足同实现组织的目标并不矛盾，只要组织领导有方，个人会处理好个人与组织的关系。

④在适当条件下，人们不但能接受，而且能主动承担责任。

⑤不是少数人，而是多数人在解决组织问题时富有想象力和创造力，对组织目标持消极态度和抵触情绪是由于组织的压力所致。

⑥管理的基本任务是安排好组织工作方面的条件和作业的方法，使人们的潜能充分发挥出来，更好地为实现组织目标和个人具体目标而努力。

在麦格雷戈提出了X理论和Y理论之后，美国的乔伊·洛希和约翰·莫尔斯选择了两家工厂和两家研究所进行对比试验，其中一家工厂和研究所按X理论实施严密的组织和督促管理，另一家工厂和研究所按Y理论实施宽松的组织和参与管理。结果发现，在研究所，实行Y理论管理的史托克顿研究所效率高于实行X理论管理的卡美研究所；而在工厂，实行Y理论管理的哈特福工厂效率低，实行X理论管理的亚克龙工厂效率高。据此，他们提出了超Y理论。他们的观点是Y理论并不到处都比X理论优越，企业的领导方式应以成员的素质而定。有的人希望有正规化的组织和规则条例来要求自己的工作，而不愿参与问题的决策去承担责任，这种人适合X理论指导管理工作。有的人却需要更多的自治责任和发挥个人创造性的机会，这种人则适合以Y理论为指导的管理方式。

（2）阿吉里斯的"不成熟—成熟"理论

美国哈佛大学教授阿吉里斯对人的个性与组织关系等问题进行了较多研究，提出了关于人的"个性与组织"的假说，叫作"不成熟—成熟"理论。

他认为，人的个性发展如同婴儿期到成年期的变化，即从被动到主动、从依赖性到独立性、从只能有少数几种行为方式到多种行为方式、从偶然淡漠的兴趣到深厚强烈的兴趣、从只有"现在"的时间观念到有"过去""未来"的时间观念、从附属于他人到成年独立、从缺乏自我意识到自我控制意识。他指出，一个人在这个"不成熟—成熟"连续的发展过程中所处的位置就体现了他自我实现的程度。

他认为，大多数组织机构都将他们的成员看作处于不成熟阶段，管理阶层把一切都紧紧控制不放，这就不能适应成熟人的个性发展需要。成员可能采取离开组织，或对组织采取攻击、退守或冷淡态度等防御措施。为此，他提出了协调个性与组织需要的办法，即扩大职工的工作范围；采用参与制、以职工为中心的领导方式；使职工有从事多种工作的经验；加重职工的责任；更多地依靠职工的自我指挥和自我控制，使个人和组织都能实现自己的目标。

3. 有关领导行为的理论

对于一个领导者怎样领导一个集体，以怎样的方式进行领导，行为学家进行了广泛的研究，提出了各种理论，主要有以下几点：

（1）坦南鲍姆和施米特的"领导方式连续统一体"理论

最初研究领导方式的人把领导方式划分为独裁方式、民主方式两类，而人们在现实生活中发现领导方式远远不止这两类。美国学者坦南鲍姆和施米特把各种领导行为看作"连续统一体"。如图2-2-1所示：左边的领导人是一个独裁的领导者，右边的领导人是一个民主的领导者,从独裁方式的一端开始向民主一端过渡,权力的影响力在逐渐减弱,而民主力量在不断增强。这样可以划分出七类领导方式:

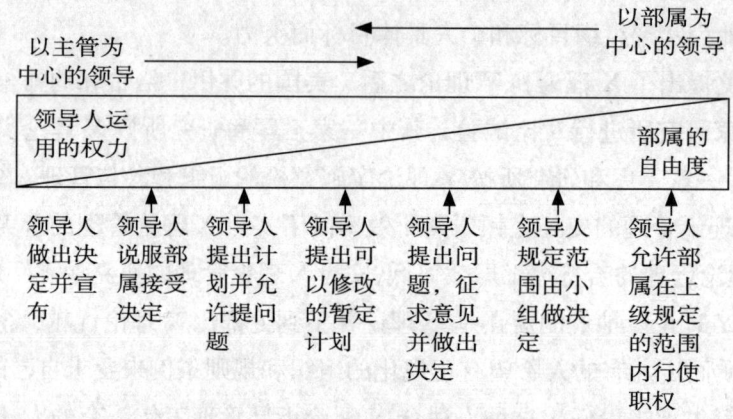

图 2-2-1

①由领导者做出决策,不必同任何人商量,下级只有服从。

②领导者做出决策后,要对下级进行宣传解释,要求大家执行。

③领导者在决策前征求大家的意见,但是不按下级意见修改。

④征求意见后进行修改,再做决策。

⑤领导者只提出需要解决的问题是什么,要求大家出主意、想办法,在群众意见的基础上做出决策。

⑥领导者要求群众提出问题和解决问题的办法。

⑦领导者允许群众在自己负责的工作范围内从实际情况出发解决问题。他们认为,对这七种领导方式,不能抽象地认为哪种好、哪种不好。成功的领导人不一定是专权的人,也绝不是放任的人,而应该在具体情况下善于考虑各种因素,采取最恰当的行为。当需要果断指挥时,善于指挥;当需要职工参与决策时,能提供这种条件,这样才能取得最好的效果。

（2）利克特的"以员工为导向"和"以生产为导向"的领导两维层面理论

伦西斯·利克特是美国心理学家、行为科学家,于 1961 年出版的《管理的新模式》和 1967 年出版的《人群组织:其管理和价值》等著作中概括了他的研究成果。他指出,在所有的管理工作中,对人的领导是最重要的中心工作。决定企业生产率高低的决定因素是领导方式。生产效率高的企业采用的是以职工为中心的领导方式,即强调工作中的人际关系,关心人的需要和发展,重视人的作用。生产效率低的企业采用的是以工作为中心的领导方式,管理者只对技术方面感兴趣,对职工的监督过于严密,甚至动辄批评和处罚。

利克特认为,管理的领导方式有四种类型:专权的命令式——权力绝对集中,下级绝对服从;温和的命令式——实行授权制,但仍由高级领导集中控制和监督;协商式——实行分权管理、分级决策；参与式——职工参与企业目标的制定，下级参与上级的决策。他认为，第一种是传统的领导方式，第二种、第三种是权力主义管理方式，第四种是民主管理方式，也是最有效的管理方式。

总之，利克特认为，领导者在管理中以职工为中心则生产率高，反之则低；领导者同职工接触的时间多则生产率高，反之则低；领导方式越民主、越合理，参与程度越高则生产率越高，反之则低。

（3）布莱克和莫顿的管理方格理论

美国学者罗伯特·布莱克和简·莫顿于1964年在他们合著的《管理方格》一书中提出了该理论。如图2-2-2所示。

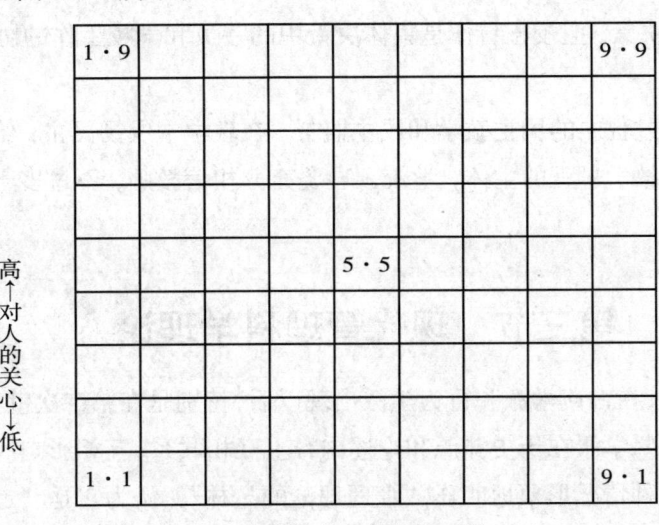

图 2-2-2 管理方格理论

方格纵轴表示对人的关心，横轴表示对生产或工作的关心。整个图中有81个方格，每小格代表对生产的关心和对人的关心这两个基本因素以不同的比例结合的领导方式。例如：1·1是贫乏式管理，1·9是俱乐部式管理，9·1是任务式管理，9·9是协作式管理，5·5是中间式管理。他们提出，每一个领导者都应认清自己所处的环境和现有的领导方式，逐步把自己的领导方式向9·9型靠拢，提高管理效率。

行为科学理论的兴起，改变了管理者对人的看法，重视了人的因素。在资本主义管理思想发展史上，可以说是划时代的改变。它所倡导的在工作中恢复人的尊严，实行民主参与管理，使组织目标和个人目标相结合的管理方式，开辟了资本主义管理实践的新道路。西方有些管理学家把它看作一次"管理的革命"。

三、人际关系——行为科学管理理论对教育管理的影响

人际关系——行为科学管理理论对教育管理的影响主要反映在提倡学校管理的民主化，重视教职员在管理中的主体地位，增强教职员的自我激励、自我控制以及自我完善的能

力。自从 20 世纪 30 年代起,很多研究教育管理的学者提出要以梅奥的人际关系学说指导教育管理活动。例如美国芝加哥大学教育系主任拉尔夫·泰勒撰文提出人际关系的研究与学校管理人员有关,今后教育管理必将受到梅奥等人在霍桑工厂试验的影响。到 20 世纪 40 ~ 50 年代,以人际关系学说为理论基础的民主管理方式在欧美学校相当流行。主要表现在以下几方面:

第一,重视学校中非正式组织的作用,把非正式组织看作是学校组织中不可缺少的一部分。

第二,从改善人际关系入手,提高教师的工作激情,特别注重满足教师的社会需要和心理需要。

第三,实施参与决策,把校长看作是集体决策中的一员和学校工作的协调者、帮助者,反对校长个人专断。

第四,提倡教学过程中的民主教学和民主监督,在教学中发扬民主,给学生更多的参与机会,让学生成为教学过程的主体,学校领导要充分相信教师,不过多干预教师的教学活动。

第三节　现代管理科学理论

西方的管理理论,在古典学派和行为学派出现以后,特别是在第二次世界大战以后,又出现了许多学派。这些学派在历史渊源和论述内容上互相联系、互相影响。美国管理学家哈罗德·孔茨曾把这种情况形象地叫作"管理理论的丛林",认为它是"走向统一的管理理论"的必经过程。至于这些学派的划分,在西方管理学界也是众说纷纭。

一、管理理论的丛林

1.社会系统管理理论

社会系统管理理论的创始人是美国著名的管理学家和企业家切斯特·欧文·巴纳德(1886—1961)。他的代表作是 1938 年出版的《经理的职能》一书。在这本著作中,他把各类组织都作为协作的社会系统来研究,提出了一系列不同于传统组织理论的观点。他是继梅奥之后为社会系统研究做出突出贡献的又一位代表人物,他的观点为现代组织理论奠定了基础。巴纳德的管理思想对西方管理理论进入现代管理理论阶段起着继往开来、承上启下的作用。美国当代著名管理学家哈罗德·孔茨把由他开创的管理理论体系称作社会系统学派。他的主要论点:

第一,组织是一个社会协作系统,是"两个或两个以上的人,有意识协调的活动和效力的系统"。

他认为这个定义适用于各种类型的组织。组织的差异在于物质和社会的环境、成员的数量和种类、成员向组织提供的贡献等。组织由人组成,这些人的活动互相协调,因而成为一个系统。一个系统要作为一个整体来对待。系统有各种级别，一个组织内部的各个部门或子系统是低级系统，由许多系统组成的整个社会是一个高级系统。

第二，协作系统包含的三个要素，分别是协助意愿、共同目标、信息联系。

"协助意愿"指的是组织中的每一个人为了结合在一起而做到自我克制，将个人的行为纳入组织整体的行动体系。这种协助意愿的大小跟个人为组织做出的牺牲与组织为个人提供的报酬之间有着密切的关系。

"共同目标"指的是组织中的人们是在共同目标基础上才进行协作的，个人的目标应当与组织的目标统一起来。

"信息联系"指的是组织成员只有相互沟通，才能对组织的共同目标有所理解，也才能产生协作的意愿和行为。组织必须有高效率的信息联系渠道和称职的信息联系人员，以保证信息沟通的效能。

第三，在组织中经理是关键人物，他的主要任务是协调组织和个人之间的关系。

经理既要实现组织的目标，又要满足人的感情、欲望和各种需要，实现态度、动机和价值观的变化。经理要想充分发挥每个人的才能去实现组织的目标，就必须帮助他们克服物质的、生理的、心理的和行为习惯的障碍。

第四，经理的权力只有被职工接受的时候才是有效的，因此必须加强彼此间的沟通。要使职工相信经理提出的要求是全面的、合理的；经理提出的要求既符合组织发展的需要，又满足个人的利益，也是自己有可能完成的。

第五，职工是组织的成员，他们要积极地参加组织的活动，并为组织做出贡献；组织要按照他们对组织贡献的大小给予不同的奖励，这种奖励要等于甚至要大于他们对组织的贡献。

第六，非正式组织是不受正式组织管辖的个人联系和相互作用以及有关的人的总和。非正式组织可能对正式组织有某些不利影响，但它对正式组织至少有三种积极影响：

①就一些易于引起争论、不便在正式渠道提出的，难以确定的事情、意见、建议、怀疑在成员间交换意见。

②通过对协作意愿的调节，维持正式组织内部的团结。

③维持个人品格自尊心，并抵制正式组织的不利影响以维持个人人格的感情。

巴纳德指出，当个人和正式组织之间发生冲突时，这些因素对维持一个组织的机能起着重要的作用。所以，非正式组织是正式组织不可缺少的一部分，其活动使正式组织更有效率并提高其效力。

巴纳德以前的组织理论把组织看成人的结构与物的结构的联合体，并把这样的联合体视为与外界隔离的封闭组织。巴纳德认为，物的结构只是组织的物理环境，人才是组织本身的构成因素。并且每个人同时也是其他组织的成员，把组织看成开放的这一观点从根本上突破了"封闭式组织"的局限性。

2. 决策理论

决策理论学派是当代西方管理理论的一个重要学派，产生于20世纪50年代。这个学派的主要代表人物是美国卡内基梅隆大学教授赫伯特·西蒙（Herbert A.Simon）。他由于在决策理论的研究上做出了贡献，曾获得1978年的诺贝尔经济学奖。他的代表作是《管理行为》（1947）和《管理决策新科学》（1960）。

决策理论学派将第二次世界大战以后发展起来的系统理论、运筹学、计算机科学综合应用于管理决策问题，形成了一门有关决策过程、准则、类型及方法的较完整的理论体系。决策理论的主要论点：

（1）管理就是决策

这是西蒙等人的著名论断。西蒙认为，一个组织的任何一个成员的第一个行为就是对参加或不参加这个组织做出选择。选择的依据是将对组织做的贡献与从组织中得到的诱因进行比较，诱因大于贡献他就参加，否则就不参加，因而第一个行为就是决策。组织成员做出参加组织的决策之后，还要进一步做出其他种种决策。组织成员的工作和成就是不断决策的过程。组织中的人都是决策人。组织就是一个人群行为的复杂的决策网状结构系统。组织的决策过程是为实现组织目标而采取何种行为的选择过程。组织就是一个由个人决策和组织决策两个层次构成的复杂的决策网状结构。决策是组织管理活动的中心过程，贯穿于整个管理过程的始终和各个方面，无论计划、组织还是控制都离不开决策。

西蒙的决策人和"管理就是决策"的思想是比较深刻的。在管理理论的人的问题上，西蒙的决策人的观点在一定程度上触及了人的主体性属性。在对管理的理解上，他提出了管理的一个新的内涵：在古典理论和行为科学中，管理主要从管理职能和激励的含义上被理解和看待，而"管理就是决策"的产生在一个新的层次上揭示了管理的本质属性。

（2）决策的过程

决策的过程包括查明决策的理由、研究行动的可行性方案和在各种行动方案中进行选择三个阶段。为此，决策应该做三项相应的工作：情报工作、设计工作和选择工作。

西蒙强调，一个组织的经理花在前两个阶段上的时间更多，只有前两个阶段的工作做好了，才能在第三个阶段做出正确的决策。

（3）决策的准则是相对优化原则

西蒙认为，人们通常说的最优化的决策，只是决策的理想状态。实际上，最终"完全合理"的、"最优化"的决策是不可能的。他提出决策的准则应当是"符合要求"和"足够好"。

（4）组织中的决策包括程序化决策和非程序化决策

这两类决策承担者的管理阶层是不同的，基层机构管理人员通常使用的是程序化决策，在中层两种决策都要应用，而高层机构管理人员主要处理的是非程序化决策。因此，人们应当根据一个问题的性质、发生的频率和确定性程度来确定做何种决策以及应当由哪一个管理阶层来做出。程序化决策与非程序化决策关系如图2-3-1所示。

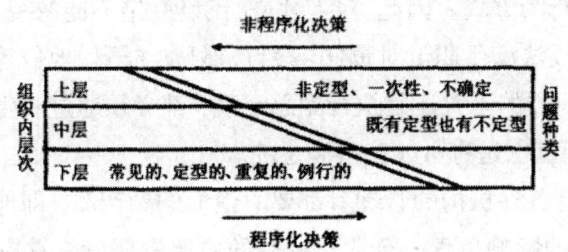

图 2-3-1 程序化决策与非程序化决策的关系图

3.经验主义理论

经验主义学派也称"案例"学派。这一学派认为，管理学就是要研究管理经验，也就是说要通过对大量企业的管理经验的总结、比较，形成理论化的知识体系，然后传授给管理人员。由于这一学派一般都强调从企业管理的实际经验出发，而不是从一般原则出发来研究管理，所以被称为经验主义学派。

这一学派主要代表人物有彼得·德鲁克（大企业的顾问、大学教授）、欧内斯特·威尔（大公司董事、大企业顾问）、威廉·纽曼（大学教授）等。其中最为著名的是当代著名的经验主义管理学家彼得·德鲁克。德鲁克的著作颇丰，如《管理的实践》（1954）、《有效的管理者》（1966）、《管理——任务、责任和实践》（1973）、《动乱时代中的管理》（1980）、《创新与企业家精神》（1985）等等。其中，《管理——任务、责任和实践》是他最主要的代表作。该著作全面地阐述了他的管理哲学和对管理的任务、责任和实践等方面的看法，被誉为经营管理的经典著作和百科全书。

德鲁克对管理的许多见解和他的同时代人相比有许多新颖独到之处，并且由于他的观点和看法更贴近管理实际，因此，他在美国、西欧和日本都得到管理理论界和企业界的很高评价。德鲁克对于管理的主要观点有以下几点：

（1）管理的任务

德鲁克认为，社会是由多种机构构成的，管理是机构的器官。为了机构能履行其职能并做出贡献，管理必须完成三项同等重要而又极不相同的任务。即完成本机构的特殊目的和使命、使工作富有活力并使职工有成就、对社会的影响和对社会的责任。

德鲁克提出，企业的目的是创造顾客，而不是利润。因为企业是社会的一个机构，社会赋予其一定的功能和使命，它必须为社会服务，具体来讲就是为用户服务。这是由企业在社会中的地位决定的。企业的目标是通过两个基本职能来实现的，即推销和创新。推销是为了满足顾客需要，而创新是为了创造顾客需要。

德鲁克认为，工商企业的真正资源是人。企业是通过使人力资源更有生产性来进行其工作，通过有生产性的工作来取得成绩。简单地讲，凡是能直接有助于机构成长的工作都是有生产性的工作。这就是说，机构的管理层应该根据组织本身的需要创设新的工作，并经常使原有的工作增加新的内容。要使工作人员有成就感，就必须了解到人具有特殊的生理心理特质和不同的行为方式。因此,对人才进行管理,绝不能忽视人们心理上的因素,要从各个不同的角度去设法满足职工对责任、参与、激励、报酬、地位等方面的要求。企业中的职工,不论是操作机器的工人还是执行副总经理,都必须通过有生产性的工作和有成就的职务来获得满足,而且也是有可能获得满足的。

德鲁克指出,所有各种机构的管理者都要对他们的副产品,即他们的合法活动对人和物质环境及社会环境的影响负责。企业对社会的主要责任就是它应该对社会产生积极的影响,同时,把社会问题转化为企业的机会。工商企业的存在,不是为了自身,不是为了工人和管理层有就业的机会,也不是为了分得红利,而是为了给顾客提供商品和劳务。企业为了承担它对社会的责任,为社会提供商品和劳务,就必须对社会有所影响。在当今这个多机构的社会中,企业必须日益关心它所提供的商品和服务的数量与质量,关心人们的生活和社会的环境。

（2）管理人员的职责

德鲁克认为,管理人员有两项别人无法替代的职责:一是必须形成一个"生产的统一体",即创造管理的综合效益。为此,管理人员就要克服企业中所有的弱点,并使各种资源、特别是人力资源得到充分发挥。二是他在做出每项决策和采取每个行动时,都要把当前利益和长远利益协调起来。每个管理人员都有一系列共同的必须履行的职能。这些职能是制定目标、进行组织工作、激励和联系工作、衡量工作,使职工得到成长与发展。

（3）管理的技能与目标管理

管理是特殊的工作,因此要求管理者具备一些特殊技能,其中包括做出有效的决策、有效地进行信息联系、正确地控制和衡量、正确使用分析工具及管理科学。目标管理是使管理人员和职工在工作中实行自我控制并达到工作目标的一种管理技能和管理制度。它是由德鲁克首先创立的。德鲁克认为,古典管理学派以工作为中心,忽视了人的一面;行为科学又以人为中心,忽视了同工作相结合。目标管理则综合了以工作为中心和以人为中心两个方面,能使职工发现工作的兴趣和价值,并从工作中使自我实现的需要得到满足,企业的目标也可以同时实现。

（4）管理的组织

德鲁克提出,组织结构不是自发形成的,组织的设计和结构需要思考、分析和系统的研究。他提出,一个规范的组织结构应满足如下要求:明确性、经济性、远景方向、理解本身任务和整体任务、有利于信息交流和加速决策、稳定性和适应性、永久性和自我更新。

（5）高层管理

高层管理是对整个企业进行指挥、确定视野、制定标准的结构。德鲁克认为,高层管理的任务主要是明确机构的使命、建立有效的组织结构、建立文化、发展公共关系、参加礼仪性的活动、处理紧急文件和重大危机。可见,高层管理的任务具有多项性、再现性、非连续性等特点。高层管理的工作应由一个班子而不是一个人来担当。高层管理者应当具有各种不同的能力，特别是各种不同的气质。要发挥高层管理层次结构的作用，就必须满足一些条件。比如任何班子成员只对高层管理层负责的事做决定、班子成员之间不要相互干扰、班子成员必须以高层管理权威来处理问题、重大决策必须经班子讨论后做出、班子成员之间要经常进行必要的信息交流。

二、建立统一的管理理论的探索

西方管理理论丛林时代，各管理学派都力图运用现代科学的成果探索管理合理化的各种原理、方法和手段。由于他们的研究方向和角度不同，因此管理理论研究在一个多侧面广阔的领域里展开，并且对每一方面研究也都比较深入。对于这种现象，在美国有两种不同的评价：一种是以孔茨和奥唐奈为代表的悲观的评价，认为这种现象是管理理论的混乱；另一种是以西蒙为代表的乐观的评价，认为在管理研究中必须有各种方法，如管理人员职能法、系统法、决策法、行为科学法和数学法，这些绝不是学派，只是研究方法上的分工，即根据问题的性质所采取的不同方法。西蒙认为，管理理论正是在这种研究分工和方法分工的进展中发展的。其实，现代管理理论"丛林"式发展在本质上反映了管理实践的多层面性和多侧面性，适应了社会化大生产的需要，对维持和推动发达工业国家经济发展起到了一定作用。但是，管理理论只有分散没有统一，也不是发展方向。实际上，各学派虽然各自独立，但它们相互之间的关系却十分密切，有些甚至难以截然分开。在建立统一的管理理论的探索中，出现了有代表性的两种新的理论：系统管理理论和权变管理理论。他们或是用系统理论及其研究方法将各派管理学说兼容并蓄、融为一体，寻求统一适用的模式和原则；或者注重灵活运用各派学说，强调随内外环境的不同而随机应变，采取权变的管理手段。

1. 系统管理理论

系统管理理论的代表人物有理查德·约翰逊、弗里蒙特·卡斯特、詹姆斯·罗森茨韦克等。1963 年，他们三人共同撰写了《系统理论与管理》一书，比较全面地阐述了系统管理理论。

系统管理理论和社会系统理论有密切的联系，但侧重点不同。巴纳德的社会系统理论主要关心的是以人为构成要素的组织系统，研究组织中人与人的协助、交流等关系。系统管理理论则把人力、财力、物力、信息乃至整个自然界看作一个相互联系的整体，把管理活动涉及的一切因素都纳入一个系统中进行分析研究。任何一个特定的系统都存在于一定的环境及以外的高层系统之中，而且有明确的边际规定性。任何一个系统都有一个整体目标和局部目标的关系，有一个它与外部系统、内部子系统的关系问题。"系统分析"就是分析系统内、外部的各种关系，并从全局出发制定决策，进行统筹管理。系统管理理论强调管理系统的开放性以及同外部环境进行物质、能量、信息交换的必要性和重要性，它认为这是使系统进入有序、稳定状态的充分必要条件。

2. 权变管理理论

权变管理理论是 20 世纪 60 年代末 70 年代初在美国形成的一种管理理论。这种理论认为,在管理中,管理思想和管理方式要根据环境和内外条件的变化而随机应变,不存在一成不变的、普遍适用的"最好的"管理理论和方法。权变管理就是依据环境自变数和管理思想、管理技术因变数之间的函数关系确定的一种有效的管理方式。这种函数关系可以理解为"如果—就要"的关系,即"如果"某种情境存在或发生,"就要"采用某种管理思想和管理方法,才能更好地实现组织的目标。

权变管理理论强调针对不同的具体条件,采用相应的管理方式,符合具体情况具体分析的科学态度。其实,离开组织的内部、外部条件,主观地决定管理方式肯定是不科学的。但是,权变管理理论本身也存在明显不足,如其考虑各种具体条件和情况,而没有用科学研究的一般方法的发展概况;只强调特殊性,否认普遍性;只强调个性,否认共性。

三、组织文化理论

一般管理理论经历了科学管理、人际关系—行为科学、管理理论丛林三大发展阶段,其间的管理学派数不胜数,实际上只是沿着两条线索在发展:第一条线索是侧重组织和技术方法的作用,以工作(或生产)为中心,强调组织机构和规章制度,重视运用各种技术手段和科学工具来达到组织的目标;第二条线索是重视人的行为和人际关系,以人为中心,重视人的心理因素的作用,强调满足员工的需求和愿望,以调动员工的积极性来达到组织的目标。这两种倾向各有其合理性,也有其片面性。如何解决这一问题,把人与物、理性与非理性、个人与组织统一起来加以综合考虑呢? 组织文化理论更好地解决了这一问题。

1. 组织文化理论的形成

关于组织的文化问题,古典管理理论学者、行为科学学者都曾程度不同地触及,如社会系统学派主要代表人物巴纳德就曾指出:总经理的主要任务就是形成共同价值和担任管理者。1957 年,美国学者赛尔尼克在《领导与行政管理》一书中提出:"机构的领导人,主要是促进和保护价值的专家。"1970 年,美国波士顿大学组织行为学教授戴维斯在《比较管理——组织文化的展望》一书中正式提出组织文化的概念。1971 年,经验主义学派的代表人物德鲁克在《管理学》一书中把管理与文化明确联系起来,他说:"管理是一种社会职能,隐藏在价值、风俗、信念的传统里,以及政府的政治制度中。管理是受文化所制约的不是'无价值观'的科学。"1981 年,美国斯坦福商业管理学院教授理查德·巴斯卡尔和哈佛大学教授阿索思首先推出《日本的管理艺术》一书,书中以战略、结构、制度、人员、技能、作风和最高目标这七个因素为基础,结合日本和美国一些一流企业,提出了管理中"硬"因素和"软"因素的区别,把战略、结构、制度称为硬因素,把人员、技能、作风和最高目标称为"软"因素,并强调"软"因素的作用,还特别提出价值观、信仰是管理的哲学基础。同年,日裔美国学者威廉·大内出版《Z 理论》。该书分析了企业管理与文化的关系,明确提出了公司文化的构成与作用,认为公司的控制机制是"被一种哲学所包容",这种哲学就是"组织文化",它包括价值观、传统和风气,并用一套符号、礼仪及神话将组织的价值观和信念传达给职工。1982 年, 美国学者托马斯·彼得斯和小罗伯特·沃特曼花两年多时间,深入调查了大量企业后提出,成功公司的主要特征是文化的驾驭力和凝聚力,并出版了《寻求优势——美国最成功公司的经验》一书。同年,迪尔和肯尼迪出版了《公司文化》一书,就公司文化提出了比较系统的理论。

此后,组织文化理论由美国传到日本、东南亚和西欧,不仅在理论认识上,而且在管理实践中,都产生了深刻的影响。1982 年,哈佛大学首先开设了"公司文化"课。美国一些咨询公司也纷纷转向为客户分析如何发展公司文化以及使公司文化与战略协调一致。许多企业界的管理者都把建设和培植企业文化作为重要的管理任务组织实施。

2. 组织文化的概念

1982 年美国最先出版的《公司文化》专著的作者迪尔和肯尼迪认为, 价值标准是公司文化的基础, 是一个公司走向成功的哲学精华, 它为全体职工提供共同方向的概念以及日常生活的准则。日本学者加护野忠男和野中郁次郎认为,所谓企业文化(组织文化),就是给组织成员以共同认识和共同行为方式的组织的价值观,或者说是使价值观和规范制度等成为正当合理的知识体系。可见,西方所谓的企业文化,主要是指企业的指导思想、经营哲学、管理风貌以及其行为方式。它包括价值观念、经营哲学、管理思想、文化教育、行为准则、道德规范、文化传统、风俗习惯、典礼仪式及企业形象等,是一种以价值观为核心的对全体职工进行一定企业意识教育的微观文化体系。

3. 组织文化的要素、特点及功能

迪尔和肯尼迪认为组织文化的要素主要有五个:

(1)环境

环境是形成和塑造企业文化的重要条件,其内容包括企业的社会、政治、法律、文化、技术等各种因素。

(2)价值观

价值观是企业为经营成功而对企业与外部环境及企业内部人与人关系所持的根本观点和看法。其内容包括企业员工在经营观念、行为取向等方面形成的共同信念、准则等。价值观是企业文化的核心和灵魂。

(3)典范人物

典范人物是企业价值观人格化的表现。它通过树立英雄形象,为员工提供学习的具体典范,把企业的价值观内化为员工的行为规范。

(4)仪式和典礼

仪式和典礼是企业宣传自身价值观念的方式,是企业价值观变为全体员工的认同和共识的增强剂,形式上是公司有系统、有计划、有秩序地例行日常事务的方式。

（5）文化网络

文化网络是指公司与基层、基层与基层以及员工之间的沟通方式，它是传递公司价值观念的渠道。这种文化网络通常表现为"文化沙龙""讲故事的人""传教士""饶舌者"等方式。

企业文化的特点：

①企业文化集中体现了企业对自己的社会责任的认识及企业员工对人生和工作意义的了解。它是企业在长期经营管理中形成的以全体员工的价值认同和共识为基础的一种独特的管理方式和方法。

②企业文化的核心是企业价值观念，是企业的灵魂。

③企业文化是企业管理中的"软性"因素，它同传统的规章制度、财务分析、企业战略规划等硬性因素不同，它强调人的内心的自觉意识，反对单纯的外在控制，以全体员工认同的价值观念，以及在其基础上建立的崇高目标，作为规范企业内部员工一切行为的最终准则。

④企业文化强调的是整体力量，不同于行为科学研究的是个体的人。其作用在于提高企业的内聚力，形成和建立良好的人际关系，发挥整体优势。

公司文化（组织文化）作为一种管理方式和手段，其主要功能在于增强企业的凝聚力、向心力，激励全体员工同心协力，实现企业目标。迪尔和肯尼迪指出，企业管理的中心是人，而管理人的方法和管理物的方法是不同的，必须通过文化的影响和非正式的规则，使人们对自己所做的工作感到满意，并愿意努力工作。具体来说，组织文化的作用主要有以下五点：

第一，通过共同的价值观，统一员工思想，增强企业的内驱力和向心力，加强员工的自我控制。

第二，激励员工奋发进取，提高士气，遵守职业道德，形成创业动力。

第三，为企业实现战略意图和进行创新改革提供思想基础，提高企业对环境的适应能力。

第四，改善和优化人际关系，使企业员工产生更大的协同力，发挥企业的整体优势。

第五，树立企业形象，提高企业声誉，扩大企业的知名度和社会影响。

组织文化理论在强调文化因素、重视以人为本的同时，把经济与心理、制度与情感、组织与个人在整体思想上结合起来，找到了全新的平衡机制和方法，反映了管理理论发展的两条线索，使企业和个人走向综合与统一的大趋势。

四、学习型组织管理理论

21世纪是知识经济时代，世界政治、经济、文化各领域都发生了许多重大变化，尤其是信息技术的巨大发展，以电子技术为基础的新技术革命在广度和深度上不断推动着科技进步和社会经济生活的变化，日新月异的信息网络技术的发展大大推进了全球经济一体化的进程，资金、技术、设备都在全球范围内以前所未有的速度流动和转让，市场的国际化造成了竞争的国际化。在这种背景下，企业的生存和发展首先取决于它的应变能力，取决于它是不是能跟得上这种外界大环境变化的规模和速度。然而，传统的管理模式是以泰罗的科学管理为基础的，它强调按照职能分工、条块分割的管理方式形成"金字塔"形的管理组织机构，是以等级为基础、以权力为特征、对上级负责的垂直型的纵向线性系统。这种"金字塔"式的管理显然无法适应面对外来信息变化做出快速反应的需要。20世纪90年代初，一些著名跨国公司连年亏损的原因之一，就是企业管理仍然沿袭着"金字塔"式的传统管理模式。有资料显示，自20世纪70年代以来，在世界范围内，企业的平均寿命在缩短。在美国，平均有62%的公司存活不到5年，寿命超过20年的公司数只占公司总数的10%。只有2%的公司能存活50年，美国的高新技术企业只有10%能活过5年。1970年名列美国《幸福》杂志前500名的大企业，有三分之一到1983年时已经消失了。许多知名的大企业在辉煌过后纷纷退出历史舞台，其中的一个重要原因就是传统的组织和管理观念不能适应新时代的要求。如何使新世纪的管理更好地适应这种变化趋势呢？国际上许多企业家、经济学家和管理学家进行了许多新的探索。学习型组织管理理论就是在这样的背景下产生的。

学习型组织（Learning Organization）管理理论是由美国麻省理工学院教授、著名管理学家彼得·圣吉提出的。20世纪80年代初，圣吉依靠一群有崇高理想的企业家，花了近十年时间构思出学习型组织的蓝图。1990年他出版了《第五项修炼——学习型组织的艺术与实务》一书，全面阐述了学习型组织管理理论。圣吉在系统、细致地分析了学习型组织的内部结构和运作规律以后认为，学习型组织是21世纪全球企业组织和管理方式的新趋势。该书荣获了1992年世界企业学会最高荣誉——开拓者奖，美国《商业周刊》把圣吉推崇为当代最杰出的新管理大师之一。西方众多企业实践表明，这种管理理论能使企业组织在现代创新、竞争和快速发展的经济社会中，有着更强的生命力，是许多大、中、小型企业管理者所追求和向往的企业管理模式。

1997年7月15日至18日，世界管理协会联盟和中国国民经济管理学会在上海召开了世界管理大会。会上，管理专家提出了未来世界管理变革的十大趋势。

①创新——为适应科技、经营环境的急剧变化，不断进行战略创新、制度创新、组织创新、观念创新和市场创新，把创新渗透于整个管理过程之中，这将成为未来管理的主流。

②知识——最重要的资源。

人类已进入信息社会，信息社会是智能化、知识化的社会，是知识量、信息量急剧增长的社会，是知识经济时代，知识生产力已成为社会经济发展的关键因素。

③学习型组织——未来成功企业的模式。

④快速的应变能力——时代的新要求。

⑤权力结构转换——变正"金字塔"为倒"金字塔"。这不只是结构层次的转置，而且管理层会大大减少，将大大提高组织效率。

⑥弹性系统——跨功能、跨企业的团队。

⑦全球战略——下一世纪企业决战成败的关键。

⑧跨文化管理——管理文化的升华。

在保持本土优秀文化基础上兼容并蓄，建立既有自己特色又充分吸纳人类先进文化成果的管理模式。

⑨ "四满意"目标——企业永恒的追求，即顾客满意、员工满意、投资者满意和社会满意。

⑩ "没有管理的管理"——管理的最高境界。

在全员管理的境界中，人人既是管理者，又是决策者和执行者。这将大大激发员工的主动精神，并使之与企业融为一体。

这十大变化趋势都与学习型组织的管理理念有关，也从多个侧面反映了学习型组织的特征。国内外许多学者预言，未来最成功的公司，将是那些基于学习型组织的公司。

1. 学习型组织的含义

学习型组织最初的构想来源于圣吉的老师佛睿思特。他在 1965 年《企业的新设计》一文中具体构思了未来企业的一些基本特征，即组织结构扁平化、组织信息化、组织更具开放性、员工与管理者的关系逐渐由从属关系转向工作伙伴关系、组织不断学习、不断调整组织内部的结构关系等。

致力于介绍和推广学习型组织理论的杨硕英教授认为："圣吉所希望建立的学习型组织，是一种不同凡响，更适合人性的组织模式，由伟大的学习团队形成社群，有着崇高而正确的核心价值、信念与使命，具有强劲的生命力和实现梦想的共同力量，不断创造，持续蜕变。在其中，人们胸怀大志，心手相连，相互反省求真，脚踏实地，勇于挑战极限及过去的成功模式，不被眼前的近利所诱，同时以令员工振奋的远大共同愿望，以及与整体动态搭配的政策与行动，充分发挥生命的潜能，创造超乎寻常的成果，从而在真正的学习中领悟工作的意义，追求心灵的成长与自我实现，并与周围的世界产生一体感。"

我国学者提出，所谓学习型组织，是指通过培养覆盖整个组织的学习气氛，充分发挥员工的创造性思维能力而建立起来的一种有机的、高度柔性的、扁平化的、符合人性的、能持续发展的组织。这种组织具有持续学习的能力，具有高于个人绩效总和的综合绩效。

我国较早研究并在国内广泛讲授、积极推行学习型组织管理理论的著名学者张声雄教授认为，所谓学习型企业，是以共同愿景为基础、以团队学习为特征、对顾客负责的扁平化的横向网络系统。它强调学习和激励，不但使人勤奋工作，而且尤为注意使人"更聪明地工作"，它以增强企业的学习为核心，提高群体智商，使员工自我超越、不断创新，达到企业财富速增、服务超值的目标。学习型组织管理理论强调企业的领导者主要是当好三个角色：一是优良系统的设计师；二是共同愿景的仆人；三是好教师。强调企业员工要依靠团队学习和共同愿景自我引导，使整个企业成为充满学习和创造力的系统，这样才能不断自我超越、不断向极限挑战，不断创造新的成就。

我国学者提出了构成学习型组织的六大要素：

①拥有终身学习的理念和机制；

②拥有多元回馈和开放的学习系统；

③形成学习共享与互动的组织氛围；

④具有实现共同愿景的不断增长的学习力；

⑤工作学习化使成员活出生命意义；

⑥学习工作化使组织不断创新发展。

2. 学习型组织的特征

（1）组织成员拥有共同的愿景

组织的共同愿景来源于员工个人的愿景而又高于个人愿景。它是组织中所有员工共同期望的景象，是他们的共同理想。它能使不同个性的人聚集在一起，朝着组织共同的目标去努力。

（2）组织由多个创造性团体组成

在学习型组织中，团体是最基本的学习单位，团体本身应该理解为彼此需要他人配合的一群人。组织中所有的目标都是直接或间接地通过团体努力来达到的。

（3）善于不断学习

这是学习型组织的本质特征，主要有四种含义。一是强调终身学习。即组织中的成员均养成终身学习的习惯，才能形成组织良好的学习气氛，并使成员在工作情境中不断地学习。二是强调全员学习。即企业组织的决策层、管理层、操作层都要全身心投入学习。尤其是经营管理决策者，他们是决定企业发展方向和命运的重要阶层，因而更需要学习。三是强调全过程学习。即学习必须贯穿于组织系统运行的整个过程。四是强调团体学习。即不但重视个人学习和个人智力的开发，更重视组织成员的合作学习和群体智力的开发。

（4）"地方为主"的扁平式结构

传统的企业组织是金字塔形的，机构重叠，效率不高，容易产生官僚主义，决策层和操作层不能直接互通信息，不能互相学习，不利于建立"整体互动思考模式"，不能使企业协调地高效运转。而学习型组织内部结构是扁平的，从最上面的决策层到最下面的操作层，中间层次极少。这种组织结构有利于上下沟通，在组织内部形成互相理解、互相学习、整体互动思考、协调合作的群体，从而产生巨大、持久的创造力。

目前，发达国家的一些大企业，随着内部交换网络的建立，已将中间层取消，建立了决策层、管理层、操作层在同一平面上工作的"平面化"管理模式。

学习型组织改变了企业组织的组织结构，它尽最大可能将决策权下放到离最高管理层或公司总部最远的地方，即决策权往组织机构下层移动，让最下层单位拥有充分的自决权，并对产生的结果负责，从而形成"地方为主"的扁平化组织结构。

（5）自主管理

学习型组织理论认为，"自主管理"是使组织成员边工作边学习，并使工作和学习紧密结合的方法。通过自主管理，可由组织成员自己发现工作中的问题，自己选择伙伴组成团队，自己选定改革进取的目标，自己进行现状调查，自己分析原因，自己制定对策，自己组织实施，自己检查项目，自己评定总结。团队成员在"自主管理"的过程中，能形成共同愿景，能以开放求实的心态互相沟通。不断学习新知识，不断进行创新，从而增加组织应变、创造未来的能力。

（6）组织的边界将被重新界定

学习型组织的边界的界定，建立在组织要素与外部环境要素互动关系的基础上，将超越根据职能或部门划分的"法定"边界。例如把销售商的反馈信息作为市场营销决策的固定组成部分，而不像以前那样只作为参考。

（7）员工家庭与事业的平衡

学习型组织将努力使员工丰富的家庭生活与充实的工作生活两者相得益彰。学习型组织将对员工承诺支持每位员工充分地自我发展，而员工也应以承诺对组织的发展尽心尽力作为回报。这样，个人与组织的界限将变得模糊，工作与家庭之间的界限也将逐渐消失，两者之间的冲突也必将逐渐减少，从而提高员工家庭生活的质量，实现家庭与事业之间的平衡。

（8）领导者的新角色

在学习型组织中，领导者是设计师、仆人和教师。领导者设计工作是对组织要素进行整合的过程，不只是设计组织的结构和组织政策、策略，更重要的是设计组织发展的基本概念；领导者的仆人角色表现在他对实现愿景的使命感，并自觉地接受愿景的召唤；领导者作为教师角色的首要任务是界定真实情况，协助人们对真实情况进行正确、深刻地把握，提高人们对组织系统的了解，促进每一个人的学习。

3. 学习型组织的五项修炼

如何使组织不断发展变成学习型组织呢？圣吉在他的《第五项修炼——学习型组织的艺术与实务》一书中，就如何创建学习型组织提出了五项修炼。

（1）自我超越

自我超越是指突破个人能力极限的自我实现，是个人成长的学习修炼。这是学习型组织的精神基础。圣吉指出："精通自我超越的人，能够不断实现他们内心深处最想实现的愿望，他们对生命的态度就如同艺术家对艺术作品一样，全身心投入，不断创造和超越，这是一种真正的终身学习。"只有组织中每一个层次的人都追求自我超越，努力发展自我，才能真正建立起学习型组织。

建立个人愿景是自我超越的前提。所谓个人愿景就是个人发自内心的追求及其终极目标，是个人工作和生活的精神层面。它可以为自我超越设立目标。组织的共同愿景正是以个人的愿景为基础的，当组织成为组织成员自我的工具时，他们才可能将共同愿景视为个人愿景的体现，并为建立共同愿景而贡献自己的智慧与才能。

（2）改善心智模式

所谓"心智模式"是根深蒂固地存在于人们心中，影响人们如何认识周围世界，以及如何采取行动的许多假设和想象。它不仅影响人们如何认识世界，更重要的是它还影响着人们的行为。对个人和组织来说，心智模式都是客观存在的。而人们通常又不容易察觉到自己的心智模式以及心智模式对行为的影响。

在管理团体的许多决策模式中，决定什么可以做、什么不可以做，常受到心智模式的影响。而组织中许多好的构想无法付诸实施，也常常是因为它和人们对于周围世界如何运作的看法和行为相抵触。因此，学习如何将心中的心智模式摊开，并加以检验和改善，有助于改变人们心目中对于周围世界如何运作已有的看法，这对于建立学习型组织是一个重大的突破。

引导员工摊出个人心智模式并加以检视，是建立学习型组织的重要一环。因为个人的心智模式隐藏在意识层面下，要不时地对其加以检验，并随时地改善它们。"皇帝的新装"就是个典型的例子，它正说明了臣民的心智模式：高贵的皇帝一定穿着一套漂亮新衣，不可能会赤裸裸地站在他们面前。

改善组织的心智模式，最关键的是检视领导者的心智模式。同时，在组织内部发展面对面学习也很重要，通过团队学习，员工之间可以充分表达自己的想法，并以开放的心态接纳别人的想法，从而产生比个人看法更深入的见解。

（3）建立共同愿景

所谓共同愿景就是组织中大家共同的愿望、理想和目标。共同愿景对学习型组织是至关重要的。因为学习型组织的关键是要有持续发展的能力。而这种持续发展的能力正是由共同愿景激发出来的。共同愿景是由组织中个人愿景汇聚而成的，是集体的产物。它不是领导者强加于组织成员的，而且能够激发出组织成员强大的精神力量。因此，建立共同愿景可以把大家聚集在一起，帮助组织培养成员为共同目标主动而真诚地奉献和投入的精神。因此，领导者必须注意与员工广泛交流观点，从而消除员工对改革的抱怨，并改变员工对领导个人愿景被动服从的状况。建立共同愿景的修炼包括鼓励建立个人愿景、在组织内塑造整体图像、融入企业理念、学习双向沟通技术、忠于事实等方面的内容。

（4）团体学习

近年来科技的快速发展和全球竞争的加剧使团体对组织的发展越来越重视。企业组织只有发挥团体精神才能真正提升竞争能力。

所谓团体是指一小群具有不同技能的个人相互依存地工作在一起,这群人认同某一共同目标,为了达到共同目标,他们贡献自己的能力,扮演好自己的角色,彼此分工合作、沟通协调、齐心协力,并为目标的实现共同承担责任。团体在组织中是最关键、也是最佳的学习单位,组织内通过建立更多的学习团体,可以形成良好的共同学习的风气。

团体学习是发展团体成员整体搭配与实现共同目标的学习活动和过程。它是建立在共同愿景和自我超越的基础之上的。团体学习的方式是真诚地交谈与讨论。真诚交谈就是一个团体的所有成员真实地表达心中的假设,一起思考。有效的真诚交谈的基本前提是把组织中所有成员视为伙伴,由此才能共同深入思考问题,产生较好的互动效果,使彼此思维不断地得到补充和加强。讨论则是提出不同的看法并加以辩论。真诚交谈和讨论是互补的。通常人们用真诚交谈来探讨复杂问题,用讨论来达成协议。一个学习型的团体要善于交叉运用真诚交谈与讨论两种方式。

（5）系统思考

圣吉认为,系统思考是一项看见整体的修炼,是五项修炼的核心和基础。系统思考就是要求人们应用系统的观点看待组织的发展,即从看局部转换为看整体、从看事物的表面转为洞察其变化背后的结构、从静态的分析转到认识各种因素的相互影响、从把人们看作无助的反应者转为把他们看作改变现实的主动参与者、从只对现状做反应转为创造未来。

圣吉发现,人们常常忽略世界的整体性,习惯用片面的、线段的、割裂的方法来观察世界,在处理一些复杂问题时,习惯于将其分割成可以处理的片段来思考,然后加以整合。而对于整体形成的要素——组织分子之间的整体互动关系及其所形成的复杂现象却往往忽略不见。而正是这种动态性的复杂有时会抵消个人或群体改善问题的所有努力,它会诱使人舍本求末、避重就轻、一再犯错,甚至是会努力地制造共同的悲剧。因此,圣吉告诫人们,要了解组织中的管理问题的症结,必须先了解产生这些问题的系统集体,研究整体内的互动因素以及与问题相关的因素。

系统思考必须遵循以下 11 条法则:①今日的问题来自昨日的解;②越用力推系统反弹力越大;③恶化之前常先好转;④显而易见的解往往无效;⑤权宜之计的对策可能比问题更糟;⑥欲速则不达;⑦因与果在时空上并不紧密相连;⑧寻找小而有效的杠杆解;⑨鱼和熊掌可以兼得;⑩系统具有整体性且不可分割;⑪不可绝对归罪于外。

学习型组织管理理论是一种宏观的管理理论,它适用于各类组织。新加坡用它指导政府管理,提出要建成学习型政府。日本用它指导城市管理,提出要把大阪建成学习型城市。我国同济大学把它用于指导学院管理,提出要把函授与继续教育学院建成一流的学习型学院。美国比尔·盖茨把它用于指导企业管理,努力把微软公司建成学习型企业。作为一种全新的管理理念,学习型组织正深刻地影响着政府、企业和学校等各类组织。我国的中小学如何借鉴国外学习型组织理论和实践的最新成果,努力把学校办成学习型组织,这也是教育管理研究中值得重视和关注的课题。

五、现代管理理论对教育管理的影响

现代管理理论的不同学派都从不同的方面对教育管理理论和实践产生影响。如受系统论，特别是巴纳德社会系统理论的影响，教育管理人员把系统理论作为一种价值观和方法论来研究和解决教育管理中的各种问题。他们把学校组织看作社会大系统中的一种动态组织，社会上各种因素都会对学校的教育质量产生影响；把学校与外界环境联系起来，从整体上研究影响教育质量的各个因素之间的关系，如探讨社区环境对学校的影响，分析与学校管理有关的公共政策问题、社会经济阶层问题等，并采用系统分析的方法解决整体协调性、结构合理性、运行稳定性、环境适应性以及技术先进性问题。系统理论和系统方法被引进教育管理之中，使教育管理的科学化和现代化进入一个新的阶段。教育管理上使用的教育预测、教育计划、教育决策、教育质量管理、教育评价等新技术、新方法都是根据系统理论原则设计出来的。

再如受西蒙决策理论观点的影响，格林菲斯提出，教育行政的本质就在于控制做决定的过程，决定是任何行政组织的中心。他还进一步提出了教育管理决定的六阶段说，即认识和限定问题、分析和估价问题、确定据以判定解决方案的准则或标准、收集数据、判定和选出优先的解决方案并事先进行测试、实施优先的解决方案。

又如受组织文化理论的影响，教育管理者开始注重校园文化研究。他们认为，学校是一种教育组织，校园文化就是学校组织文化，学校管理应该以这种先进的管理理论为指导，注重校园文化建设，以共同的价值观和校园精神来激发教职工对学校目标和准则的认同，在和谐、融洽的人际关系环境中，使每个教职工最大限度地发挥自己的积极性和创造性，最终实现学校的组织目标。

第三章 教育管理发展趋势

第一节 教育管理发展的历史与现状

我国现代教育管理的发展路程是曲折的。

清朝末年,随着现代学堂的兴办,教育行政官员、学堂主持人和师范学堂的师生,开始学习和研究教育管理的理论和方法,这标志着我国现代教育管理研究的兴起。这与西方国家教育管理研究的兴起大体是同步的。

20 世纪 30 — 40 年代,清末民国派出的留学生陆续回国,其中一部分人深入农村,进行教育实验和改革;另一部分人到大学任教,进行理论研究,这两部分人的结合,使我国的教育管理研究一度相当繁荣。例如出版了 200 多部有关教育管理方面的著作,各大学的教育系和中等师范学校普遍开设了教育管理类课程,教育管理研究和实验有了初步的研究。

十一届三中全会以后,我国的教育管理研究重新起步。从 1980 年出版第一部供校长培训使用的《学校管理》教程开始,到目前为止,我国正式出版的各种教育管理类论著已有数百部;普通高等学校、教育学院以及中等师范学校,相继恢复教育管理类课程;成立了全国性的教育管理学术团体——中国教育学会教育管理分会;形成了一支研究人员、教学人员和中小学校长相结合的研究队伍。可以说,现阶段我国的教育管理研究,无论专著的数量和质量、队伍的规模和结构,还是学术研究的深度和广度,都已超过以往任何时代,达到了相当高的水平。

我国现代教育管理研究是从学习外国开始的。清末,随着新学堂的开办,要求行政官员和学堂主持人懂得新学校的管理方法。为了适应这种要求,翻译了若干外国的教育管理方面的论著,主要是日本学者的著作。因为日本教育管理受德国公法型理论的影响很深,所以我国教育管理的研究,开始也是着重介绍教育的法规和法律,基本上照抄外国,没有自己的专著,更谈不上本国的特色。到了 20 世纪 20 — 30 年代,我国涌现出一批自己的现代教育专家。他们多是留学归国的学者,了解西方的教育管理理论。他们引进外国教育和教育管理的先进思想,但不照抄外国的理论。他们深入农村,搞教育实验,有选择地把外国先进的教育和教育管理思想,与中国教育实际结合起来,加以改造,形成有中国特色的教育和教育管理思想。陶行知先生就是其中的突出代表。陶行知先生是杜威的学生,但他没有照搬杜威的实用主义教育和教育管理思想,而是从中国的实际出发,把杜威的"学校即社会""教育即生活""做中学"改成"社会即学校""生活即教育""教学做合一",体现了现代教育管理面向社会、面向生活和"知、行"统一的基本原理,摒弃了实用主义的消极影响。陶行知先生的教育和教育管理思想，是中国教育的宝贵财富，陶行知先生则是我国教育管理研究人员的典范。现代教育管理研究的重要任务之一，就是要发扬具有中国特色的教育管理思想。

在教育管理研究发展的过程中，不能完全照搬、照抄外国的经验或思想，在这方面我们同样有过惨痛的教训。其中，全盘否定教育管理学的科学体系，在所有师范院校取消教育管理课程，就是最突出的例证。这一错误决策，对我国教育管理研究是一次摧毁性的打击。正是由于这个原因，我国的教育管理研究倒退了几十年。

教育管理研究的重新起步，是从总结我国教育管理实践经验开始的。重新起步后的我国教育管理研究，是沿着两个方向发展的。一个是继续从总结我国教育管理经验入手，逐步加以抽象概括，形成理论框架和体系。另一个是吸取外国企业管理的理论，加以改造，移植到教育管理领域，形成另一类理论框架和体系。这两个方向的研究，都对我国教育管理理论的发展，做出了重大贡献，但也各有其有待完善的空间。经验上升为理论，需要经过艰苦的总结、研究、概括和抽象的过程。而理论的移植，则需要处理一般管理理论的共性和教育管理理论的特性之间的关系，这也并非易事。

20多年来，我国教育管理研究有了突破性的进展，但也存在着弊端。对教育管理研究的现状应如何估计，这是理论工作者和实际工作者共同关心的问题。目前我国教育管理存在的问题主要表现在两个方面：在经验总结方面，由于近年来教育管理，特别是学校管理实践没有新突破，素质教育只停留在宣传层面，远没有深入实际管理领域，因此近几年出版的专业著作较少，理论研究处于停滞状态。在移植外国管理理论方面，所介绍的多为20世纪80年代以前的理论（包括20世纪20年代兴起的泰勒科学管理理论、20世纪30年代兴起到60年代完善的行为科学理论和20世纪70年代后形成的"管理科学丛林"等），且缺乏必要的分析。对国外20世纪90年代后最新的管理理论，则很少介绍，学术研究同样滞后。

这就是我国现代教育管理的历史和现状。学习历史，可以以史为鉴；了解现状，则可以推进教育管理的改革，其共同目标是加快我国教育管理现代化的进程。

第二节　现代教育管理的发展趋势

教育的现代化，必然要求教育管理现代化。展望教育管理的现代化趋势，大致包含以下几方面内容。

一、管理信息化

人类将进入信息化时代。信息传播的广度和速度必将促使教育管理发生深刻的变革，教育管理研究要为信息化时代的到来做好准备。

1. 信息化是世界各国的发展战略

信息化是世界各国共同关心的问题。目前，信息化在一些国家和地区，不只是一种发展趋势，更已成为现实。信息化是在一定思想指导下，以现代信息技术（多媒体计算机和网络系统）为基础，促使人们参与、改善、创造、服务和享受现代生活的过程，它包括经济信息化、政治信息化和生活信息化三个方面。按照世界公认的标准，经济信息的 60% ~ 70%、政治信息的 50% ~ 60%、生活信息的 40% ~ 50% 需要通过互联网获得的社会，可称之为信息化社会。如果承认这一标准，美国已经在 20 世纪 90 年代进入信息化社会，而西欧和日本等发达国家也在 2000 年进入了信息化社会。我国要在工业化的过程中，实现社会信息化，必须走跨越发展的道路。

2. 信息化对教育管理的深刻影响

教育信息化是以现代信息技术为基础的新的教育体系，这个体系包括教育观念、教育组织结构、教育内容、教育形式、教育文化、教育管理和教育评价等方面。因此，不能把教育信息化单纯理解为计算机化，也不能理解为网络化。教育信息化对教育管理必将产生更深远的影响。

信息化必将引发教育管理观念的变化。对医务人员来说时间就是生命；对军人来说时间就是胜利；对科技人员来说时间就是研究成果；对经营管理者来说时间就是财富……在信息化社会，由于信息传递速度的空前迅捷，人们会更加珍惜时间，强化对时间的管理，把握时代特点，强调创造时机、抓住时机、充分利用时机，在保证质量的同时，最大限度地提高管理效率，这些观念将得到最广泛的宣传和认同。管理的节奏和速度将加快，效率将提高，官僚主义作风将会被时代所清除。对教育管理来说，随着信息技术的普及和网络技术的发展，必将提升教学环境虚拟化程度；由于信息化使教育时空得以延展，所以师生除课堂外，可以通过网络进行更广泛的教学交流，教学中学生的主体地位更加明显，教学的全面、全员、全程管理的观念将进一步强化；信息化促使教育内容数字化，必将推动学校课程管理的改革，那种大一统、一纲一本的课程体系，将被统一课程标准下的一纲多本、多纲多本和更多的校本课程、地方课程所代替，信息化将为各地、各校选择课程和教材提供条件，使生动活泼的课程管理理念变成现实，使学校管理组织结构发生变革。

3. 教育管理要为信息化做准备

我国社会信息化应建立在对青少年普及信息技术教育的基础上，与普及九年义务教育、发展高中阶段的教育和高等教育大众化共同实现。我国目前有两亿多学生，今后十年还将有两亿多学生接受各级教育，如果我们能在这四亿多青少年中普及信息技术教育，社会信息化就有了坚实的基础。这就是我们的发展战略。

每一次技术革命，都会对教育产生深刻影响。教育需要知识共享，网络化恰好能充分满足这种需要。随着线上教育、校园网络建设的兴起，学校管理必将发生深刻的变革。这种变革的核心是提高学校管理的质量和效益。网络教育管理将充分利用教育资源并在世界范围内实现资源共享,推动教育全球化进程;加强教育交流,强化学生自主学习,形成新的师生关系,真正形成学校、社会、家庭教育一体化;建立终身教育体制,促进教育社会化;通过网络技术,提供虚拟环境,解决教育教学的疑难问题,并使个性化学习成为可能,等等。这些都为学校管理研究提供了新的领域、新的课题和新的研究成果,这将使我国的学校管理研究在全球化的背景下获得新的突破。

目前,我国的学校管理还不能适应信息技术教育的需要,各级校园网信息库的内容,多系教育新闻、教育行政、教学改革、教育科技、教育法规、复习考试、试卷辅导等,缺乏为学生学习、生活服务的内容,不能体现为学生服务的基本功能,难以引导学生主动学习。学生既然在校内网络查阅不到自己需要的学习资料和参加自己感兴趣的游戏,就只好到社会"网吧"去寻找刺激。据调查,我国学生上网的内容:60.7%玩游戏;31.1%网上聊天;29.1%影视文艺;27.9%体育动态;27.5%新闻;24.3%发电子邮件;18.6%下载文件;5.7%卫生保健。美国学生上网的内容:67%获取信息;65%玩游戏;49%网上聊天或通过论坛发广告;48%开展学习研究;46%下载学习资料。通过对比可以发现,目前我国学生上网的主要目的是玩游戏,美国学生上网的主要目的是学习和研究。这一差别应引起重视,它提醒我们,无论在建网、建库还是建校网的过程中,都要体现学习功能。为了吸引学生在校内上网,学校除展示丰富多彩的学习软件外,也可开发适合学生的游戏软件,组织学生自我服务,加强学生的自我教育和自我管理。

教育信息化最突出的问题是师资问题。目前我国不仅信息技术教育的专职教师短缺,而且校长、教师的信息技术知识的整体水平较低,呈现状是校长不及教师,教师不及学生,这将严重影响我国教育管理现代化的进程。因此,教育部门要加强校长和教师信息技术的培训,将这种培训纳入校长和教师继续教育的范畴,使校长和教师适应教育信息化的要求,赶上时代前进的步伐。

当然,任何一种新的技术都具有两重性,网络教育也不例外。通过网络,我们可以从国内外吸收最新的理论、最先进的思想和最实用的经验,但也可能脱离我国实际情况,一味追求新颖,使错误思想和有害做法得以传播。网络化管理要求减少管理层次,提高工作效能,提倡"一半乘二再乘三"效应,即减少一半人员,增加一倍工资,使在岗人员工作效率提高两倍。这虽然能提高管理效率,但是也有其缺点。例如人不是时间的奴隶,更不能成为工作狂。人的生活除工作外,应变得更丰富多彩,不然被科学进步而解放了的个性,将会被新的科技进步所淹没。网络化教育使学生交流面越来越广,这会使学生知识更丰富,但是,学生是不成熟的主体,他们的可塑性往往会受无限制的各种错误思潮和信息的影响。因此,对学生要加强引导和管理,否则会产生相反的效果。据美国新泽西州的教育测验中心对全美4000名4年级和8年级学生的调查发现,许多学生通过电脑网络互相抄袭作业,大部分作业内容都是从网上下载的。美国教育心理学家希利则认为使用电子科技学习,会使学生变成只会操作机器的冷血人,而缺少头脑思考和组织思维能力,影响学生的身心健康和发展。因此，在我们研究网络教育时，要预防其消极影响，特别要防止网络考试、网络不良影响、网络犯罪等。在我们进入教育信息化之前，学校教育和管理要先行，要研究理论，要制定必要的法律法规，完善教育管理制度，从理论和实践上为教育信息化做好准备。

二、管理民主化

民主是社会主义的本质，发扬民主是我国学校管理的基本原则，民主化是学校管理现代化的主要内容之一。民主化对上级教育行政部门来说，就是简政放权，加大学校办学主权；对学校内部来说，校长要接受社区、家长和教职工监督，依靠教师办学；对教师来说，要承认并不断提升学生的主体地位，增强学生的学习能力，提高课堂学习质量，加强学生的自我教育和自我管理。

国家必须加强对学校的领导与管理，这种管理是宏观的、行政的、经济的和法制的。国家制定教育法律、方针和政策，对学校进行统一领导，把握学校管理的方向；制定各类规划、计划、质量标准对学校进行宏观调控；通过教育拨款，限定学校的发展速度和规模等。这些都是国家教育行政部门的基本职能。过去国家教育行政部门对学校管得太多、管得过死，过多地干预了的学校业务管理。因此，转变教育行政机关的职能，目的是增强学校办学的自主权，促进学校管理民主化。

学校管理民主化，要求校长具有办学的自主权。校长在国家统一的教育方针的指导下，必须有自己的办学主张，这样才能把学校办出特色。校长的办学思想是在办学实践中形成和发展的。只有坚持特色的管理实践，才能形成有特色的办学思想；只有在有特色的办学思想指导下，才能使学校办出特色。可见，无论理论还是实践，都要求校长具有办学主动权。学校管理要体现国家教育方针的共同性与学校实际的特殊性的统一。教育方针是全国统一的，违反这个统一性，就背离了社会主义教育的基本原则。贯彻教育方针要切合学校实际，从本校实际出发的学校管理，才具有创造性，发挥学校的创造性是管理民主化的主要目标。学校管理要体现办学特色与办学高质量的统一。高质量办学是学校管理的出发点和归宿，离开了高质量，管理民主化必然会走上形式主义的道路。

三、教育终身化与教育管理的整体优化

终身教育思潮发端于 20 世纪 60 年代初，它的影响很快遍及世界各国，成为教育和教育管理战略决策的主导思想。它强调建立学习型社会，而终身教育则是学习型社会的基石。

终身教育要求，教育应伴随人的终生，活到老、学习到老，教育贯穿人生的全过程。社会应是全民学习化的社会。教育必须在时间和空间上重新规划其活动，使其不再局限于学校制度，而应涵盖社会的方方面面，使整个社会、经济活动都为实现教育的宗旨服务。终身教育思想对教育管理现代化必将产生深远的影响。

1.确立终身学习的教育管理理念

终身教育从根本上拓展了人们对教育管理的认识。从纵向分析，它包含各层次教育的

管理,包括学前教育、初等教育、中等教育和高等教育的管理;从横向分析,它涵盖各方面的教育管理,包括普通教育、成人教育、职业教育、学校教育、社会教育、正规教育和非正规教育的管理。为了适应终身教育的需要,应使各层次和各方面的教育相互配合、衔接和融通,形成立交桥式的管理,确立整体优化的教育管理观念。

终身教育是每个公民的需要,也是每个公民的权利。国家要创造条件满足公民受教育的需要和权利。教育管理要促进终身教育的发展;教育行政部门要制定教育无条件向全民开放的法律,使各种年龄、性别、民族、国籍、肤色的人都能受到所需要的教育;学校管理要弹性化、生活化,使各年龄阶段、各工作岗位、各职业类别的人能分别接受相应的教育。因此,终身教育管理的目标应多元化,组织学习的方式应多样化,学习时间的安排应自主化,学习的过程应个性化并且要与工作、生活紧密结合。

2. 建立网络化学习环境

教育信息化为终身教育提供了极为有利的环境,使终身教育从理想变成了现实。终身教育所追求的目标是"人人学习、事事学习、时时学习、处处学习",这样的学习,只有在信息化、网络化的条件下,才能真正实现。通过网络及其管理,学生可以自主确定学习内容,设计学习过程,选择学习方法,师生之间可以摆脱限制,实现更好的教学互动。

为了使学生适应终身化学习的需要,学校要通过信息技术教育,在学生掌握信息技术教育知识和技能的基础上,促使他们将信息技术教育与德、智、体、美、劳等教育相互融合。在全面发展的同时,培养学生通过网络进行学习的能力,包括通过网络获取、储存、处理、发布和交流信息的能力,适应网络技术发展使技术升级的能力,在纷繁复杂的网络信息面前区分良莠、是非的判断能力,根据社会标准自觉遵守网络道德的能力。

学校管理要有利于学生上网学习,要引导学生正确处理传统课堂学习与现代上网学习的关系。一方面要防止学生因迷恋网络信息而影响正常课堂学习;另一方面也要避免用加重课外负担的方式来阻止学生上网学习的机会。学生上网学习是一种教育、教学进步的趋势,应当积极引导学生学习和参与,要将他们去网吧玩游戏的积极性转化为上网学习的积极性。学校要通过组织各种生动活泼的活动,吸引学生参加网上学习,通过查询学习资料、研究学习问题、交流学习经验、发布学习成绩等方式,激发学生学习兴趣,培养他们终身学习的能力。

第三节　教育管理现代化的理性思考

一、向外国学习

经济全球化是不可阻挡的发展趋势,这种趋势不仅会改变经济运作的格局,而且会对科学技术、文化教育,甚至政治产生深刻影响。当今世界,国家、民族和地区之间,不只强调差异和矛盾,更重视全球的共同命运。

随着我国加入世界贸易组织和举办奥林匹克运动会，我国教育融入世界教育改革与发展的主流进程必将加快，对学校管理的理念、思路、形式和方法也会产生深刻影响。在全球化浪潮下，从教育管理的角度分析，许多问题值得我们冷静思考，而怎样向外国学习的问题，就是其中最突出的问题。

教育管理研究过程中，要认真学习和有选择地吸收外国的教育管理思想。一是研究当代管理思想的新变化，吸收最新、最先进的教育管理思想；二是吸取外国教育管理思想指导实践获得的经验和教训。

随着政治、经济和文化的发展变化，西方20世纪90年代的管理思想有了新的发展。为了更具体地了解这种变化，我们将其管理思想进行了前后对照。

在管理科学的对象上，原来认为，管理的依据是科学，研究管理的目的是揭示管理规律，并严格地按照规律所确立的原则进行管理。现在认为，管理不仅要依据科学，还要讲艺术，要提倡管理艺术的创造性。学校管理作为一种技术，对学校管理者的培训，要重视对于管理技术的培训。

在管理目标的取向上，原来认为，管理的对象是组织，而组织具有共同的目标，管理就是为实现共同目标而奋斗。现在认为，组织要有共同的目标，但组织的共同目标，往往反映的是一种理想的追求，带有口号激励的色彩，难以具体操作。而个体的目标，则是千差万别的、生动具体的、易于操作的，管理应定位于协调组织目标与个体目标的关系。

在管理的组织结构上，原来强调严格的组织层级划分，即按照层级原理进行管理。现在主张组织结构扁平化，强调岗位间的协作和人员的一专多能，强调人员终身学习和建立学习型组织，目的是加速信息的传输和人员的流动，提高管理效率。这种管理思想，也叫"企业重构"或"组织重建"。有人认为，"组织重建"的思想是继泰勒的科学管理、戴明的质量管理之后，西方管理思想发展的第三个里程碑，可见其重要性。其理论的基点是在质量管理的前提下，重新强调管理的效率。

在管理决策的过程上，原来认为，决策要严格按规律办事，决策过程是纯中立的理性过程，不允许有任何主观偏向。现在认为管理过程是科学规律和价值观共同发挥作用的过程，而不是纯粹理性中立的过程。管理过程与决策者的特定环境压力、从众心理有关，还要受原有经验、价值观、文化背景、既得利益等非理性因素的影响。在某些场合，决策往往是不同利益群体较量协调的结果。

在管理的程序上，过去一贯宣扬"民主化"，甚至教师对学生进行个别思想工作，也被认为是侵犯学生人权。这样做的结果是学校纪律涣散，甚至发展成课堂暴力。近年来，人们开始认为民主不是绝对的，它往往与权力决策产生矛盾，因此民主决策要与领导决策相结合。如美国的学校管理中，为了整顿纪律，要求师生接受三个基本原则，即国家利益受到侵害时，没有个人自由；学校公共利益受到侵害时，没有个人自由；课堂纪律受到破坏时，没有个人自由。这些变化，也反映了西方管理思想的新发展。

过去我们在教育管理理论中移植的外国管理思想，多是曾在教育管理中发挥过作用的思想。其中当然有非常正确的思想，但是，由于我们对外国当前管理思想的发展和变化缺乏研究。所以，我们很难全面把握先进的理论和准确运用外国的经验。我们在引进某种管理理论时，缺乏认真分析，特别是某些曾经在教育管理领域运用过的理论，没有全面了解运用过程中的经验和教训。在把这些理论运用于中国教育管理时，容易出现错误。学习外国管理思想，即使是最先进的思想，也要认真了解其在教育管理领域的运用情况，吸收其成功经验，避免重复错误。

近20年来，我们引进了不少外国的管理思想，主要有三类，即20世纪20年代兴起的泰勒的科学管理理论，20世纪30年代兴起50年代完善的行为科学理论和20世纪70年代后形成的"管理科学丛林"。这三类管理理论，在国外特别是美国的教育管理中，都曾经运用过，运用中有成功的经验，也有失败的教训。20世纪20年代的美国，工业化的进程很快，企业界由于对国家做出了贡献，显得十分自豪。但社会对教育存在偏见，认为它是纯消费行业。教育界的一些学者，为了证明教育对社会的贡献，也为了改变传统的教育管理方法，开始将泰勒科学管理的方法运用于教育。运用的结果表明，在宏观教育管理特别是在教育统计分析方面是成功的，它证明了教育投入的社会效果，说明了美国的进步得益于教育。这一结论，对增加政府的教育投入、促进美国教育的加速发展，起到了积极作用。但在学校管理微观方面的运用是不成功的。他们认为，教师不是雇佣劳动者，任何压制和约束，都不能替代教师创造性的劳动。行为科学在教育领域的运用，更加普遍，它注重情感因素对教育管理的作用，其实效是非常明显的。但在美国，过分强化情感在管理中的作用，结果削弱了学校制度和纪律，影响了教育的质量。片面强调情感和个性，也会产生不良后果，包括系统管理、过程管理、目标管理、质量管理等被统称为"管理科学丛林"的思想，也在美国教育界运用过。20世纪80年代，正当这些管理思想盛行，并在企业管理获得成功的时候，教育界却在思考，在企业管理中运用如此成功的思想，为什么不能推广到教育管理领域呢？于是派了一些优秀企业家到学校担任校长，但多数未能成功。由此可知，对人的管理和对物的管理是有本质区别的，把对物的管理思想运用到人的管理中，需要十分慎重。

二、发扬本国优良传统

我国教育管理有着丰富的经验和优良的传统，教育管理研究要以这些经验和传统为基础，为弘扬民族教育管理优良传统和先进经验做铺垫。

我国的教育改革，虽然次数较多，但成效并不显著。究其原因，主要是经常把改革建立在否定过去的基础上，要求"破"字当头，过分夸大存在的问题，以说明改革的必要。其实，改革应当以发扬成就为前提，在方法上，应先立后破。中国是一个有众多学生的国家，历史的经验告诉我们，任何一种教育或教育管理的改革，如果不总结发扬过去的成功经验，如果不经过充分论证、长期实验和反复试点，则成功的可能性不大，而消极影响往往是长久的。

中国教育管理的实践经验是非常丰富的。教育管理研究一定要把总结中国成功的教育管理经验放到最重要的地位。国外在教育改革的过程中，非常重视对我国中小学办学思想的研究，如中国和谐的家庭教育、科学严格的班级管理、规范的制度教学、刻苦的求学精神、严格的考试考查制度等，都是外国学者认真研究的内容。拿基础教育来说，美国近年基础教育的教学改革，正在实施几条最重要的措施：第一，编制全国统一的课程标准和州一级的通用教材；第二，取消免试升级、升学制度，逐步实行严格的升级、升学考试制度；第三，实行州一级的统考和学校考试质量评估制度，把评估的结果，作为国家对学校拨款多少的依据；第四，国家拨专款，则是为双职工和单亲子女节假期补课设立的制度；第五，实行"家长择校，学校问责"制度，强化社会和家长对学校管理的监督。不难看出，这些做法，主要学习的是我国的经验。但是，美国在学习别国的同时，并没有丢掉自己注重培养学生个性、重视实践能力和让学生主动发展的优良教育传统。相反，越是强调全球化、国际化，他们越重视本国教育的优良传统。因此，我国进行教育改革时，一方面，要认真学习外国的优秀思想和经验，并将其融合于我国教育的优良传统之中；另一方面，教育改革不能以否定本国教育优良传统为出发点。我们的许多思想，如教学为主、依靠教师、全面发展、因材施教、重视德育、强调基础知识和技能、严格考试考评等，不应被轻易放弃。教育改革要建立在发扬本国成功经验的基础上，改正确实存在的弊端。

三、正确处理我国教育管理研究中理论与实践的关系

关于我国教育管理研究理论与实践的关系，我们要从我国教育管理研究的一种基本趋势来认识，即我国教育管理研究要从简单的管理经验总结和简单的企业管理理论移植，向深层次理论与实践相结合的方向发展。

在学校教育管理过程中，人们往往把理论与实践的关系，理解为一种直通关系，认为只要掌握了某种正确理论、形成了某种先进理念，就能直接指导教育管理实践；或者认为学了某些先进的教育管理经验，就能直接在本单位运用。前者认为优秀教育管理者是学出来的，只要学好理论，转变观念，就能管好教育；后者认为优秀教育管理者是做出来的，只要在实践中获得经验，就能管好教育。其实，优秀教育管理者，既不是学出来的，也不是做出来的，而是在教育管理实践中，通过理论与实践的结合，认真执行实事求是的思想理念的结果。

理论与实践的结合，结合点就是研究的重点。不经过研究，管理实践经验很难上升到管理理论；同样，不经过研究，一种先进的管理理论，也不可能直接指导教育管理实践。而研究是一个长期、艰苦的过程，其中包括对历史经验的总结、对外国理论的比较分析、深入全面的教育管理实验和教育思想观念的转化等。

我们是从理论与实践相结合的角度来认识教育管理发展的基本趋势的，同样，我们也要以理论为指导，从现实出发，总结历史经验和教训，推动我国教育管理研究继续发展。

第四章　学校德育管理理论与实践研究

第一节　学校德育管理的重要性

德育实效性是衡量德育管理效果的一个重要标志。因此研究德育管理的实效性是学校管理研究的一个重大课题。

德育管理实效性问题是一个世界性的问题，世界各国的专家学者都在呼吁加强德育的实效性，并采取了诸多有效措施：日本成立了青少年问题对策总部，建立了548个青少年辅导站；泰国成立了青少年促进会；美国组织专家提出的《2061年计划》把公民责任感作为美国六大战略之一；马来西亚用7年时间调查，提出了加强德育的报告；新加坡提出了国民新的价值观等。这一方面反映了各国对德育的重视，另一方面也反映了各国对当前德育实效性的忧虑。

从我国的德育管理实效性来看，存在着"低效劳动""无效劳动"，甚至还有"负效劳动"现象，总之，实效性不高。实效性差很重要的原因是德育管理工作跟不上时代的发展，突出表现为"三重三轻""三个不适应""四个不能"。"三重三轻"即重智育轻德育、重知识轻能力、重课堂教学轻社会实践。"三个不适应"即德育工作不适应青少年身心发展的特点、不适应社会生活的新变化、不适应全面推进素质教育的要求。"四个不能"即不能很好地根据青少年学生身心特点和认知规律开展德育工作，存在成人化倾向；不能很好地根据国内外形势的新变化、教育改革和发展的新任务与青少年思想教育工作的新情况，有针对性地对学生进行教育；不能很好地将校内教育与社会实践和家庭教育密切结合起来；不能很好地将知识传授与行为养成密切结合起来。

面对新形势、新情况，德育与德育管理工作在继承和发扬优良传统的基础上，必须在内容、形式、方法、手段、机制等方面进行创新和改进，特别要在增强时代感，加强针对性、实效性上下功夫，增强德育工作的紧迫感和责任感；必须下大力气研究德育和德育管理的实效性问题，使德育工作走上科学化、系统化、规范化、现代化的健康发展轨道。

第二节　学校德育内容与任务

一、学校德育的内容

学校德育实效不尽如人意的主要原因之一，是没有对中国社会转型期的时代特点进行深刻研究，没有形成新时期道德教育的核心内容，缺乏时代针对性。

中国著名教育家叶澜认为，新时期道德教育的核心内容及其关系问题应分为四个层次：

第一，以"诚信"为核心的为人之德教育。这是市场经济发展要求建立以"诚信"为道德基础的时代特征的反映。

第二，以责任为核心的为事之德教育，包括人对自己的选择负责，对自己承担的工作负责。这是比"奉献"低一个层次但更为基本的公民道德。

第三，以"爱国"为核心的为民之德教育。这是当代经济全球化背景下维护国家、民族尊严和利益的保证。

第四，以"自我完善"为核心的生存道德教育。这是为了适应当代社会复杂性和变化加剧等特征。

中国著名哲学家李德顺则认为：

第一，在群众道德建设的内容上，需要以道德人格的确立和健全为重心。

"道德人格"主要是指人们的道德主体意识，包括追求高尚道德选择的能力自信和人格尊严等。道德人格同道德规范相比，是更深层、更基础的道德意识。在社会生活中，现实的道德规范不仅是多元的，而且是多层次、多样化的，需要人们自觉地选择和遵守的道德规范时时处处都有。比如在家庭中有亲情规范，在朋友间有交友规范，在政治上有政治道德，在学业上有学术规范，在婚姻中有婚姻规范，在公共交往中有礼仪规范等。我们的道德建设要从"重人格、带规范"入手，才能扭转被动的局面。

第二，在各个层次道德规范的建设中，应该首先着重于公德系统的规范化。

传统道德教育的另一个弊端，是公德与私德不分，或重私德而轻公德。其表现是过分地诉求于个人，而对社会的公共道德规范建设与实施则要求不多。所谓"修身、齐家、治国、平天下"便是这种道德思维方式的典型。它把国家、社会的一切均寄托于个人的修养，而不承认或从根本上忽视了社会体制、环境、公共规则的作用。以这样的思想进行道德教育，一方面导致对个人行为干预过多，从而束缚个性（人的道德个性即私德）发展；另一方面则导致忽视与放松社会应有的体制、机制、法制规范体系的健全改进。

公德，是指社会公共事务、公共角色、公众行为中的道德原则和规范，如职业道德，社会角色道德，管理、决策和组织方式的道德等。社会公共规范是社会公德最明确的表现，遵守公共规范就是尊重自己所联系的社会公德，如政府部门重"官德"、教师重"师德"。每一个从事社会公共事务的人都尊重、珍惜自己的"业德"，即职业道德，这是公德建设的第一步，是最起码的、最重要的一个目标。

在当前情况下，道德建设首先要着眼于社会公德的规范化，把有助于完善社会主义公德的各项规范落到实处，建设完备，并让它们见到实效。道德建设不仅对形成新的社会风气有直接的决定作用，而且也对个人道德培养和提高有着巨大的影响力和感召力。它是我们新时代道德文明建设的主要基础工程。

国家在总结各种研究成果的基础上，在《公民道德建设纲要》中明确指出，要在全社会大力倡导"爱国守法，明礼诚信，团结友善，勤俭自强，敬业奉献"的基本道德规范。社会主义道德建设要坚持以为人民服务为核心，以集体主义为原则，以爱祖国、爱人民、爱劳动、爱科学、爱社会主义为基本要求，以社会公德、职业道德、家庭美德为着力点，在公民道德建设中把这些主要内容具体化、规范化，使之成为全体公民普遍认同和自觉遵守的行为准则。

该纲要还提出了公民道德运作的三大创新机制：尊重个人的权益与承担社会责任相统一，着眼多数与鼓励追求先进道德相结合，强调道德自觉与完善制度约束相结合。

二、学校德育的任务

自从以经济建设为中心，实行改革开放以来，特别是向市场经济转变以来，我国社会道德状况发生了巨大的变化，突出的一点是许多传统的道德观念受到极大的冲击，人们的道德行为出现了空前错综复杂的局面，不少人的道德意识也处于极度混乱、迷惘的状态。

有人认为，当前的道德失控是社会转型期一种暂时的表面现象，与这些表面的"滑坡"相伴随的，还有深层的道德进步，如人们的道德心理和行为中出现的由"假"向"真"、由"虚"向"实"、由"懒"向"勤"、由"依赖顺从型"向"独立进取型"、由"封闭"向"开放"、由"单一化"向"多元化"回归等变化。从长远看来，这是现代道德文明振兴的开始。总之，我们的道德从本质和发展趋势上看，需要"爬坡"，也正在"爬坡"。

判断社会道德发展状况、衡量社会道德进退得失的标准，实际上是有两个层次的：一个是以一定的道德理想作为标准，即道德标准；另一个是以社会进步发展作为标准，即社会历史的标准。

道德标准，是以一定道德体系为坐标，用它的观念和指标，如一定的道德理想、规范、信念等为标准，来衡量人的现实行为和社会风气。凡是符合这些标准的人和事，就给予肯定，认为它是好的，反之则加以否定，认为它是不好的；凡是趋向于道德理想的变化，才是道德上的"进步"，反之则是"退步"。道德标准是社会文明的一个重要方面，而片面的道德理想主义则往往只承认这个标准，不了解或不承认还有另一层标准，甚至他们的道德理解本身是脱离现实、脱离人民的。

社会历史标准是以对社会全面发展的意义和作用来衡量一切人和事的，其中也包括要对道德的理想和观念加以检验。在历史上的每个时代中，都存在着各种各样的道德及其理想、标准，因此还必须有指导、评价和选择它们的更高标准。也就是说，道德只是一个衡量社会发展状况的具体标准，并不是一个可以无条件地评价社会历史的最高标准。在人类社会的历史发展中，道德本身的合理性和先进性，也是需要检验和发展的。对我们来说，这个更高的标准就是有利于人类社会的进一步解放和发展的道德，才是进步的、合理的，反之则是落后和不合理的道德。换句话说，归根到底，只有推动社会前进的，才是道德的。这一点往往不能被道德理想主义所把握。

上述两个层次标准的适用范围不同,具体的道德标准主要适用于某个既定道德体系的建设,社会历史标准则适用于整个历史和社会的全面过程。特别是在社会变革和转型的时期,每个具体的道德标准都要经受历史的检验,道德标准的变更和重新确立也要以历史标准为根据。两个标准之间如果发生冲突,历史的结论往往是:道德标准最终要服从历史标准。这是一场深刻的、不无痛苦的思想革命。"滑坡论"与"爬坡论"之争,实际上反映出的正是这两个不同层次标准之间的差别,即用既有的一成不变的道德标准来衡量现实,往往会比较多地看到"失落"的方面;而用社会历史的标准来看待现实,则往往更注重道德与社会进步之间的一致性,看到道德革新的要求和趋势。

德育是全面发展教育的重要组成部分,包括政治教育、思想教育和道德教育三个方面。德育工作是一项复杂的系统工程,其成效在很大程度上取决于德育管理的水平。德育管理的任务是以保证德育任务的顺利完成为出发点和归宿的。德育的作用主要有以下几个方面。

①全面规划并组织德育工作的实施。学校应对德育工作高度重视并全面规划,在明确德育目标的基础上,根据中小学德育大纲制定本校的实施细则,全方位组织实施。通过制订德育工作实施方案,要让全体教职工明确德育工作的重要性和任务。学校的各项工作都具有教育性,每个教职工都是德育工作者,都要在不同的岗位上担负起教育学生的责任。

②发挥思想品德课和其他各科教学的教育作用。思想品德课是较系统地向学生进行思想品德和政治教育的一门课程,在学校德育工作中有着特殊的地位和作用。因此,学校要重视思想品德课教学内容、教学方法的改革,密切联系学生思想实际,逐步提高学生的思想政治水平和社会主义道德品质。还要强化教书育人的职业道德,发挥各科教学的德育优势,引导全体教师自觉做到寓德育于各科教学内容与各个教学环节之中。

③加强对班主任工作的组织管理。班级是进行德育的基层单位,班主任所进行的日常思想教育是学校德育工作的基础。班主任工作的水平直接关系到学生思想品德的培养和学校校风的建设。因此,加强对班主任工作的组织管理要做好以下四个方面的工作:第一,要锻炼和培养一支热爱学生、具有吃苦耐劳精神、富有教育教学经验、有一定管理能力的、较为稳定的班主任队伍;第二,要在开展班级工作的各个基本环节给班主任以指导和帮助;第三,及时总结交流经验,注重班主任业务水平和基本素养的提高;第四,要采取适当措施改善班主任待遇。

④加强对德育工作的评估管理。德育工作进行的效果如何,要通过一定的方式做出客观的评价。德育评估包括对学校整体德育工作的评估和学生个体思想品德的评估。只有既考评学校的德育工作,又考评学生的思想品德,才能全面总结管理的经验教训,促进德育工作的开展和学生品德的成长。德育的评估可分为定性评估和定量评估,这两种评估方法各有利弊,一般采取定性评估和定量评估相结合的方式进行。

第三节 学校德育管理实效性提高的方法

邓小平在改革开放十年之际曾经指出:"十年来,我们的最大失误是在教育方面,对青少年的政治思想教育抓得不够,教育发展不够。"世纪之交,随着经济的发展、社会的转型,教育面临着更大的挑战,思想政治工作虽然比以往有很大改善,但在学校思想政治工作中,德育的实际效果并不理想。出现这种结果的原因是多方面的。就内部原因而言,不少学校在德育工作中重形式、轻实效,不分对象施教;有人认为花的时间多、精力多,德育效果必然好,甚至有人单纯以工作量来衡量德育工作成绩。就外部原因而言,经济发展促进了人们的思想解放,产生了许多与社会进步相适应的新观念,也出现了一些消极的思想与观念,一定程度上出现了道德滑坡现象。当前,要切实提高学校德育工作的实效性,必须针对上述原因,提出系统的对策。

一、确立"以人为本"的德育观念

德育观念是德育管理的根本指导思想,更新德育观念是提高德育实效的关键。传统德育把受教育者当作各种道德规范的接受体,学生处于被动接受教育的地位,教育者与受教育者之间难以沟通,增加了德育实施的难度。在当今知识经济时代,社会需要的是具有主体精神、创新精神的人。在这种情况下,"以人为本"的德育观念是时代的体现,树立"以人为本"的观念,是在德育工作中从学生出发,把学生作为独立的主体,教会学生做人,一方面把社会所需要的思想道德价值观传递给学生,使之社会化;另一方面,注重学生的自我完善与自我发展。确立"以人为本"的德育观应该注意以下两点:一是教育者与受教育者成为道德教育的共同参与者,在道德教育中,教育双方之间要相互理解、相互尊重,通过情感的交流与共鸣,促进道德的内化;二是要注意道德教育过程是一个对话过程,这种对话是一种广义上的对话,它可以是以道德认识为目的的观点性讨论,也可以是教育行为上的相互影响。

二、调整德育的自身结构

德育的自身结构包括目标、内容与方法三个方面。在新的发展时期,要真正提高德育工作的实效性,就要在这三个方面实现全面的创新。

1. 确定符合社会需要又适应个体发展的德育目标

德育目标制约与影响着德育的全过程,决定着德育内容方法与途径的选择,因此,明确德育目标是德育工作的首要问题。在当今学校德育工作中,德育目标存在"高、大、空"的问题。所谓"高"指的是过于理想化。追求美好理想本是应该大力提倡的,但是不能一味脱离实际地追求理想。当前,学校德育往往缺乏更基础、更现实的目标体系和价值趋向,脱离社会实际和学生生活实际。这样不仅不能引起学生的兴趣,反而容易使学生反感。所谓"大"指的是共性化。"四有新人"(有理想、有道德、有文化、有纪律),是对广大干部群众和青少年的共同要求,但对青少年德育工作而言,缺乏对不同教育阶段、不同群体、不同层次的理论研究,实际工作中更容易受到忽视。所谓"空",指的是一般化。德育工作流于空泛,缺乏明确要求和集体指标,可操作性不强。德育目标是一种预期的结果,但它毕竟不是真实的客观结果。

当前,要使德育目标更切合实际、更具有层次性,需要注意两个方面的问题。一是根据社会对人才的需要确立德育目标。任何一个社会都要求其公民认可现存的政治、经济制度,遵守社会所规定的法律和道德,为社会的繁荣和发展尽义务,这些基本的要求理所当然地成为制定德育目标的依据。二是随着科学技术的发展和现代生活方式的变化,只强调阶级的、政治的目标显然是片面的,科技的进步提高了产品生产率,促进了社会加速发展,但也带来了一些新问题,对以往的道德观念提出了挑战,如克隆技术、安乐死等,这种情况反映到德育中来,在确定目标时要考虑受教育者心理发展水平和自身发展的需要。当代青少年的道德认识和行为带有明显的时代特征。一方面是思想品德认识的主体性和独立性,另一方面是青少年思想品德认识的结果呈现出多样性,此外,在确立目标时,还有一点需要注意,就是目标的系统性。根据学校实际,应尽量把目标分解到不同的年级,有重点、分阶段、分层次地贯彻落实。

2. 依据新的德育目标进一步充实德育的内容

当今学校德育内容主要存在以下几个问题:一是部分内容老化,已不能适应时代发展的需要,只是重点介绍一些陈旧的、脱离社会现实的东西,而学生希望解决的问题得不到回答,导致学生不愿意参加德育活动;二是德育内容与学生身心发展脱节,甚至大、中、小学生德育内容倒挂,中、小学狠抓智育,忽视基础文明、基础道德规范的教育,到了大学以后却又要抓"吃饭排队""不随地吐痰"等行为规范的教育,于是有人戏称我们现在的德育"对幼儿园实行的是共产主义教育,对小学生实行的是社会主义教育,对中学生实行政治教育,对本科生实行基础行为规范的教育,对留学生实行的是我是中国人的教育";三是大、中、小学德育内容的重复,大、中、小学生都进行马克思主义理论教育,但是各种教育内容没有根据学生实际予以明显区别。

道德源于人们物质生活过程中的交往活动,是人们在社会生活中自发形成的。因此,最初的道德教育是与学生生活联系在一起的,后来随着制度化教育的产生,学校教育与生活走向了分离。然而,人的道德植根于人们的现实生活,品德的养成发生在每个具有偶然性的真实社会情境中,德育只有立足于学生的生活实际才能更好地实现道德的内化,达到育人的目的。

针对德育内容的现状,结合德育自身的特点,我们需要从以下几个角度充实德育内容。一是力求内容安排的序列化。德育内容的选择与安排直接服务于德育目标的达成,德育目标的实现是一个层次化、序列化的过程,相应的德育内容也要注意序列性。二是加强对学生道德敏感性的培养。当今社会的基本特点是开放性,道德价值观的基本趋向是多元化。价值多元化是指同一社会同时存在两个或两个以上的价值观念体系。例如"谦让"一直被认为是传统美德,在如今却受到人们的质疑,面对权力与利益时,人们不再一味相让,而是提倡公平竞争,因为公平才是最根本的道德原则。在价值多元化的社会现实下,学校德育应该使学生意识到自己的道德价值以及他人的道德价值观,使他们自觉地发现和理解在现实生活中自己与他人在价值观上的共识和冲突,只有具备了良好的道德敏感性,学生才能够在具有多种价值观的社会中学会与他人和平共处,创造美好未来。三是重视培养学生的道德思维能力。道德思维能力包括道德推理能力、判断能力、抉择能力等。现代社会的道德是理性的道德,学校应借助理性力量形成学生自己的道德信念,理解社会的道德规则,以便在面对道德冲突时能顺利做出正确的道德判断和抉择。

3. 科学地选择德育方法

德育方法是思想品德教育所采取的各种影响方法的总称,包括教育者和受教育者两方面的方法。作为社会要求与受教育者主观世界发生关系的纽带,德育方法对德育实效有很大的影响。常见的德育方法有说服教育法、榜样示范法、情感陶冶法、品德评价法等。长期以来,学校德育仅仅局限于道德知识的传授和道德原则的灌输,忽视了学生的道德情感、道德意志以及道德实践能力的培养,导致学生言行不一。灌输从根本上是强制性地使学生接受自己不理解的教育内容。20世纪以来,灌输的方法一直是教育家所极力反对的,然而在现实生活中,灌输的方法仍不同程度、不同形式地存在着,例如在日常教育中,热衷于道德知识的竞赛活动,以思想政治课考试成绩衡量学生的品德发展水平等。阿特金森认为,灌输的缺点不在于内容,而在于方法的不合理性,当教育者用强迫的非理性的方法进行教育,而不考虑受教育者是否愿意、是否能够接受时,就是进行道德灌输。柯尔伯格极力反对道德灌输,认为灌输既不是一种教授道德的方法,也不是一种道德的教学方法。道德学习的特殊性使得它更强调潜移默化的影响和生活实践,如果单纯地把道德作为一种知识来教,而对学生的道德实践关心不足,即使学生掌握了良好的道德规范体系,也会因缺乏实践而不能转化为道德信念并指导其行为。因此,教师必须切实改变传统的单纯灌输的德育方法,根据学生道德接受的基本规律,选用科学的方法,并对各种方法进行优化组合。在具体的组合过程中要注意三个结合:一是教育和自我教育相结合,因为作为教育活动的主体,外界影响必须通过受教育者自身的意识发生作用;二是说理教育和德育实践要结合起来;三是道德教育和心理教育相结合,德育和心理教育有着密切的联系,健康的心理是顺利进行德育的基础,要注意道德习惯养成和心理训练的结合。

三、实行三位一体的德育途径

德育的渗透性、复杂性、长期性要求我们必须多途径协调合作,形成学校、家庭、社会三位一体的德育体系。

首先，要充分发挥学校在德育中的主导作用。在学校德育中有许多德育实施的途径，如专门的德育课、其他学科的德育渗透、学校集体活动及环境影响等。作为专门的教育机构，学校必须发挥主导作用。在学科教学日益智育化，且未找到有效的办法在学科教学实施德育的条件下，应设立单独的德育课，可以使学校德育的实施在课程和时间上得到最低限度的保证，也有利于系统地向学生传授道德知识和理论，提高学生的道德认识。学生要学会复杂的道德判断，就必须学会以特定的方式探究特殊的道德问题、以特殊的方法进行理解，内化，这些都需要安排专门的教师进行教学。但道德课的缺陷在于单纯的课堂教学容易导致知行分离，因此在进行直接道德教学的同时必须注意与其他方面的结合。

其次，要高度重视家庭在德育中的地位与作用。看到德育的实效性低下时，人们往往会去指责学校教育失职，殊不知，家庭教育也负有很大责任。特别是学校教育与家庭教育不协调时，更容易导致德育实效的降低，因此提高德育实效要注意与家庭教育相配合。提高家庭育人水平的关键在于提高家长的素质。作为家长，应注意树立正确的教育观念，运用科学的方法对子女进行教育。一是要教育子女先做人，对子女品德方面的问题要认真分析原因，根据其性质合理对待，并且要充分激发子女积极向上的动力，帮助其自省与奋进。二是要与子女平等相处。一方面在家庭教育中以身示范，注重言教与身教的统一；另一方面要尊重子女的情感、意愿和选择，以理服人，不强制管教子女。

最后，要注意实现德育的社会化。实现德育社会化主要是做好社区的德育教育，做到社会影响与家庭、学校相配合。实现德育社会化主要有以下几点：一是优化社会环境、发动社会支持、参与学校德育；二是搞好青少年校外教育，充分利用社会资源的教育作用，如博物馆、敬老院、图书馆等，都有潜在的德育教育作用；三是推动社区精神文明建设，创造良好的德育环境，包括形成良好的社会风气、公共秩序和生活环境等。

四、构建合理的德育评价体系

德育实效性的评价不在于学校组织了多少次德育活动，也不在于对学生做了多少件好事的统计数据，而在于学生思想品德水平的提高和发展。对学生思想品德的评价需要从知到行两个方面进行分析判断，并结合学生在学校、家庭、社会各个方面的表现进行系统的分析，这就使得评价有相当大的难度。人的思想观念作为一种精神因素是不能被直接测量的，但人的思想观念在反映外部世界的同时，又必然通过其言行在日常生活、学习和工作中表现出来，并作用于社会和他人。因此，品德测评虽有很大难度，但不是不可能，关键在于评估者的素质水平及方法的科学性。为此，在德育实效性评价过程中应遵循以下三个原则：一是客观性原则，即评价者以真实的资料为基础，对教育成果进行客观的价值判断，使用评价内容、标准时要克服主观随意性；二是教育性原则，德育评价从形式上看是一种分析信息、得出结论的过程，实质上是为了教育被评价者，促进他们良好品德的发展；三是科学性原则，即要以科学理论为指导，评价体系和评价方法要符合德育规律和青少年成长规律。

德育实效的复杂性在于其影响因素很多，因此实效性问题一直是德育的难题。当今德育存在的主要问题表现在目标、内容、方法等方面的不切合实际。近年来我国已有一些针对德育实效性的研究，但是大多的研究只是针对其中的一点展开，系统的研究并不多见。德育实效是一个系统的工程，要提高德育实效首先要更新德育观念，弄清楚德育最根本的目标所在，并且选择适当的内容、方法和模式。而德育过程的特殊性要求我们要通过多种途径来实现德育目的，在这一过程中教育者本身的素质也是德育实施过程中一个非常重要的问题，需要进行深入研究。

第五章 学校师生管理的理论与实践研究

教育是培养人的社会活动。教育活动主要是教育者和受教育者的活动，研究教育现象必须研究教育活动的主体——教师和学生在教育过程中的地位和作用。但是，长期以来，在我国的教育理论研究中，重视研究教师，强调教师在教育过程中的地位和作用。忽视了对学生的研究，只是把学生看成是被教育的对象，忽视了学生的主体作用。学校管理中也大多忽视了学生的作用，把学生看作被管理对象。在教育管理的理论研究中，对学生的研究仍是一个薄弱环节。因此，对学校实行科学化管理，全面提高教育质量，必须加强对学生管理的研究。

第一节 学生管理工作的特点、观念与内容

学生管理是教育管理不可或缺的组成部分。科学有效的学生管理有助于学生养成良好的行为规范，发展学生的自我管理能力，能为完成学校的中心任务提供保障。学生管理的成功经验也可以为其他领域的管理提供借鉴，从而带动教育管理整体水平的提升。学生管理的目的在于帮助学生形成良好的学习习惯、生活习惯与行为习惯，使学生具有基本的自立能力、自制能力和独立生活能力，使学生能够愉快地学习、健康地成长，在德、智、体诸方面得到全面、和谐的发展。

一、学生管理工作的特点

学生是受教育者，是学校管理的对象，但学生也是现实生活中的人，是发展中的人，他们的思想观念、情感行为是随着社会生活条件、人际关系的变化而变化的，而不是静态不变的。在教育实践中，在教育理论研究中，乃至学校对学生管理过程中，往往忽视学生的人的本质属性。马克思主义认为人的本质是社会关系的总和。每个人都有自然属性和社会属性，都存在身心两个方面的发展，学生的思想认识、情感意志、行为习惯的形成和发展，都离不开现实生活。学生是社会的一员，研究学生不能脱离现实社会。我们现在正处在一个变革的时期，人们的思想观念在不断变化，我们的教育对象、管理对象也在变化，他们思想活跃、消息灵通、思想开放。

二、学生管理工作应树立的观念

根据学生管理工作的特点，在学生管理工作中应树立以下几种观念。

1.树立正确的学生观

学生管理的实质在于调动学生的积极性，使学生管理得到学生配合，取得最佳效果。这就要求管理者既要把学生看成是被管理的对象，又要帮助学生树立思想意识和人生价值观。管理过程中，既要严格要求，又要尊重学生，充分发挥他们的自觉性、主动性。例如学校管理者应经常倾听学生的意见和建议，培养学生主人翁精神。像魏书生管理学生那样，有关学生的事情，同学生商量着办。不能事事由学校下命令，由教师做规定，让学生处在被动服从的地位。商量不是迁就学生，而是让学生懂得学校规定的意义，把规定和命令变成学生的自我要求。

2.树立正确的人才观

教育是培养人的社会活动。学生的主要任务是学习，有人认为学习成绩好的是好学生，能考上高一级学校的是人才。有人认为学习尖子将来可能是人才，学习差的也不见得不能成才；考上大学的是人才，考不上大学的也是人才。这实际上是人才观的问题。实践证明人的发展是有差异的，专家学者是人才，在平凡岗位上为人类做出贡献的也是人才。教育工作者应树立人才层次观念，要从单一的人才观转变为多层次、多规格的人才观，对每一个学生都抱有希望，努力培养他们成为各种人才。管理者要明确，人才不是天才，天才是人才中的出众者，是少数人。我们要建设具有中国特色的社会主义现代化强国，不是靠少数人完成的，而是需要教育培养众多的劳动者、现代管理人才、教育工作者、科学工作者、医务工作者、理论工作者等各种人才。这就要求管理者应面向全体学生，精心培养，引导和帮助他们成为各级各类人才。

3.树立正确的质量观

教育质量问题是长期以来有争论的问题。争论的焦点在于什么样的学生是好学生。有的认为学习好就是好学生，有的学校规定，各科成绩达到 85 分或 90 分以上才能评为三好生。三好生应是全面发展的学生，而且是在全面发展基础上，学有特色的学生。

全面发展的学生，不仅学习好，思想品德也应当好。但教师往往偏爱那些听教师的话，在常规教育下能遵守纪律的学生。那些不怎么听话，爱发表不同意见，爱提问题的学生，往往不受重视。事实上，有些调皮的学生，只要教育得法也能成才。从系统论角度分析，整体优才是最优。管理不仅要面向全体，还要努力实现全体学生的德、智、体全面发展。管理者绝对不能以个人好恶为标准评价学生，更不能把考试成绩优劣当作评价学生好坏的标准。

4.树立正确的未来观

青少年是祖国的未来和希望，国家的兴旺都取决于下一代。青少年不仅是国家的未来、现代化建设的希望，而且也是人类的未来。如果我们不重视青少年的教育，将要犯战略性错误。

教育是未来的事业，教育不但要为当前现代社会培养经济建设人才，还要预测未来，为未来社会准备人才，这是由教育的特点决定的。为此，教育要为学生将来成才打好基础，重视学生素质培养；做好学生思想品德教育，使学生学会做人；为学生打好知识能力的基础，使学生学会学习；为学生打好身体素质的基础，使学生健康成长。管理者要立足今天，反思昨天，探索明天，按照未来社会的需要培养学生，管理学生。

三、学生管理工作的内容

1. 学生学习的管理

学生的主要任务是学习，学生在学习过程中，能够形成良好的思想品德。因此，加强对学生学习的管理有重要意义。

（1）研究学生学习的特点

学生的学习与其他社会成员的学习不同。学生的学习有专职教师的指导，并且在特定的环境中进行，是一种认识活动。学生的这种认识活动是一种艰苦的脑力过程，要经过由不知到知、由知到用两个转化过程。由知到用的转化更为重要，因为通过知识的运用可以培养学生的能力，发展学生的智力。学生的认识活动与人类的认识活动是有区别的。人类的认识活动是由实践到认识，再由认识到实践，这样循环往复，以至无穷。而学生的认识活动是从理性认识开始，以掌握前人的经验为目的的，前人的经验是系统的理论。学生往往从实践入手，亲自探索、发现。学生学习的书本知识，是他人实践获得的认识成果，对学生来说是间接经验，加强学生学习的管理，就要重视理论联系实际，除课堂教学管理外，还要加强课外、校外活动和各种科技活动的管理。通过各种各样的活动，开拓学生知识领域、开阔视野、丰富知识、接触实践、接触社会，更好地实现由知到用的第二个转化，开辟广阔的天地。但必须明确，学生的实践活动主要是为了更好地掌握知识。对于这个问题人们在认识上是有反复的。有时候强调学生的实践活动，忽视了学生认识活动的特点，而有时候又强调学习理性知识忽视了学生的实践活动。人们现在提出转变封闭式教学为开放式教学，重视学生能力的培养，重视学生的实践活动，这是正确的，但不能失控，应当吸取历史的经验教训，正确处理学生读书和实践的关系，全面提高教学质量。

（2）研究学生的学习动机，培养学习兴趣

动机是直接推动一个人进行活动的内部动因或动力。学习动机是引起学生的学习活动并指引学习活动向一定目标进行动力。管理者要研究学生学习动机的形成规律，培养学生学习兴趣。怎样培养和激发学生学习的动机呢？要研究中小学生学习动机形成和发展过程，一般情况下，学生开始学习时，都期望获得好成绩，这就是学生学习活动开始的动机。教师如果要培养学生的学习动机，就应结合本学科特点，帮助学生取得好成绩，然后再进一步引导他们确立正确的学习目的。遵循学生动机形成和发展的规律进行教育培养，经常采用的方法有：

①帮助学生明确具体的学习目的任务及要求，明确学习某种知识的用途。
②帮助学生学懂学会，用学生学习成功的体验调动学生学习的积极性。

③培养学生自我评价的能力，使学生自觉地调节自己的需要和行为，逐步形成正确的学习目的。

④开展多种多样的实践活动，培养学生学习兴趣，激发学生的学习动机。

⑤通过不对立榜样，使学生在模仿他人的学习过程中，逐步培养正确的学习动机。

（3）加强常规训练培养学生良好的学习习惯

学生掌握知识靠日积月累，学习能力靠长期训练，培养良好的学习习惯是学习的需要，也是教学的目的之一。加强学生的学习管理，应制定各种学习制度，如课堂纪律、作业规范化的要求等。实践证明，结合学校实际情况，制定的各种学习规则和生活制度，是学生在学校课堂、操场、实验室、图书馆等场所进行学习和活动时必须遵循的制度。这样可以更好地协调学生的集体行动，培养学生组织纪律性和有规律地学习和活动的习惯，从而养成良好的学习习惯，终身受益。

2.学生集体的管理

学生是教育的对象。在教育过程中，教师大部分时间进行的教育教学活动面向的不是学生个体，而是学生集体。也就是说学生个体和学生集体都是教育对象。学生集体不是单个人简单相加，而是集体的目标、集体的舆论、集体给予每个人的权利和义务，把人与人之间有机地结合起来，并对每个人的思想、情感、意志、性格有重大影响。

在班级教育中，由于学生要完成统一的学习任务，他们的学习内容大致相同，年龄相仿，各班人数相差不多，这是形成班集体的有利因素，因此，教育者在对学生教育时，要重视班集体的培养和发挥班集体在教育中的作用。

学校管理过程中，通过班主任的工作，把学生组成班级，通过班集体对学生个体进行教育。班级的管理一般有以下几个阶段。

（1）学生之间孤立联系阶段

新生入学之初，同学之间、师生之间互不了解或了解很少。教师应通过调查研究尽快把学习情况了解清楚，组织有关活动，创造条件使学生之间熟悉起来。

（2）学生之间形成核心的阶段

在学生交往中，教师在全面了解的基础上，发现和培养积极分子，选拔班干部，以形成集体的核心。主要工作是建立各种组织机构。

（3）培养集体正确的舆论阶段

班集体的舆论有正确的和不正确的两种。正确的集体舆论靠教育培养。通过组织各项班级活动，扶植培养舆论。正确舆论的形成标志着班集体的形成。

（4）班集体目标确立阶段

有经验的班主任，在建设班集体的过程中，会经常对班集体提出新的目标，使集体通过目标管理向前发展。班主任要发动和依靠学生确立班集体的长远目标和近期目标，使集体的每一个成员都明确班集体的目标，并根据集体目标确立个体的奋斗目标。

在学生管理中,要重视学生集体的培养,关心集体的成长。在教育过程中,要发挥班集体的教育作用,依靠集体教育个人,通过个人影响集体。

3. 师生关系的管理

学生到学校学习,离不开教师的指导,教师又承担着教育培养下一代的责任,这就形成了紧密联系的师生关系。在学生管理中要求教师尽力满足学生合理的要求和期望。在安排教师工作时,一定要考虑师生关系。

教师和学生是两个独立的实体。教师有自己的思想、观念、行为习惯,学生有自己的思想、观念、兴趣和爱好。师生之间有一致的地方,才能形成良好的教育。学生对教师有依存感,同时又有独立的个性,特别是高年级的学生总希望摆脱教师的束缚和影响来考虑问题。这就形成了学生既有与教师配合接受教育的一面,又有排斥干扰教师教育的一面。在学生管理中要协调师生之间的关系。特别要教育教师,正确处理师生之间的工作关系、人际关系、组织关系和非正式关系,把对学生的严格要求与尊重学生结合起来,发展平等、民主的师生关系。

4. 学生的自我管理

为了加强学生管理,还应培养学生自我管理的能力。青少年时期学生的自我意识进一步发展,在他们心目中形成了两个自我,一个是理想的自我,另一个是现实生活中的自我。如果这两个自我不相符合就会发生矛盾,学生会内心不安或感到痛苦。培养自我管理能力,管理者首先要帮助学生解决这一矛盾,学生追求理想中的自我,若高于现实自我,这是积极因素,对学生有激励作用,应当给予鼓励、扶植。学生追求的自我若低于现实自我这是学生前进中的消极因素,应当帮助学生正确认识自己,抛弃低级趣味,让学生进入新的思想境界。要达到这一要求,必须教育学生在知、情、意行几方面进行自我管理。

教育帮助学生提高认识,进行自我分析、自我观察,正确认识自己。培养学生积极的情感,引导学生进行自我体验、自我激励,确立奋斗目标,积极向上。有了过失,要自我分析,勇于改过自新。引导学生进行意志锻炼,创造条件让学生自己给自己制订计划,并督促学生实现自己的诺言,学会自我命令、自我控制,要自己战胜自己。在行为上做到自我调节、自我修养、自我计划、自我检查,养成良好的行为习惯。

第二节 学生管理工作的基本原则

学生管理的原则是根据学生管理的目标则是出来的,也是学生管理工作经验的概括和总结,并在管理工作实践中不断发展和完善。

一、方向性原判

方向性原则要求管理者在进行学生管理工作过程中,把坚定正确的政治方向放在第一位,坚持四项基本原则,加强学生思想政治教育工作,并以此为指导思想组织各项教育教学活动。学校的一切工作都应以育人为目的,但学校育人是有方向性的。学校必须以培养坚持社会主义方向的各级各类人才为目的。

学生管理是一种有目的的活动。组织任何活动都有预定进程的指向,即管理的方向性。这个指向就是培养"四有"人才。学生管理是组织育人的活动,既有教育者的活动,又有受教育者的活动。因此,在学生管理工作中,首先要教育全体教职工,明确工作的目的性和方向性,使每个教育者的工作都符合总方向,通过全体教育者的工作,帮助学生明确这个总方向,明确自己学习的方向、身心发展的方向,使教育者和受教育者统一思想、统一步调,互相配合,达到教育目的。

二、整体性原则

整体性原则要求管理者全面贯彻党的教育方针,以培养德、智、体、美、知、情、意、有个性特征的全面发展的人才为管理目标,使每个学生都得到全面发展。这是学生管理的出发点,也是学生管理的归宿。

要使学生德、智、体美全面发展,必须施以全面发展的教育,"四育"是一个整体,各有独特的任务和育人作用,它们之间不能互相代替。学生的身心发展也是一个整体,不能分解。特别是中小学生正处在身心发展的关键时期,绝对不能取此舍彼,他们的世界观、人生观还没有形成,智力、能力、知识水平有待发展和完善,情感、行为习惯需要通过教育进行培养。因此学生管理要把各育看成一个整体,把学生也看成一个整体。只抓"一育"不符合青少年身心发展的规律,也违背党的教育方针。在实际工作中,虽然各育分开进行,但在育人方面,它们是相互渗透、相互促进、相互制约,缺一不可的,落实在学生身上是一个整体。要使学生全面发展,必须施以全面发展的教育。

三、规范化原则

规范化原则要求管理者对受教育者进行规范化的培养和训练,形成受教育者良好的品德和行为习惯。

我国的义务教育法提出提高全民族素质问题。古今中外的教育实践证明,民族素质的提高要从小抓起。青少年时期是长身体长知识的时期,可塑性较大,良好的行为习惯容易培养,经过强化能为终身教育打下基础。普通教育要重视学生的政治素质,科学文化素质、智能素质和身体素质的培养,从小施以规范化的训练。在训练中要高标准严要求,建立制度保证。学生一系列的行为模式不仅受社会传统观念、文化风俗的影响,还受规章制度的约束。贯彻规范化原则,要制定一系列科学的、可行的规章制度,用制度规范人的行为,如上课有上课的制度和纪律、考试有考试的纪律等。从小培养学生遵纪守法的意识,将来走上工作岗位,才会有良好的行为习惯和良好的作风。

四、疏导原则

学生管理要从管训型转化到疏导型。青少年学生正在成长中,他们的生理、心理正在发展,知识和生活经验还不丰富,分辨是非的能力不足,难免出现这样那样的问题。管理者对待学生的问题,要坚持疏导的原则、方法。这是思想政治教育的基本原则。学生管理者在教育实践中,在处理学生问题的过程中往往过于简单或急躁,习惯于用禁、堵、防的办法和看管的方法。实践证明有时禁而不止,防不胜防,堵又堵不住,使学生管理工作变得被动、无力。特别是当前网络等多种渠道的信息使学生看得多、听得多,思想活跃。青少年精力充沛、兴趣广泛、好奇心强,用禁、管等消极限制的办法是不行的,必须因势利导。

广大教育工作者创造了许多行之有效的疏导方法,我们可以借鉴,如有的用论理疏导法,以理疏通思想,晓之以理,提高学生的认识,帮助学生分清是非,让学生自己改正缺点和错误;有的用比喻疏导法,用类似旧事物,比喻要说明的道理和问题,既生动有趣,又达到了思想政治教育的目的,效果较好;有的用感化疏导法,即动之以情,以情感人,因为学生是有个性、有思想感情的个体,有自己的需要、愿望和人格尊严。教师输出什么样的感情,他们便以同样的感情回敬教师;还有的用榜样疏导法,以生动具体的形象进行感知教育,让学生自己去观察、对照、效仿;有的用争辩疏导法,一般是组织辩论会,让学生在争辩中明事理,自己教育自己等。总之,在学生管理中,广大教育工作者创造了丰富的经验,疏导仅是其中一种方法。

第三节　教师管理的地位和作用

教师是教育事业发展的基础,是提高教育质量的关键。在教育过程中应不断强化教师工作薄弱环节,创新教师管理体制机制,以提高师德素养和业务能力为核心,全面加强教师队伍建设,为教育事业改革发展提供有力支撑。

一、教师管理的地位

1. 教师管理是教育管理的重要内容

强教先强师,对教师人才资源的开发历来是教育管理的重要内容,是维持教育正常运转的基本条件。教师管理的内容丰富,主要涉及教师编制、教师专业标准、教师资格和准入制度、教师聘用制度、教师地位待遇等内容。一方面,通过教师管理提高教师地位,维护教师权益,改善教师待遇,使教师成为受人尊重的职业,满足教师的基本需求;另一方面,通过严格规范教师资质,提高培养、培训水平,提升教师素质,形成一支师德高尚、业务精湛、结构合理、充满活力的高素质、专业化教师队伍。

2. 教师管理是教师队伍建设的制度保障

教师队伍建设是一项系统工程,包括教师的培养培训、准入制度、资格标准、聘用考核、退出机制等,要对教师基本情况、需求状况（入学人数、学生学习指导时间、教学负担、入学率等）、教师补充等进行系统分析。

衡量一种职业在社会上的地位,一般以经济待遇、社会权益和职业声望三方面作为评价标准。为了使国家在激烈的国际竞争中不被淘汰,发展教育成为共识,提高教师社会地位,吸引高水平的人才从教,也就成为各国的共同任务。这首先表现在大幅度提高教师工资上;其次是实行教师资格准入制度,教师职业已经成为一门专业,进入教师行业必须经过严格训练和选拔。世界范围内教师的社会地位在不断提高。特赖曼1977年回顾分析了53个国家的85项研究。其结论是,教师职业的地位在整个职业范围内是比较高的,教师职业的社会地位明显高于熟练的技术人员和白领职业以及其他社会工作者。

二、教师管理的作用

教师的主要职责是传道授业解惑,而教师管理的作用是维护师德、促进教师专业发展、保持师资结构合理、激发活力。

1. 维护教师高尚师德

学高为师,德高为范。高尚的师德,是对学生最生动、最具体、最深远的教育。师德历来是教师队伍建设的首要问题,历来被各国重视,常常作为评价教师的首要标准,将师德表现与教师的成长和专业发展紧密联系在一起。当好教师,没有捷径可走,对工作的无限热情,对每天工作取得进步的强烈渴望,对学生潜力的无限信任,对学生成功的欣赏,工作中富于激情、技巧、紧迫感和对学生的爱,这些是全世界优秀教师所具有的共同特点。

师德为先,体现了教师专业的特殊要求,体现了没有爱就没有教育的理念。2005年,我国教育部印发了《关于进一步加强和改进师德建设的意见》,提出了师德建设的思路、任务和措施。2008年,教育部和中国教科文卫体工会全国委员会联合修订颁布《中小学教师职业道德规范》,提出"爱国守法、爱岗敬业、关爱学生、教书育人、为人师表、终身学习"六个方面的规范要求和"不得有违背党和国家方针政策的言行;对工作不得敷衍塞责;不讽刺、挖苦、歧视学生,不体罚或变相体罚学生;不以分数作为评价学生的唯一标准;自觉抵制有偿家教,不利用职务之便谋取私利"的禁行性规定。2011年,教育部和中国教科文卫体工会全国委员会联合颁布《高等学校教师职业道德规范》,提出了"爱国守法、敬业爱生、教书育人、严谨治学、服务社会、为人师表"六个方面的规范要求并提醒教师"不得有损害国家利益和不利于学生健康成长的言行;不得损害学生和学校的合法权益;不得有影响教育教学工作的兼职;坚决抵制学术失范和学术不端行为;坚决反对滥用学术资源和学术影响;自觉抵制有损教师职业声誉的行为"。

2. 保持教师队伍结构合理

各级各类教育行政机构通过教师编制管理,确定师生比例、班师比例,合理配置教师资源,保证教师在区域、学段、学科等方面的供求关系总体平衡。

教师供需管理涉及五个要素：教师需求量、潜在的教师供应量、教师市场结构、教学力量（教师质量）、教学质量（教学技术和学校环境）。还要考虑教育系统外的工作条件、发展机遇和比较优势以及教师工会的作用，动态调整教师的地位和待遇，保持教师职业的吸引力。

3. 激发教师工作活力

通过提高教师待遇，实行绩效评价、提供培训机会和升级晋职等方式，保持教师的工作激情和活力。我国建立了统一的中小学教师职务体系，将最高职务等级提高到正高级教授水平，提出了教育家发展目标。这是通过升级晋升的方式激发教师工作活力的主要举措。2008年年底，国务院常务会议通过《关于义务教育学校实施绩效工资的指导意见》，规定从2009年1月1日起在全国义务教育学校实施绩效工资，确保义务教育学校教师工资平均水平不低于当地公务员平均工资水平，新的工资体系由基本工资和绩效工资两部分构成，绩效工资又分为基础性绩效工资和奖励性绩效工资。基础性绩效工资突出工资的"保健"作用，奖励性绩效工资则重点发挥绩效的"激励"功能。由此可见，绩效工资的实施虽然备受争议，但其初衷仍然是希望通过实行绩效评价激发教师的工作动力。

三、教师管理的关系

1. 教师管理与管理人员的管理

（1）教师不同于管理人员，应对教师实行柔性管理

卡尔·E.韦克认为，组织中的很多要素之间并不像科层设计那样紧密联系，很多组织内部要素实际上是松散地联系在一起的，每一要素都保持着自身的独特性，也存在某些物质或逻辑上的分离，教育组织是松散耦合组织最好的例证。松散耦合即组织的规范结构与行为结构之间的联系是松散的，规则并不总是能够制约行动，某些规则的改变可能并不影响行动，反之亦然。霍伊等人指出，学校中可能至少有两类组织，一类是负有制度与管理职能的科层组织，具有较为紧密的层级关系；另一类是专业组织，负责实际的教与学的技术过程，具有松散耦合的特点。在教师专业领域，柔性管理可以激发教师的自主性和创造性，从而实现自身价值，过多的科层控制会束缚教师的创新精神，因而在专业领域，需要更多地给教师赋权。在行政事务方面采取更多的制度化管理是必要的，学校脱离了规章制度和科层约束是难以想象的。应真正把教师当成"人"而不是"物"来管理，如果行政人员把教师当成实现个人政绩的工具，这事实上也是把教师当物看。教师只是受聘于教育教学工作，而不是他人的财富，学校行政必须根据相关法律条文以及教师聘任合同等要求教师从事其应该做的工作，而不是要求教师"规训化"地服从。

（2）正确处理行政人员的权力与教师的权利之间的关系

学校行政人员作为学校的管理者，自然具备多方面的权力，如教育教学管理权、校务工作综合管理权、人事管理权和校产管理权。以上这些权力可以看作是校长法定的权力，但

一个优秀的行政管理人员一定是善于合理运用权力的人。现实中很多行政管理人员只重视手中法定的权力，忽视了其他权利，导致工作开展困难。罗纳德·G. 科温专门研究了学校中的教师冲突，发现在科层取向的学校中，管理者过多使用法定的权力解决问题，教师和管理者的冲突非常多，多达一半的教师冲突都发生在教师和管理者之间。

教师的权利分为两类：一类是法律规定的教师应有的权利；另一类是教师作为一个人，作为一个社会公民所应具有的基本权利。按照康德的理解，一个人的权利包括天赋的权利和获得的权利，天赋的权利是每个人根据自然而享有的权利，它不依赖于经验中的一切法律条例，获得的权利是以经验中的法律条例为根据的权利。就此来看，行政权力不是无限的、无边界的，学校行政在行使行政权力的时候，应当尊重教师的权利，尊重教师法定的权利和教师作为一个公民所应具有的权利。

行政权力要着重维护好教师如下两个方面的权利：

①教师的专业自主权。教师劳动和一般工业生产是完全不同的，这需要教师有自己的专业自主权。进行教育教学活动，开展教育教学改革和实验，从事科学研究、学术交流，参加专业的学术团体，在学术活动中充分发表意见等都是教师应有的权利，也是教师的专业自主权，行政管理人员需要充分尊重教师的专业自主权，不随意干涉教师的教育教学自主权。当然，这不是说学校不能对教师的教育教学进行监督和评价，相反，监督和评价是必要的，但是需要建立在尊重教师专业自主权的基础之上。

②行政权力要维护教师参与学校管理的权利。教师参与学校管理可以通过教代会、工会、支部委员会、教研组等途径间接参与，也可以以教师代表的身份直接参与学校管理。参与管理的内容应当是和教师利益密切相关的事项以及有利于发挥教师专业职能的事项，如职称评审、绩效工资改革、学校领导评价、课程设置等。教师参与管理的程度是有限度的，不是每个教师都有很高的积极性参与学校管理，也不是每个教师都善于学校管理，学校行政更不能完全放权于教师。因此，如何把握好教师参与的"度"是学校行政管理人员领导水平的体现。

2. 义务教育教师管理与非义务教育教师管理

世界各国义务教育阶段教师的法律地位大致上可以分为三种性质不同的类型：由政府任命的教师，其法律地位为公务员；由政府雇用的教师，其法律地位为公务雇员；由学校雇用的教师，其法律地位为学校雇员。从世界范围来看，德国、法国、日本等国家都把中、小学教师定位为公务员或教育公务员，可强制性地对教师在校际做出调配，通过行政手段达到均衡配置义务教育阶段师资的目标。具有公务员身份的教师往往具有相当高的职业保障，待遇和权益都有较好的保障。在美国、英国、加拿大、澳大利亚等国家，一般都把义务教育教师定位为公务雇员。教师由教育行政部门任用，并与之签订雇用合同。在欧洲，也有部分国家将义务教育阶段教师直接定位为雇员，由校长雇用，但由政府支付工资。在职业生涯中要流动 4~5 个学校。而非义务教育教师等同于职员，采取聘任制度。

我国教师法律地位在不同阶段有不同的表述和规定。中华人民共和国成立以后,教师连同其他事业单位的工作人员与政府部门的工作人员一起,统称为国家干部,在任用、晋升、工资福利、退休、奖惩等方面一直适用国家干部管理的政策法规。1993年的《教师法》正式确立了教师新的法律地位,把教师定位为履行教育教学职责的专业人员。从《教师法》的规定来看,我国教师其实属于学校雇员。

事实上,我国有必要建立独立的教育公务员制度或者至少把义务教育教师规定为国家机关工作人员。因为教育是一项公益事业,尤其是义务教育教师的教育活动其实是在执行国家公务,这也是很多国家都把教师纳入公务员系统的重要原因。把教师纳入教育公务员或者国家机关工作人员系统,不仅可以保障教师的合法权益,而且有利于保障教育教学工作的顺利开展和师资的均衡配置。

3. 学校教师管理与社会教育机构教师管理

在现代社会中,学校成为教育的主体,社会教育是学校教育的有益补充。社会教育机构有儿童活动中心、图书馆、电影院、主题公园、青少年宫、科技馆、业余体校、业余艺术学校、夏令营、冬令营以及各种专业辅导机构等。

学校和社会教育机构之间进行经常性的教师交流是有必要的,也是有益的,可以实现资源共享、互通有无。今天的学校系统已经不再是围墙之内的独立体系,开放性是学校的一大特点。社会教育机构严重缺乏骨干教师,教师队伍不稳定。因此,校外教育机构也经常聘请校内教师,以主题活动的方式学习某些专业知识和专业技能,如舞蹈、器乐、声乐、航模等。也有些专业辅导机构直接聘请学校教师从事学科专业知识培训。社会教育机构在聘请学校教师的同时,也学习学校规范的教师管理制度。学校也经常邀请社会教师作为学校兼职教师或客座教师等。学校教师和社会教师之间交流涉及的管理问题包括校外教师参与校内教育时其资格条件是否符合要求、校内教师是否以牟利为目的参与校外教育活动而影响学校正常工作等。

第四节 教师管理现状与教师管理制度创新

一、教师管理现状

1. 教师编制管理

编制管理是教师管理的重要组成部分,对于合理配置教师资源、提高教育质量和办学效益意义重大。2001年,国务院办公厅转发中央编办、教育部、财政部《关于制定中小学教职工编制标准的意见》,这是中华人民共和国成立后颁布的第一个权威性的中小学教师编制标准。2009年,中央编办、教育部、财政部印发《关于进一步落实〈关于制定中小学教职工编制标准的意见〉有关问题的通知》,提出在总量控制和统筹使用的基础上动态调整教职工编制的意见。这些政策取得了明显效果,主要表现为以下几点:

①教师数量总体基本满足教育发展的需要。

②教师性别比例基本适当，但不同阶段和不同区域有较大差别。从教师结构分析，男女教师数量基本接近。

③在学科结构方面，基础教育各阶段学科教师配置较为合理，但区域之间还有较大差别，农村教师学科结构依然有待优化，农村教师结构性紧缺依然存在。

④从教师质量来看，我国教师素质也在逐年提升。2009 年，全国小学、初中、高中教师学历达标率达到了 99.40%、98.29% 和 93.61%。但教师学历情况的城乡差异依然很大。由于我国教师配置具有等级性和偏向性等特点，城市学校多配置重点大学毕业生，而农村地区只能配置地方院校或普通学校毕业生。

2. 教师专业标准

教师专业化是当前我国师范教育改革的核心问题，教师专业标准是决定教师专业发展方向的根本问题。20 世纪末，教师专业化成了全球教师教育改革的主要趋势。许多发达国家与地区在法律、经济、政策等方面担当起推进教师专业化责任的同时，也大都重视教师专业标准的制定，意在通过建立教师专业标准加强教师队伍建设、提高教师质量，以指导教师专业化进程向着预期的目标发展。

制定教师专业标准和质量评估标准，对保障教师质量、促进教师管理规范化具有重要意义。2012 年，教育部颁布《幼儿园教师专业标准（试行）》《小学教师专业标准（试行）》《中学教师专业标准（试行）》，对教师的专业理念、专业知识和师德等方面进行了详细规定。这是我国第一次颁布教师专业标准，是国家对中、小、幼教师专业素质的基本要求，是教师实施教育教学行为的基本规范，是引领教师专业发展的基本准则。

3. 教师准入管理及入职管理

（1）教师资格制度

教师资格制度是国家保证教师质量的基本制度，也是提高教师职业专业性的重要前提。近一百多年来，世界各国纷纷确立了教师资格制度。我国《教师法》提出"国家实行教师资格制度"，并规定了获得教师资格的基本条件、教师资格认定和丧失的原则及申请、认定教师资格的基本程序。1995 年先后颁布《教师资格条例》《教师资格认定的过渡办法》，面向社会对《教师法》颁布以前的在职教师进行资格认证。2001 年教育部印发《教师资格证书管理规定》，教师资格制度得到进一步发展。2009 年教育部颁发《关于进一步做好中小学教师补充工作的通知》，确立了公开招聘、凡进必考的办法。根据《教育规划纲要》精神，2011 年，教育部颁发《关于开展中小学和幼儿园教师资格考试改革试点的指导意见》和《中小学教师资格定期注册试行办法》，制定了《中小学和幼儿园教师资格考试标准》及 32 个考试笔试和 3 类面试考试大纲，建立了教师定期登记制度，并率先在浙江、湖北两省开展试点，逐步形成"国标、省考、县聘、校用"的教师准入制度。

（2）新教师入职

美国学者理查德·英格索尔的研究表明，刚入职一年的新教师最容易流失，流失率达29%，而薄弱学校教师流失率更高，以刚入职一年的教师为例，其流失率高达61.90%。因此，做好新教师的入职安排，落实教师试用期制度，对促进教师的专业发展至关重要。

①新教师入职安排。

首先新教师的工作安排要遵循互补的原则，即考虑新教师和团队其他成员在个性特征、能力特点、性别、年龄等方面的不同特点，进行有层次的安排。其次，了解新教师的特点，做到知人善任、用人所长。最后，为了帮助新教师尽快适应角色，还需要提供一系列的帮助和支持，教育家詹姆斯·科南特为此提出了若干建议。他认为学区董事会应当采取如下建议：限定教学职责；帮助收集教学材料；减少有经验教师的工作量，以便他们能在课堂上与新教师一起工作；把新教师无法应对的问题学生安排给更有经验的教师管理；根据社区、附近环境和学生的特点，开展专门的教学等。

②新教师入职教育。

入职教育被认为是稳定教师队伍、促进新教师专业发展的重要举措而受到各国的重视，如日本的"新任教师研修制度"、英国的"新任教师见习期制度"、澳大利亚的"新教师指导计划"、美国的"新教师试用制"等，我国也在推行新教师的见习制度。教师入职教育主要内容包括介绍学校的基本信息，加强新教师与其他教师的相互交流，以让新教师感觉受到欢迎且有安全感；熟悉学校各项规章制度以让其成为团队中的一员；促进新教师教学能力的提升，助其熟悉各种教学资源的使用，以鼓励其获得优异成绩；使之了解教师的权利义务，实现从学生到教师的角色转换；助其熟悉有关社区、学校、员工和学生的基本信息，以适应工作环境等。

（3）教师试用期制度

我国的政策法规对教师的试用期有相应的规定。《教师法》第十三条规定，取得教师资格的人首次任教时应有试用期。《劳动合同法》对试用期的期限进行了较为详细的阐述，劳动合同期限3个月以上不满1年的，试用期不得超过1个月；劳动合同期限1年以上不满3年的，试用期不得超过2个月；3年以上固定期限和无固定期限的劳动合同，试用期不得超过6个月。国办发〔2002〕35号文件《关于在事业单位试行人员聘用制度的意见》，关于试用期的规定对大、中专应届毕业生做出了要求，其试用期可以延长至12个月。因此，按政策规定我国新录用教师如果是大、中专应届毕业生，其试用期应不超过一年，如果不是应届毕业生，其试用期不超过6个月。

我国对试用期的规定主要是对试用期时间长短做出了明确的要求，缺乏针对试用期教师的考核制度以及不合格教师的退出制度，从这一点来看，借鉴国外的有益经验是必要的。以美国为例，其公立学校的试用期一般为1～3年，试用期满，学区教育理事会具有是否续约的决定权，如果决定不续约，学区教育理事会有权单方面解除聘约。美国试用期评价方案有两种基本类型：特征评价方案和结果评价方案。在特征评价方案中，根据预先确定的工作特征指标，对教师的工作表现进行等级评定，以确定教师工作绩效水平。结果评价则是将教师的工作绩效与教师自己制定的且领导同意的工作目标进行对比。试用期教师绩效评价指标主要包含教学指标、专业素质和个性特征三个方面。在确定指标后，把每个指标细化成可操作的三级指标进行量化评分，以确定新教师的绩效表现。最后，通过录用教师的绩效表现决定其去留。我国可以借鉴国外经验，建立试用期教师考核标准，并以此作为其是否适合从事教育工作的依据。

4. 学校教师资源开发

（1）教师需求分析

①教师数量和质量需求分析。

A. 教师需求量取决于两个重要参数，一是在校生人数，二是教师编制数量，即师生比。而在校生人数又取决于各年龄段学龄人口数和各阶段学校学生的入学率。学龄人口预测常见的模型有年龄移算模型、凯菲茨矩阵方程模型、莱斯利矩阵预测模型以及我国学者宋健等人在 20 世纪 80 年代初提出的人口发展方程模型等。根据学龄人口数和学生的入学率便可以计算出各阶段学校的在校生人数。在计算出在校生人数以后，根据教师编制的相关规定就可以得出教师需求总量，在教师需求总量中减去现有教师数量便可以得出教师需求数量。B. 教师质量需求分析主要针对学历展开，但是也要根据学校自身发展需要，提出骨干教师、优秀教师、学科带头人、权威教师、高职称教师等的要求。

②教师结构需求分析。

教师结构主要指教师专业结构、知识结构、性别结构、年龄结构、能力结构和职称结构等。A. 我国各级各类学校实行分科教学，教师的配置按不同的学科专业进行，专业结构即各学科教师构成。B. 教师的知识结构既包括专业性和教育性的理论知识，又包括教师在教育教学中不断摸索和总结出来的经验性的实践知识等，每个教师的知识结构都是不一样的。C. 性别结构指教师群体中男女比例。D. 年龄结构指教师群体中不同年龄段教师所占的比例。E. 能力结构指教师群体中教师一般能力以及特殊能力的构成状况。一般说来，学校要按照课程开设情况配齐各科教师。在知识结构、年龄结构和能力结构方面按照互补的原则进行教师配置，即把不同知识结构和能力结构的教师相互搭配，年龄上老、中、青结合，性别平衡，各种职称比例合理。

（2）教师资源开发的途径和考核

A. 学校内部选拔，如当一个数学教师岗位出现空缺时，其他科目富余的教师可以填补这个空缺，后勤人员有时也可能填补教学岗位。这种方式可能造成才不对住或优秀人才被埋没。

B. 在高校直接选拔应届毕业生，这种方式目前已经成为主要的教师补充途径。

C. 接受应聘者到本校应聘。

D. 通过人才市场进行招聘。

E. 通过人事部门组织的考核录用等途径选拔教师。目前，大多数省区实施"国标、省考、县管、校用"制度，严格教师准入资格。

考核一定要遵循公平、合法的程序，最终选拔出能胜任工作岗位并符合学校战略发展的人才。

5. 教师聘任制度

（1）教师聘任的法律依据

聘任制是教师管理制度改革的核心内容。2000年，中组部、人事部、教育部印发《关于深化高等学校人事制度改革的实施意见》；2003年，人事部、教育部印发《关于深化中小学人事制度改革的实施意见》，提出按需设岗、公开招聘、平等竞争、择优聘用的原则，推进定编、定岗、定责，推进人员分类管理，完善岗位等级体系，促进教职工由身份管理向岗位管理、由固定用人向合同用人的转变，为建立与学校分配制度改革衔接、配套的政策体系和岗位绩效工资制度奠定了基础。2008年，在山东潍坊、吉林松原、陕西宝鸡三个城市开展中小学教师职称制度改革试点，2011年进一步在全国扩大试点工作。

我国相关法律法规都明确了实行教师聘任制度的具体办法，并对教师聘任制的有关事项进行了较为详细的规定。《教育法》《教师法》都要求学校和其他教育机构应当实行教师聘任制。《2003—2007教育振兴行动计划》则提出依照按需设岗、公开招聘、平等竞争、择优聘任、严格考核、合同管理的原则，推行中小学和中等职业学校教职工聘任制度，实行资格准入、竞争上岗、全员聘任，大力推进高校教师聘任制改革。上述规定或要求为我国教师聘任制度奠定了法律和政策依据。

（2）教师聘任合同

据2007年新修订的《劳动合同法》规定，劳动合同应当具备以下条款：①用人单位的名称、住所和法定代表人或者主要负责人；②劳动者的姓名、住址和居民身份证或者其他有效身份证件号码；③劳动合同期限；④工作内容和工作地点；⑤工作时间和休息休假；⑥劳动报酬；⑦社会保险；⑧劳动保护、劳动条件和职业危害防护；⑨法律、法规规定应当纳入劳动合同的其他事项。

（3）教师辞聘

辞聘是指教师在聘任合同期内提出解除合同的要求。《劳动合同法》第三十七条规定：劳动者提前30日以书面形式通知用人单位，可以解除劳动合同。劳动者在试用期内提前3日通知用人单位，可以解除劳动合同。教师辞聘可以分为三种情形。①如果教师与学校协商达成一致的可以随时解除聘用合同。②按照2002年发布的《关于在事业单位试行人员聘用制度意见的通知》的规定，如果有以下四种情形之一的，教师可以随时解除聘任合同：在试用期内的；考入普通高等院校的；被录用或选调到国家机关工作的；依法服兵役的。③如果教师与学校协商未果，教师应当继续履行职责，6个月后再次提出解约，按照《关于在事业单位试行人员聘用制度意见的通知》的规定，即使学校不同意解聘，教师也可以单方面解除合同。

（4）教师的解聘

《教师法》规定，学校解聘教师的法定事由有三项：故意不完成教育教学任务给教育教学工作造成损失的；体罚学生经教育不改的；品行不良、侮辱学生，影响恶劣的。具有以上情况之一者，学校可以解除聘任合同，但必须提前30日以书面形式通知教师。对在试用期内被证明不符合本岗位要求，又不同意单位调整其工作岗位的，学校可以随时单方面解除聘任合同。

6. 教师薪酬管理

在我国教师管理实践中，存在教师激励不足、劳动报酬主要取决于教师资历和岗位等问题。在城乡、不同区域以及同一区域内不同学校之间教师工资的差距较大，不利于教育均衡发展。为改善这种状况，我国实行绩效工资制度。2008年，人力资源和社会保障部、财政部、教育部联合下发《关于义务教育阶段学校实施绩效工资的指导意见》（以下简称《意见》）指出，从2009年1月1日起实施绩效工资。实行绩效工资制度，一方面建立教师激励机制，促进教师专业发展，调动广大教师的工作热情，激励广大教师把聪明才智投入教育教学中，为学生提供更高质量的教育服务；另一方面，实施绩效工资向农村教师倾斜的政策导向，吸引优秀人才在农村从教。政策同时规定，学校以往发放的津贴、补贴在统一规范的基础之上纳入绩效工资，所需经费全额纳入财政保障，学校各种非税收入一律按照国家规定上缴同级财政，严格实行"收支两条线"管理，以缩小重点学校和薄弱学校教师之间的收入差距。

7. 教师健康现状

教师健康状况是深受各界关注的一件事，党和政府对教师健康也给予关怀。但我国教师健康状况却不容乐观。最近一项调查采集了4305名中小学教师的样本进行分析，检测出有高脂血症的占18.05%，有脂肪肝的占17.79%，有高血压的占15.26%，有胆管疾病的占13.96%，有高血糖的占11.94%，有肥胖症的占9.92%，有颈椎病的占8.25%，有高尿酸血症的占7.64%，而另一项针对女教师健康的调查同样表明教师身体状况需要引起高度重视。从1046名女教师体检情况来看，患有乳腺增生的528人，占体检人数的50.48%；月经失调236人，占体检人数的22.56%；高血压的153人，占体检人数的14.63%。

除身体健康外，教师心理健康问题同样不能忽视。最近，有学者针对某省教师心理健康进行了调查，分析发现34.9%的教师存在轻度心理问题，12.4%的教师存在中度心理问题，2.2%的教师存在严重的心理障碍。其实，身体健康和心理健康是相互影响的，心理上的问题常常导致生理上出现疾病，教师过度焦虑、忧愁、烦恼、抑郁、愤怒，都会导致生理上的异常或病变。而身体的疾病也常常导致心理的不健全，使教师产生焦虑、忧愁、烦恼、抑郁等不良情绪，从而影响其情感、意志、性格乃至人际关系和谐。我国教师身心健康问题应当引起社会、政府以及各级教育管理部门的重视。

二、教师管理制度创新

1. 创新学校管理，以教师为本，促进可持续发展

学校管理者的素质决定着学校发展的结果，而学校管理者——校长的管理能力是学校发展的动力，影响着学校的发展。以教师为本的管理要重视通过管理调动教师的积极性。现代社会随着人类文明的发展，人的权利受到前所未有的重视。"以人为本"的理念使管理具有了"服务"的价值观。学校最根本的构成就是学生和教师，是以人为基础的教育服务机构。学校的一切发展都要以人为本，保证学校的可持续发展，所以当今的学校管理追求"管理即服务"的现代宗旨。针对学校，教师资源的丰富和管理是学校管理中的重中之重。

学校管理的出发点和归宿是要始终定位于人的和谐发展，始终把人放在管理的中心位置。在学校管理中要尽可能关注人的身心健康，要追求人文关怀，不搞专制，允许有不同声音存在。学校要重视在领导和员工、教师和学生、学校和家庭之间架设心灵的桥梁，加强沟通，促进相互理解。学校管理者对教师在实施制度化管理的同时，要坚持人性化管理，强调人性化关爱。注重营造教职员工之间志同道合、彼此尊重、相互信任、团结协作、宽松温馨的工作氛围；努力形成平等、和谐、富有人情味的人际关系，真正做到全校上下政令畅通、部门之间团结协助。只有在这种和谐的氛围下，学校的各种管理制度才会更好地得以实施，和谐校园的构建才能落到实处，共同发展的希望才有可能成为现实。

部分学校师资力量还有待提高，所以在现在教师资源有限的情况下，人性化管理就显得尤为重要。因此教师的管理更需要体现以人为本的管理方式，以提高教师工作积极性，提高办学质量。在教师参与层面，教师发展是推动学校发展、实现育人目标的主要动力，学校领导集体的核心任务是为教师的发展搭台铺路。作为校长，就应该引领团队致力于建构以教师发展为本的服务机制，以促进学校持续发展。第一，学校管理中，可结合学校的实际，通过主体性的教育实践，使学生成为主体性的学习者，使教师成为主体性的自我劳动价值的创造者。实现这一转换，除了要在理性上提升教师和学生自我认识之外，在操作上应明晰"为谁而学，为谁而干"。只有这样，才能进一步推动教学参与者的自我超越，实现人的自我价值新创造。第二，可创造教师自我发展的专业环境，首先要构建和谐的学校文化和促进社会关系正常化。其次明确领导与教工的关系是事业伙伴的关系；明确教师与教师的关系是合作搭档、朋友的关系；明确教师与学生家长是"君子之交淡如水"的关系；明确教师与学生的关系是人格平等、同窗学友的关系；最后学校可通过坚持民主与尊重，改变评价方式、减轻心理负担等人本化管理策略、引导教师积极参与校本管理。第三，以教师个人的专业成长来突出学校的办学形象，体现教师个性化。学校管理要认识到"大师者，精深于学问之本体者也"的思想，给教师提供专业发展的空间和帮助。

2. 创新学校教师管理机制，建设自由团结的学校组织

现代学校只有站在新起点，谋求新发展，解放思想、创新机制，推行大部制改革，才能使

运行机制更顺畅，团队凝聚力更强，工作作风更务实，才能建设出具有独特文化的特色校园。在教师管理过程中，严格教学质量的同时应建立教师的学校主人翁意识。在对教师教学质量的管理中，第一，建立科学有效的教师管理考核指标体系和考核办法，进行全面、全员、全程管理。创新管理方法，利用课余时间对教师工作进行总结、批评和奖励；强化过程管理，将过程督导与结果评比相结合。第二，加强对教师平时任教水平及任教态度的监管。可将期中抽查与期末统考相结合。促进教育工作的可持续发展，将深入关注学生成绩与关注教师业务素质提高相结合。第三，加强教学常规管理，全面提高教学质量。要求教师的教学达到理念要"新"，备课要"深"、授课要"实"、教法要"活"、活动要"勤"、作业要"精"、要求要"严"、辅导要"细"、负担要"轻"、质量要"高"的目标，并在教学研讨中进行改进和深化，将教学管理的重心指向课堂，加大课堂巡查力度。落实常规教学管理工作，使常规教学管理实现制度化、经常化，可多进行互相听课、评课的教学取经活动，使教师的教学水平在互相学习和改进中集体提升到新的高度上。第四，加强从教行为的规范管理，对教师讲台上的仪表、仪态以及考试、阅卷工作严格要求，使其操作规范。在建立教师学校主人翁意识的过程中，可建立激励机制。以人为本重视教师地位，开展教师评比，使每个教师都专心于教学工作。还要让教师参与管理，参与决策，积极采纳教师建议，使教师从心理上产生满足感，从而更加积极地为学校建设做出贡献。

对于部分学校来说，现在需要解决的是师资的问题，学校中、老年教师偏多，青年教师较少，虽然近两年新教师逐渐得到补充，但仍不足以弥补师资空缺，教师年龄断层的问题依旧明显。所以为了将学校教学质量提高上去，在管理中需要采取依靠老教师、鼓励新教师的原则，使所有教师都能全身心地投入到学校的建设中。对教师的管理和激励就成为学校管理的重点，首要任务就是对教师进行人性化管理，稳定老教师的同时激励新教师。在学校管理上注重细节、形成特色，坚持"以人为本"、人文与制度相结合的现代管理理念。结合校情进一步完善管理制度，适当地将老教师纳入管理层中，激励老教师全身心地投入教学工作和管理辅助工作中去，也要为青年教师提供锻炼的平台，提高教师的实践创新能力。以"专业引领，名师点拨，同伴互助，自我反思，共同成长"为策略，对青年教师进行教育理论、教学技能、教学研究的"传帮带导"，加速青年教师专业成长。在教学质量上，狠抓教学常规管理，以强化过程管理为手段，提高教学质量，以提高教学质量为突破口，实施素质教育。以素质教育为支撑点，实现教育均衡发展。

第六章 学校领导体制与领导艺术

第一节 领导艺术概述

领导艺术是领导学理论体系的重要组成部分,有着十分丰富的内容。领导者要提高领导效能,实现领导目标,就要深入研究和熟练运用领导艺术,不断提高领导艺术水平。

一、领导艺术的概念

在领导活动中,常常出现这样的现象:同一级的领导者,在同样的领导条件下,运用同样的工作方法,完成同样的任务,结果却截然不同。有的得心应手,事半功倍;有的却方寸大乱,事倍功半。究其原因,主要在于不同领导者的领导艺术水平高低不同。在很大程度上,领导艺术是决定领导者领导事业成败和领导绩效高低的关键因素。领导艺术是领导素质的反映,领导艺术是领导必备素质的综合表现。领导艺术低,领导者就容易故步自封,其素质也就不高;领导艺术高,领导者就会根据客观环境的不断变化,灵活机动地决策,领导素质也就比较全面。

对于领导艺术这个概念,人们有不同的理解,这是人们从不同方面分析看待领导艺术的结果。一般来说,领导艺术分为广义的领导艺术和狭义的领导艺术。广义的领导艺术是指,在整个领导活动中,领导者分析和解决问题的过程与方法,既是科学,又是艺术;狭义的领导艺术则是指领导者善于熟练而有效地行使领导职能、完成领导任务的技巧和技能。应该说狭义的领导艺术,才是人们通常所理解的领导艺术的实际内涵。所以,可以这样定义领导艺术:领导艺术是领导者在实施领导活动过程中所表现出来的学识、胆略、技巧和创造性思维的总和,它是领导者水平高低、才能大小的主要标志。应该说,领导艺术是领导者在个人各方面素质修养的基础上,在分析解决各种问题的领导活动过程中逐渐积累起来的,它是领导者领导才能的高度结晶,能体现领导者的个性特点。

领导艺术不是固定不变的,随着人类社会、生产和经济的发展,随着竞争的日益激烈,新的领导艺术将会形成和发展起来,并被人们认识、总结出来。领导艺术难以有固定模式,它是创造性思维的创造性劳动的结晶。在现代科技革命的冲击下,在改革开放的新的历史条件下,领导者面临复杂多变的信息环境,领导工作带有许多不确定性,这些变化都使领导者的工作任务更加复杂化、多样化。领导者的工作重心正在发生转变,从监督、向下属发号施令转向为下属提供服务、组建团队、制定策略、领导跨部门以及跨组织的团队等方面。因此,21世纪的领导者必须是多面手。美国管理学家彼得·德鲁克在《有效的管理者》一书中认为，在现代社会，领导者"必须学会如何在没有权力与权威、无法控制也没有具体指导的情境中进行有效管理"。所以常规的领导方法已经行不通，也没有一种现成的理论或方法能够同时解决领导者所面临的众多问题。在这种情况下，必须进行创新。作为创造性思维的领导艺术具有较强的随机性和灵活性，能够及时适应客观事物的各种复杂变化。据统计，依靠定量的科学方法和科学管理只能解决领导工作中 40% 的问题，大量的问题需要依靠领导艺术，包括敏锐的直觉、丰富的经验、熟练的技巧、果敢的决断等来处理。

对领导者来说，高超的领导艺术是通往成功的必由之路，领导者的领导艺术水平在很大程度上决定着单位的发展水平，在当代社会尤其如此。正如美国《时代周刊》所说："明星企业的表现证明，领导水平已经成为 21 世纪企业的核心能力。"比如连续四年高居《财富》评选的"全球最受崇敬的公司"榜首的美国通用电气公司，它的领导者杰克·韦尔奇连续四年被《财富》杂志评选为全球 500 强中最好的总裁。杰克·韦尔奇是一个"坚信自己的工作是一手拿着水罐、一手拿着化学肥料，让所有的事情变得枝繁叶茂"的领导者，他是一个公认的把领导活动做得最好的领导，他以他的行动和思想令人信服地区别了"领导者"和"管理者"。作为当代美国最成功的企业的领导者，韦尔奇对领导学的贡献超过同时代人任何一个，他那一套无与伦比的领导艺术是其取得成功的唯一秘诀。他创造了一系列领导学新词汇，这些词汇早已随着他的思想被世界许多领导人所学习、熟知而成为经典。

二、领导艺术与领导学科、领导经验的关系

科学是理性知识，是从实践经验中总结出来的知识体系，是对客观事物内在规律的准确认识。因此，领导科学必须以实事求是的严肃态度探究领导活动的内在的客观规律，领导科学必须求"实"、求"真"。

艺术是用形象表现的意识形态，领导艺术是领导人运用科学理论，以客观实际为依据，结合自身的个性特点，借助自身的胆识、想象力对领导活动进行创造性探索的结果。

领导艺术与领导科学不是相互排斥的，而是相辅相成、相互补充的。领导科学和领导艺术是同一事物中相互关联、相辅相成的两个方面。它们之间的关系是辩证的，二者不存在明显的分界和本质的区别，它们共同处于领导活动这一系统中，共同作用于领导活动的客观对象。

富有成效的领导艺术总是以科学理论为基础的。一个领导者如果没有理论知识，单纯凭借经验、运气是不可能实现科学的领导的，更谈不上领导艺术。仅仅依靠理论知识或书本知识，还是不能够保证成功的。因此，领导不仅要靠理论，还要靠艺术，领导者要在实践中创造性地应用这些理论和方法，即只有凭借领导艺术，才能实现有效的领导，取得领导活动的最佳效益。领导艺术只有建立在科学理论的基础上，才能运用自如、如鱼得水；同样，领导科学只有与领导艺术相结合，才能称之为一门实际可行的科学。因此，现代领导者面

临的问题是如何提高自己的领导艺术。领导科学好比一个比较稳定的内核,领导艺术则是它的外围软组织,没有软组织,内核便不能存在和发展;没有内核,软组织也就无所依附。

经验一般是指感性认识,领导经验是领导者从领导实践中总结出来的各种感性知识和认识。没有丰富的领导经验,就不可能获得高超的领导艺术。但是,单有领导经验,没有超凡的智慧、才能、胆识和人格魅力,领导艺术也无从谈起。领导艺术虽带有经验的因素和特点,但是它高于领导经验,是领导者综合应用领导经验、领导科学的表现。领导者不能简单地认为领导艺术就是领导经验,也不能认为领导艺术完全是个人经验之类的东西,是全凭领导者个人灵感做决策的艺术。领导艺术和领导经验、领导科学是相互联系、不能截然分开的。一个领导者只有系统掌握领导科学,在实际工作中,不断总结领导经验,才能在工作中不断取得成绩,逐步形成自己的领导艺术。由此可见,领导艺术是领导者创造性劳动的结果。

三、领导艺术的特点

1. 直觉性

对领导者来说,在领导活动中,思考问题和处理问题并不用具有一定的规范和秩序,而是要根据不同的时间、地点、条件,凭借领导者所观察到的材料,推理判断、认识事物、处理问题的。在决策特别是在高层决策活动中,领导艺术起着重要作用,甚至是关键性的作用。而把科学方法,特别是定量化研究应用到决策中来,并不意味着不需要传统的直觉经验方法了。事实上,在日常的决策中,直觉经验决策仍占主导地位。在许多情况下,指导领导者的决策原则是直觉,也就是说,领导者在别人或自己提出的种种方案、计划、措施、方法面前,在做出最后决定时,要倾听自己的心声,对各种可能出现的情况做出系统的思考,按照直觉判断去做。事实上,直觉决策不是灵光一现的东西,而是深思熟虑和大量相关经验积累的结果。

2. 随机性

领导艺术是领导者思考和处理随机事件的一种应变能力。现代社会具有复杂性、随机性、多变性的特点,新情况、新问题随时都会出现,需要领导者去思考处置,随时做出判断和决策。但是,这些问题的解决,往往无常规可循,这就需要领导者保持理性,针对实际情况及时制定适当的解决方案,用哲学家思辨的头脑,做出判断和对策。领导艺术的随机性,不仅要求领导者有明察秋毫的洞察力,而且还要有不失时机地做出决策、采取行动、恰当处置的应变能力。正如19世纪德国著名军事理论家克劳塞维茨在谈到军事艺术时所说:"在这里,智力活动离开了严格的科学领域,即离开了逻辑学和数学的领域,而成为艺术,也就是成为一种能够通过迅速判断,从大量事物和关系中找出最重要和有决定意义的东西的能力。"应该强调的是,随机性的领导艺术,并不是随心所欲地处理问题,而是"随心所欲不逾矩",这个"矩"就是领导工作中的基本方针、政策、理论和原则。

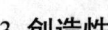

3. 创造性

领导艺术凝聚着领导者的智慧和才华,每一种巧妙的领导艺术都是领导者个人的杰出创造。领导活动不是用数量化可以完全描述的,领导艺术的活力和灵魂在于创新。创造性思维是领导艺术创造性特征的核心部分,创造性思维不仅来源于思维方式的改变,还来源于领导者的直觉、联想、灵感和想象。

4. 适度性

"持之有度,过犹不及"。如果不能精确地掌握事物的度,就不能正确地认识事物的质,也就无法保持事物发展的稳定性。在领导活动的整个过程中,掌握分寸、宽严适度是领导艺术的一个重要特征,在实践中,持之有度,掌握事物发展的分寸,是领导艺术的重要特点。

5. 多变性

领导艺术是一种生动活泼、灵活自如的处事技能,不同层次、不同行业的领导者,往往表现出迥然不同的领导风格和技巧。就是在同一个人身上,由于时间、地点、条件的变化,其解决问题的方式方法,也会随之改变。把领导艺术看成僵化不变的模式,生搬硬套,或者不看对象机械地模仿,都是不可取的。领导艺术来源于领导者个人的知识、阅历和经验,它不是一成不变的,而是随着科学知识的应用、实践经验的积累,不断充实和更新内容,不断完善和发展的。领导艺术是随着历史的发展而发展,随着时代的进步而提高的。

6. 模糊性

领导艺术是一种离开了数学领域的才能,因此,它具有模糊性的特点。领导者无论在用人方面,还是在决策过程中,都难以完全进行定量分析,难以做精确的测算,难以以数量的等级做依据。领导者统筹全局,对应该忽略的事情就应该把它忽略,不可事无巨细,事必躬亲。大事清楚、小事糊涂的领导者往往是高明的领导者。在有些情况下,模糊反而能更清楚地反映事物的本质和面貌,更接近真理,更能协调人际关系。这是因为,领导艺术并非按照逻辑顺序和逻辑规则得来的,而是以理论做指导,从丰富的经验中提炼、升华而来的。在一定情况下,领导者凭借形象思维、灵感思维,从总体中撇开细枝末节,才能快速抓住事物的本质。

7. 情感性

领导艺术渗透着领导者个人的情感和喜怒哀乐,能深刻地折射出领导者的品格和精神风貌,是领导者生动形象个性的表现。因而,体现在领导者个人身上的领导艺术带有极其明显的个性化特征,富有浓郁的感情色彩和审美价值,它是有血有肉的、丰富和特殊的个人情感。掌握高超的领导技艺的卓越人物,往往具有独特风格,富有感情色彩,具有感染人、吸引人的魅力。

四、领导艺术的内容

领导艺术具体可分为两类:一类是在领导工作过程中的各个环节,从决策、实施、反馈到变革都具有各自特色的领导艺术，这属领导工作过程艺术，或简称为纵断的领导艺术。在此只就学校领导工作过程的特点进行概述；另一类是属于领导工作中的不同内容的领导艺术，或称之为横断的领导艺术。领导工作内容概括地说可分为处理人与人际关系的艺术、处理事务的艺术以及掌握时间的艺术等，在此仅就领导工作中大量的处理事务、处理人的问题，常常需要运用的原则性与灵活性相结合的领导艺术进行简述。

美国的决策理论家西蒙认为："凡是非程序化的决策（即把决策、管理和领导视为同义语的），都需要领导艺术。"他所说的非程序化决策，就是指的那些不能定量化、模拟化、程序化但又需要领导者及时处理的问题。结合学校工作过程的各环节，这里概括地分析一下哪些方面的工作需要运用领导艺术去处理。第一，在学校发展战略方向的确定中，为了确定学校的战略发展方向，就必须对学校有关的历史、现实进行调查研究，以取得全面而可靠的数据，还必须用一定的数学模型对未来的发展进行预测，但是调查研究的内容是什么？其中哪些是重点？它们之间的互相关系如何？预测哪些方面的问题？预测结果的可靠性究竟怎样？在确定学校发展战略方向时，对这些调查研究和预测得来的数字哪些可以作为依据？哪些只能作为参考？诸如此类的问题，都不是能从定量和数学模型直接运算出来的，而必须依靠人的经验、才识、直觉力和思维力，也就是说，它要运用领导艺术。第二，在学校工作规划、计划的制订中，包括提出方案和选定方案两个步骤。为了提出方案，首先需要确定制订方案的某些原则、方针和要求，然后是以各种数据为基础包括基本措施形成具体方案；为了选定方案，需要召集专家会议，进行比较论证，还要尽可能地进行试点。在这些工作内容中，原则方针和要求的确定、基本措施的规定、方案论证后的最后选定，也不是单靠定量数据、数学模型和计算机运算能够完全解决的，还需要运用领导艺术去判断。第三，再看一看计划执行中的指挥、调节、跟踪、控制的各个环节，在这些环节中，人是活动的中心，意外的变化很多，迫切的问题需要随时解决，它们一般都难以量化，不能纳入数学模型输入计算机，也不能按照固定程序进行处理，这些就不能不依靠领导艺术来解决。在现代领导工作中，需要运用的领导艺术，概括地说，主要有四点：一是统筹的艺术，二是决策的艺术，三是用人的艺术，四是应变的艺术。所谓统筹的艺术，就是善于从全局和整体考虑问题，善于综合把握整体内部关系和外部关系，而不是顾此失彼。所谓决策的艺术，就是善于辨别是非好坏，权衡利弊得失，分清轻重主次，而且果断地做出决定。所谓用人的艺术，就是善于调动人的积极性，针对人的不同特点，采取不同的方式方法，得其心、致其力。所谓应变的艺术，就是善于在千变万化的环境中，主动地采取对策，及时地解决问题，按既定目标，控制整个局势。

由于教育的周期长、滞效性，当学校领导者确定开展某一项工作，并使之见诸成效，绝不是一朝一夕的事，而且教育工作成效一般并不明显。所以，在学校要进行一项工作，并使之见诸成效，需要一个较长的过程，这就需要有坚韧不拔的精神。当然这不是说，无论对来自哪方面的意见、议论，一概置之不理，而是应该虚心听取来自各方面的意见和建议，甚至是责难。即重视各种形式的信息反馈，从而修正、充实原来推行的工作方案——特别是与自己不同的意见。

在学校工作中，对处理事务和人的问题，往往都有上级和学校自己的一些条例和规定，即都有相关的原则规定，又因学校内部各自有千差万别的具体情况，马克思列宁主义、毛泽东思想的精髓是具体情况具体分析，普遍真理要与具体情况相结合。因此，作为一所学校的领导者，在各项工作中必须按原则办事，坚持原则性。领导者在处理任何问题时都必须按照党和国家的方针、政策、规定办事，辨别政治方向，时刻注意端正指导思想，决不能一味强调变通、灵活而置原则于不顾。必须认识到客观事物是千差万别的，处理问题时要把马克思主义原理和实际情况相结合。所以领导的艺术性就在于：既要坚持原则，按原则办事，又不能令人感到"教条""死板"，甚至令人难以接受，缺乏艺术感。这就需要恰当地把原则性与灵活性结合起来。在坚持原则的前提下，原则性与灵活性相结合，是处理领导工作中各类事务和人际关系的一项重要的领导艺术。

第二节　领导艺术提高的主要途径

领导艺术不是一种单纯的技巧，是领导者思想、知识、思维、心理等素质的综合体现。鲁迅先生曾经说过："从喷泉里出来的都是水，从血管里流出来的都是血。"因此，领导者要提升领导艺术，需要用高标准来要求自己。

提高领导艺术是提高领导效能的重要方面，但是由于成功的领导者的领导艺术往往带有浓厚的个性特点，所以很多人认为，领导艺术"只可意会，不可言传"，可望而不可即。应该说，领导艺术有一定的模糊性、情感性和特殊性，但也绝不是无从把握的。领导者通过学习和实践，完全可以掌握、提高自己的领导艺术。提高领导艺术可以从以下方面着手：

一、读书学习，完善合理的知识结构

1.知识是提升领导艺术水平的必备条件

培根在《论人生》中说："读书足以怡情，足以长才，读史使人明智，读诗使人聪慧，演算使人精密，哲理使人深刻，道德使人高尚，逻辑使人善辩。"知识是领导者培养领导素质、提升领导艺术水平的必备条件。

德国的克劳塞维茨在其《战争论》中指出："人的智力是通过他所接受的知识和思想培养起来的。"的确，离开知识的积累，脱离知识的依托，是谈不上智力的开发、智慧的生成的。领导者也是如此。知识是领导者智慧的源泉。领导者只有具有了广博的知识，才能生成无尽的智慧，才能提升领导艺术。

实践证明，领导者所具有的领导艺术水平的高低是与其所掌握的知识的多少成正比的。一般说来，一个人所掌握的知识越多，其对客观事物规律的认识就越深刻，领导艺术水平就会越高。

2. 合理的知识结构是提升领导艺术的关键环节

所谓知识结构，是指一个人的知识构成状况。它是各类知识在人的头脑中按照一定比例形成的能够产生整体功能的有机组合。结构决定功能，具有不同知识结构的人，会有不同的能力，能够完成不同性质的工作。

作为领导者，其领导活动的性质和领导工作的特点，决定着他的知识结构不同于一般的人。领导活动涉及政治、经济、军事、外交、文化、教育、卫生等各个领域。哪个领域的问题处理不当，都会给领导工作带来影响。领导工作涉及上级、同事、下属、群众、媒体等各个方面。哪个方面的关系协调不好，都会给领导工作带来制约。由于领导活动涉及各个领域、领导工作关涉到各个方面，所以领导者既要明政治，又要懂经济；既要知天文，又要懂地理。概括而言，领导者合理的知识结构包含以下内容：

（1）政治理论知识

领导者要讲政治，讲政治就必须学习政治理论知识。这些政治理论知识包括马克思主义的基本理论、党的各项方针政策等。

（2）专业业务知识

领导者要确保自己成为真正的内行领导，就必须认真学习和掌握精深的专业业务知识。只有这样，才能正确认识本行业的特点，才能正确把握本行业发展变化的规律，并根据本行业的特点和发展变化的规律，做出正确的决策。

（3）领导专业知识

现代的领导者如果仅凭以往的领导经验来进行领导，不仅不能适应时代的要求，也不能实现有效的领导。实践中，一些领导者决策失误、用人失察，工作效率不高，其中很重要的原因之一，就是缺乏领导专业知识。因此，领导者要想成为领导的内行，必须掌握娴熟的领导专业知识。领导专业知识的核心是领导科学。领导科学是一门研究领导工作的特有矛盾和规律的学科。掌握领导科学知识，能使领导者更好地把握领导规律和领导方法，提升领导工作能力和领导艺术水平。

（4）法律法规知识

建设法治国家，领导者必须具有法治思维和法治能力。2013 年 2 月 23 日，习近平总书记在中共中央政治局第四次集体学习时强调："各级领导机关和领导干部要提高运用法治思维和法治方式的能力，努力以法治凝聚改革共识、规范发展行为、促进矛盾化解、保障社会和谐。"而要强化法治思维，提高法治能力，就需要学习法律法规知识。

（5）科学文化知识

领导活动是一项具有复杂性、综合性特点的社会实践活动。领导活动的这一特点，决定了领导者必须掌握自然科学和社会科学的知识，才能有效地、成功地驾驭领导工作。正如列宁所说的，只有用全人类的科学文化知识武装自己，才能成为一个共产主义者。

除此之外，领导者还应该广泛地学习历史、文学、地理、法律、逻辑、心理学等社会科学知识,掌握数学、系统论、计算机等自然科学知识。这些知识能开阔领导者的视野,增强领导者的文化底蕴,提升领导者的思维创造能力,为提升领导艺术打下良好的基础。

3. 合理的知识结构源于读书、实践积累

有意识、有目的地构建合理的知识结构,是领导者自我完善的重要手段。因为知识虽然是领导艺术提升的基础,但杂乱无章的知识很难发挥作用。领导者应该根据自己工作的需要选取知识,构建合理的知识结构。构建合理的知识结构,离不开读书学习这一途径。领导者应该培养一种主动求知的读书学习习惯。

领导者通过读书学习来构建合理的知识结构,必须掌握正确的读书学习方法。一是要尽可能地博览群书。"书到用时方恨少。"只有博览群书,才能广泛地学习到各种知识内容,运用时方能取舍自由。对此,古今学者有着相同的见解。南北朝著名文论家刘勰说:"夫经典沉深,载籍浩瀚,实群言之奥区,而才思之神皋也。扬、班之下,莫不取资,任力耕耨,纵意渔猎,操刀能割,必列膏腴。是以将瞻才力,务在博见。狐腋非一皮能温,鸡趾必数千而饱矣。"(《文心雕龙·事类》)。这说明了要丰富自己的思维,一定要尽可能地博览群书。积累学识在于广博。当代著名思想家鲁迅先生则言:"必须如蜜蜂一样,采过许多花,这才能酿出蜜来,倘若叮在一处,所得就非常有限、枯燥了。"(《致颜黎民信》)总而言之,一句话:"长袖善舞,多财善贾。"二是要尽量做到熟读精思。宋代著名思想家朱熹曾经说过这样一段话:"大抵观书须先熟读,使其言皆若出于吾之口;继以精思,使其意皆若出于吾之心,然后可以有得尔。"(《朱子大全·读书之要》)朱熹这段话的意思是说,要把书本上的知识转化为自己的思想,必须在熟读精思上下功夫。囫囵吞枣似的读书,读了等于没读。只有熟读,才能理解得深透、记得扎实;只有精思,才能融会贯通。三是要做到不动笔墨不读书。所谓"不动笔墨不读书",是说读书时要做笔记。我国清代著名学者章学诚对做读书笔记的重要性有过生动的比喻。他说:"札记之功,必不可少;如不札记,则无穷妙绪,皆如雨珠落大海矣!"(《章氏遗书》)

章学诚的话是有道理的。常言道:"好记性不如烂笔头。"脑子再好,也有忘记的时候。养成读书学习做笔记的好习惯是非常必要的。马克思为写《资本论》这部划时代的理论巨著,曾经读过 1500 多种书,并一一做了读书摘要。仅在 1861—1863 年这两年间,他在大英博物馆摘记的材料,就写满了 23 个笔记本。

二、严以修身,培养高尚的道德品质

唐代著名书法家柳公权说:"心正笔则正。"鲁迅先生说:"美术家固然有精熟的技工,但尤须要有进步的思想与高尚的人格。他的制作,表面上是一张画或一个雕像,其实是他的思想与人格的表现。"

领导艺术也是如此。心正则行为正。领导者只有具有高尚的道德品质,才能真正提升领导艺术水平。而培养高尚的道德品质,关键要严以修身。修身,就是修养身心,是指个人

思想品德、人格方面的修炼、养成和提升。

1. 修身,是中华民族文化的优良传统

历览前贤,无不看重培养高尚道德的"修身"行为。孔子有"吾日三省吾身"之说;我国古代的哲人、封建士大夫亦将"修身"与"齐家、治国、平天下"看得同样重要。比如说曾国藩,他被人称为"晚清中兴第一名臣"。青年时代的毛泽东曾经说过"吾于近人,独服曾文正"。曾国藩作为传统社会的一介儒生,能做到"晚清中兴第一名",并且仕途上总是步步高升,最终成为后世景仰的善始善终人物,这跟他注重自身修养有着重要的关系。他的"日课十二条",就足以体现他的道德修养状态。

"日课十二条",是曾国藩的修身理论和修身方法,以下是他的主要内容:

①主静:无事时整齐严肃,心如止水;应事时专一不杂,心无旁骛。

②静坐:每日要静坐,体验静极生阳来复之仁心,正位凝命,如鼎之镇。

③早起:黎明即起,绝不恋床。

④读书不二:书未看完,绝不翻看其他,每日应读十页。

⑤读史:每日至少读二十三史十页,即使有事亦不间断。

⑥谨言:出言谨慎,时时以"祸从口出"为念。

⑦养气:气藏丹田,修身养性。

⑧保身:节劳节欲节饮食,随时将自己当作养病之人。

⑨日知其所亡:每日记下茶余偶谈一篇,分为德行门、学问门、经济门、艺术门。

⑩月无忘所能:每月作诗文数首,不可一味耽搁,否则最易溺心丧志。

⑪作字:早饭后习字半小时,凡笔墨应酬,皆作为功课看待,绝不留待次日。

⑫夜不出门:临功疲神,切戒切戒!

曾国藩一生严于治军、治家、修身,实践了立功、立言、立德的封建士大夫的最高追求,被视为道德修养的楷模。不可否认,曾国藩的成才成功源于他的自身修养。

2. 党的领导者要严以修身

修身不仅要"修",更要"严"。而且,党员领导者的修身与古人的"修身"是有区别的。党员领导者的严以修身,就是要加强党性修养,坚定理想信念,提升道德境界,追求高尚情操,自觉远离低级趣味,自觉抵制歪风邪气。周恩来同志正是因为他的严以修身而被世人称为道德楷模。在周恩来同志100周年诞辰时,著名学者梁衡撰文,评价他有惊人之"六无":死不留灰、生而无后、官而不显、党而不私、劳而不怨、去不留言。

1943年3月18日(农历二月十三日),是周恩来同志的45岁生日。同志们特地做了几道简单的菜,准备晚上为他祝寿。周恩来知道后坚持不出席,只让厨房煮了碗面作为纪念。就在这一天的晚上,他在自己的办公室,以更严格的党性标准剖析自己、反省自己、要求自己。结合整风实际,他写下了著名的《我的修养要则》:

第一,加紧学习,抓住中心,宁精勿杂,宁专勿多。

第二,努力工作,要有计划,有重点,有条理。

第三,习作合一,要注意时间、空间和条件,使之配合适当,要注意检讨和整理,要有发现和创造。

第四,要与自己的他人的一切不正确的思想意识做原则上坚决的斗争。

第五,适当地发扬自己的长处,具体地纠正自己的短处。

第六,永远不与群众隔离,向群众学习,并帮助他们。过集体生活,注意调研,遵守纪律。

第七,健全自己的身体,保持合理的规律生活,这是自我修养的物质基础。

三、善于思考,确立科学的思维方式

思维是人类所特有的一种精神活动。它是在表象、概念的基础上进行的分析、综合、判断、推理等认识活动的过程。科学的思维方式有助于领导者正确分析形势、预判未来;有助于领导者从错综复杂的环境中做出正确的决策,提升领导艺术。

1. 系统思考

系统思考,简单说来,就是以全局、整体的眼光来考虑问题的一种思考方式。它是一种"既见树木,又见森林"的艺术。领导者有了这种思维方式,才能从系统上把握事物的性质和运动规律;从事物的系统效应中分析事物,从而找到解决问题的方法。而不是只见局部,不见整体。

思考问题,如果抓不住整体联系,就会纠缠在一个接一个的矛盾之中。整体思考,要求领导者在解决问题时,要从整体上去分析,发现个别事物与其他事物之间的联系,从而使复杂的问题简单化。问题简单化了,就很容易解决了。沈括所著的《梦溪笔谈·权智》中记载的一段历史故事,就是整体思考解决问题的经典案例。

宋大中祥符年间(1008—1016),皇宫因为发生火灾而被毁。皇上命令大臣丁谓(926—1033)主持皇宫的重建事宜。重建皇宫,需要沙土、石料、木材等都需要运送到工地,被烧坏的皇宫瓦砾也需要处理。

怎样解决这三大难题? 丁谓命令工匠从皇宫前的大街上挖沟取沙土。没有几天的时间,大街的道路被挖成了大沟。丁谓又让人把汴河水引入大沟。随后,重建皇宫需要的石料、木材等从各地源源不断地通过这一沟渠运到了宫门口。皇宫修复后,丁谓又让工匠把废弃的瓦砾填进沟里,重新修成了街道。

沈括对这件事情评论说:"一举而三役济,省费以亿万计。"丁谓用系统思维做了一件事情,完成了三项任务,节省的费用数以万计。

2. 动态思考

动态思考,就是要用发展的、变化的观点来看问题。按照系统论的观点,世界上的一切事物,都是在发展变化的,运动和变化是永恒的,静止是相对的。世界上唯一不变的,就是变。用动态的思维方式来思考问题，才能探求到事物的发展变化规律，才能找出解决问题的方法。因此，当领导者在工作中遇到难以解决的问题，而用静态的思维解决不了时，不妨用动态的思维来解决。例如某剧场邀请三位著名演员同台演出。他们接受了剧场的邀请，但同时提出了同样的一个要求，即在海报上把自己的名字排在前面，否则，他们将退出演出。剧场经理经过思考，答应了他们的要求。到演出的那一天，三位演员到剧场一看，非常满意。原来，海报不是一般的纸面形式，而是一个不断转动的大灯笼，三个演员的名字都写在灯笼上，三个名字转圈出现，谁都可以说自己的名字排在前面，于是，三个演员皆大欢喜地参加了演出。

3. 辩证思考

辩证思考，是指能够用发展变化的、普遍联系的、一分为二的观点认识事物的一种思考方式。

第七章　教育行政管理研究

教育行政职能是教育行政工作的职责和功能、作用。科学地界定教育行政职能是提高教育行政效能的重要方面，也是进行教育管理体制改革的基础性工作。研究教育行政职能对建立科学的教育管理体系具有重要的意义。

第一节　教育行政管理概述

一、行政管理的概念

"行政"一词，在我国历史文献中很早就出现过。《纲鉴易知录》曾记载在公元前841年西周时期的周厉王，因国人发难而逃走。当时太子靖年幼，由"召公、周公行政"。这里所说的"行政"，是指管理国家政务。由于古代的国家管理体制和活动远没有现代这么复杂，因此，当时所说的"行政"，是指国家管理的全部活动。在英语中，"Administration"一词，源于拉丁文"Adminialrave"，是指治理、管理和执行事务的意思。在国际通用的《社会科学大辞典》中，把"行政"解释为"国家事务的管理"。在马克思主义经典著作中，虽未专门为"行政"下定义，但马克思在其著作中也曾说过"行政是国家的组织活动"，从这个意义上讲，行政是指国家事务的管理活动。

随着经济和社会的发展，国家事务管理的组织形式和活动方式日益复杂，特别是近代资本主义国家实行的"三权分立"，国家划分出立法、行政、司法三个职能不同的部门。这就提出一个问题，即行政管理究竟是指整个国家的管理活动，还是仅指除立法、司法以外的行政部门的管理活动呢？对此，许多学者从不同角度进行了探讨，归纳起来，大致有以下几种观点：

第一种观点是从"三权分立"的角度来解释行政管理的含义。西方许多资本主义国家的政治体制，由于受制衡原理的影响，实行"三权分立"，把国家机构划分为立法、行政、司法三个部门，各执行不同的职能，即立法机关负责制定法律，行政机关执行法律，司法机关负责监督法律的实施。于是，有的学者便据此认为，行政管理只是政府组织中行政部门的工作。例如美国行政学家魏劳毕在1927年著的《行政学原理》一书中说："行政乃是政府组织中行政机关所管辖的事务。"由于受英美思潮影响，我国出版的《辞源》中也写道："凡国家立法、司法以外的政务总称为行政。"

第二种观点是从政治与行政分离的角度来解释行政管理的含义。有的行政学家认为，政治乃众人事务的管理，其范围比较广泛；而行政仅是政治中一部分特别事务的管理或方案的推行，其范围比较狭小。《世纪典》（*Century Dictionary*）称"政治乃是人民经过其组成的政党或团体，对决定或影响政府政策的活动与指导；而行政乃是政府官吏推行政府功能时的行动"。美国著名行政学家和法学家古德诺在1900年出版的《政治与行政》一书中认为，政治与行政是两个不同的领域，"在一切政治制度中只有两种基本功能，即国家意志的表现和国家意志的执行""政治是国家意志的表现，行政是国家意志的执行""行政是政府官员官吏推行政府功能的活动"。

第三种观点是从管理的角度来解释行政管理的含义。在十九世纪末二十世纪初，由于生产和科技的发展，资本主义国家首先在工商企业中发生了"科学管理"革命，科学管理的理论和方法被逐渐引入国家行政管理部门，不少学者从管理的角度定义行政管理。如美国行政学家怀特在1926年推出的行政学教科书《行政学导论》中，认为"行政的最广意义包括为完成或实现一个权力机关所宣布的政策而采取的一切动作"。他在该书的第四次修订本中又说："行政乃是实现或执行公共政策的一切运作。"费富纳在1946年出版的《公共行政学》中认为："行政就是由一些人以协调的努力使政府的工作得以做成。"狄马克在《行政研究》一文中说："行政所研究者为政府的工作及工作方法，前者是行政主题，后者是行政者解决问题的技术知识，即用以使团体计划得以成功实现的管理技术与原则。这二者密切结合不可分离，而构成所谓行政的综合体。"西蒙、斯密斯堡、汤姆生三人在1950年合著的《行政学》一书中认为，最广义的行政，就是"若干人为达到共同目的所做的合作的集体行动"，狭义的行政则在于研究"为达到共同目的时，如何选择所使用的方法，如何选用工作人员并使之协同工作，如何分配事权使之完成在团体中的特定工作，并能与他人和谐地去努力"。

行政管理有广义与狭义之分，广义的行政管理是针对国家机关的全部作用而言的，不仅包括国家行政机关的管理活动，而且还包括立法、司法及其他机关团体的管理活动。狭义的行政管理则专指国家权力执行机关即行政机关的管理活动。通常人们所说的行政管理，即针对狭义而言。目前我国学者普遍认为，所谓行政管理，是指国家通过行政机关对国家的政治、经济、文化、教育等相关事务的管理活动。

二、教育行政管理的概念

关于教育行政管理（教育行政）的含义，在日本学者久下荣志郎等人著的《现代教育行政学》中，介绍了日本国内的几种观点。

第一种观点是教育行政领域区分论。相良唯一在其著作《教育行政学》中认为："教育行政是行政的一个部门，是关于教育的行政。"这个定义是把教育行政管理作为行政的一个领域来看待的。在日本，国家政务分内务、外务、军务、财务、法务等，教育行政管理是内务行政的一部分。根据这一观点，可以明确教育行政管理在一般行政管理中的作用，也可构成教育行政领域区分论。

第二种观点是职能主义论。安藤尧雄在其著作《教育行政学》中，根据美国的教育行政学者茂耶尔曼等人所代表的职能主义观点，认为"教育行政，就是在社会活动和公共活动的教育工作中提出目标，为实现这一目标准备必要的条件，以促进其完成"。按照这一观点，日本的教育基本法规定："教育行政的目标，是要为实现教育目的而健全各项必要的条件。"

第三种观点是贯彻意识形态的学说。在重视教育行政管理公权作用的人中，宗像诚也在其著作《教育行政学序说》中认为："教育政策是政权支持的教育理念，教育行政是政权机关实施教育政策。"还认为，"这里所说的教育理念，是针对教育的目的和手段、内容和方法的总体而言的。当然这里贯穿着某种意识形态"。这就是说，在这个公权作用学说里，从教育理念到教育政策、政权机关的工作，都贯穿着意识形态这条线。

第四种观点是公权作用的学说。木田宏在《教育行政法》中认为："教育行政是在作为教育政策而制定的法律下，遵照法律的规定，具体地执行教育政策的一种公权作用。"天诚勋在《教育行政》一书中认为："教育行政就是具体实现教育政策上所规定的教育目的的一种国家作用。"这两种说法大同小异，所指的都是通过立法作用来执行法定教育政策的一种公权作用。

我国学者普遍认为，教育行政管理是指国家和地方各级教育行政机关对各级各类教育事业的管理，其中包括教育行政机关的自身建设与管理及其对学校的领导和管理。换言之，教育行政管理是指教育行政机关从事贯彻执行党和国家的各项教育方针，政策，推行教育法令，拟定与颁发教育规章，编制教育计划，筹措、分配、审核教育经费与物资，任用和管理教育人员，视察、指导、考核所属机构和人员的工作，实现对教育事业的规划、组织、指导、协调和控制等职能活动的总称。

三、研究教育行政管理的意义

在新的历史时期，学习和研究教育行政管理，对实现教育行政管理科学化，推行社会主义现代化建设具有重要的意义。

1. 从历史唯物主义基本原则看研究教育行政管理的重要性

历史唯物主义认为，在社会发展中，管理是社会生活不可缺少的要素。在国家存在的条件下，国家和国家管理在整个社会管理中居于重要的支配地位。社会主义国家的行政管理，是人们运用上层建筑因素作用于经济基础和整个社会生活的一种最普遍、最经常和最直接的实践活动，是支撑整个社会生活的重要杠杆。如何按照客观规律对社会生活实行科学管理，这是社会主义建设事业具有关键性的重要问题。科学社会主义就是依靠科学，在社会的各个领域和实践活动中都要以科学为指导，按科学规律办事。历史唯物主义的原理告诉我们，既要重视经济基础，又要重视上层建筑；既要研究社会主义的经济科学，又要重视研究有关社会主义国家的政治和行政管理的科学，把实现国家行政管理科学化的任务摆在十分重要的位置。因此，党的十二大政府工作报告强调指出："必须加强经济科学和管理科学的研究和运用，不断提高国民经济的计划管理水平和企业事业的经营管理水平。"

教育行政管理是国家行政职能的重要组成部分，国家行政管理当然也包括教育行政管理。按照历史唯物主义观点，任何社会现象都有其运动发展规律，教育行政管理作为一种社会现象，当然也有其运动发展规律。教育行政管理学就是以教育行政管理现象及其规律为研究对象，以揭示教育行政管理的运动发展规律为任务，以提高教育行政管理效率、实现教育行政管理科学化为目的的一门学科。为了探讨教育行政管理的规律性，提高各级教育行政机关及教育行政管理干部的科学管理水平，逐步实现教育行政管理的科学化，必须加强对教育行政管理的研究。

2. 从社会经济和科学技术发展的需要看研究行政管理的重要性

"现代科学技术和现代化管理是提高经济效益的决定性因素，是使我国经济走向新的成长阶段的主要支柱。我们必须清醒地认识到，科技落后、管理落后，靠消耗大量资源来发展经济，是没有出路的。"这充分说明了当代社会经济的发展，一是靠科学技术，二是靠先进的管理。国外也有人把先进的科学技术和先进的科学管理比作推动社会经济高速发展的两个车轮。而科学技术的新发展会给整个社会生活带来许多新情况和新问题，使国家和社会管理的范围不断扩大，管理内容日趋复杂化，管理方式更加多样，组织机构、行政人员相应增加，行政关系错综复杂，情报信息流量增多，等等。这就要求加强对社会生活各个领域实行科学化的管理，当然也包括对教育事业必须实行科学化的管理。拉丁美洲有一种说法，"开发中的国家并不是开发落后，而是管理落后，如果行政管理落后，就不可能有效地开发本国人力、物力资源，就不可能促进经济和科学技术发展。"因而，人们应当向管理要效率，向管理要速度，向管理要质量。在这种客观形势下，迫切要求教育行政管理干部掌握现代教育行政管理的科学知识，否则，就不能很好地适应经济和科学技术的发展。从当代社会经济和科学技术发展来看，必须重视学习和研究教育行政管理学。

3. 从教育行政管理本身的地位和作用看研究教育行政管理的重要性

随着社会主义现代化建设步伐的加快，教育在整个经济和社会发展中的地位和作用越来越重要。发展教育事业，提高全民族素质是建设社会主义的根本大计。教育事业的健康发展需要具备许多条件，如要有正确的教育方针；要有相应的资源投入；要有一支专业的教育干部和教师队伍；要有比较完善而先进的教育设备；要有社会各界的支持和依靠人民办教育；要有比较高的管理水平；等等。而这些条件中起主导作用的是要有较高的管理水平。因为党的教育方针、政策要通过教育行政活动去贯彻落实，学校的办学方向要通过教育行政活动去把握，教育战线的人力、财力、物力要通过教育行政管理去运筹。实践证明，在其他条件基本相同的条件下，如果管理水平不同，其教育发展的整体效果会大不相同。实行科学管理，能充分调动各方面的积极性，做到人尽其才、物尽其用，提高教育的整体效果，否则，就会造成人力、物力、财力的浪费，降低工作效率。教育事业越发展，教育行政管理的作用就越重要,对教育行政管理的要求就越高。可以说教育管理的好坏是教育事业发展成败的关键。所以,认真学习和研究教育行政管理学,是发展教育事业,提高全民族素质,培养社会主义建设人才的迫切需要。

4. 从教育行政管理的自身建设看研究教育行政管理的重要性

中华人民共和国成立以来,我国教育事业的发展走过了曲折的道路,正反两个方面的经验告诉我们,社会主义国家必须十分重视教育行政管理科学的研究。因此,我们建立了从中央到地方的各级教育行政管理机构,在党的统一领导下,在教育行政管理的各项工作中发挥了应有的作用,取得了很大的成就,积累了丰富的经验。但是要把这些经验系统化并使之上升为理论形态,还只是刚刚起步。还应该看到,教育工作不适应社会主义现代化建设需要的局面还没有根本扭转,特别是面对我国对外开放,对内搞活经济体制改革全面展开的形势,面对世界范围的新技术革命正在兴起的形势,我国教育相对落后的现实和教育行政管理方面的弊端就更加突出。因此,必须进行教育改革,教育改革是对具有中国特色的社会主义教育体系的探索过程,迫切需要理论指导和实践经验的积累。因此,我们必须以马克思主义、毛泽东思想为指导,把国外的先进管理理论和我国教育行政管理的实践经验结合起来,从中揭示我国社会主义教育行政管理的客观规律,建立起既具有中国特色又能反映现代管理科学水平的社会主义教育行政管理学体系。要做到这一点,就必须认真学习教育行政管理学知识,加强教育行政管理学的研究。

第二节 教育行政管理的性质、职能和原则

一、教育行政管理的性质

教育行政管理是国家行政管理的一个组成部分,它的性质随着国家性质的变化而变化。管理作为一种社会职能,存在于各个社会形态。马克思主义的创始人早就指出,以原始公社为开端的人类社会,从一开始就存在着处理有关公共事务包括公共教育的社会职能。随着生产力的发展、社会分工的扩大、阶级的分化,便形成了国家,建立了政权组织。有关公共事务管理这一社会职能活动,便逐渐地具有了政治的性质。学校是应剥削阶级对于人才的需要而产生和发展起来的,学校的产生和发展又国家的行政管理提出了新的要求,于是教育行政管理就逐渐形成和发展起来。所以,教育行政管理一开始就是国家事务管理的一部分。它制约于一定国家政治经济制度和文化教育发展的水平,并具有本民族的传统特点,随着文化教育事业的发展和国家性质的变更,教育行政管理也在不断充实其内容和变更其性质。

在阶级社会里,占统治地位的阶级对于教育是通过国家政权的组织机构、社会力量和社会其他组织,根据自己的意志和利益确定政策、颁布法令、建立制度和设施、从事教育活动的。列宁指出:"教育'脱离政治'教育'不问政治',都是资产阶级的伪善的说法,这

正是对百分之九十九是受教会势力和私有制等压迫的群众的欺骗。现在还在各个资产阶级国家占统治地位的资产阶级，正是这样欺骗群众的。在那里，越是重要的机构就越难以摆脱资本和资本的政治。一切资产阶级国家的教育同政治机构的联系都非常密切，虽然资产阶级社会不肯直接承认这一点。"

二、教育行政管理的职能

教育行政管理的职能是指教育行政管理本身的职责和功能。它既指教育行政管理活动本身所具有的能力和作用，又指教育行政机关为执行任务，实现国家教育使命所进行的职务活动。教育行政管理的职能要通过相应的机构去实现，有什么样的职能，就应该建立相应的管理体制和组织机构。因此，教育行政管理职能是建立行政管理机构的主要依据。教育行政管理的职能也是科学组织管理过程的重要依据之一，因为教育行政管理活动，是行使其职能的过程。教育行政管理各项职能的依次行使，便构成了教育行政管理的全过程。每项职能都是教育行政管理不可缺少的重要环节，任何一个环节出了问题，都会影响整个管理系统。因此，注意发挥各项职能的作用，检查各个环节之间的关系，就能对薄弱环节及时进行调整，合理地组织管理过程，使整个管理系统正常有效地运转。当今，世界各国都很注重建立、健全国家教育机构，充分发挥国家管理教育的职能。根据各国的教育行政管理经验和我国的实践，教育行政管理的基本职能大致可归纳为计划、立法、组织、协调、控制、指导以及服务。

1. 计划职能

计划职能是根据国家和地区经济等方面的实际情况和社会发展战略的需要，在一定时期内，对教育事业发展的方向、速度、规模做出统一规划，以保证教育事业稳步协调发展。其体现形式包括预测、计划、指示、决议等。计划是教育行政管理的中心环节。要管理就要对工作的目标和任务做出设想与安排，对重大问题做出决策。通过计划和决策，确定任务内容、工作步骤、工作方法和各种要求。还可以随时做出决议、指令，解决管理过程中出现的问题。教育行政管理任务的完成，很大程度上取决于计划和决策，以及管理进行中对计划和决策的修正。一个正确的决策和合理的计划，能为任务的完成奠定良好的基础。社会主义国家教育行政管理的计划工作，是在认真贯彻群众路线，充分调查研究的基础上进行的。它所制订的计划，反映了客观规律的要求和现实情况的需要，充分考虑了计划实现的各种主客观条件。社会主义国家教育行政管理的计划职能，充分体现了社会主义的教育行政管理是一种自觉的管理。

2. 立法职能

立法职能是指国家通过各级立法机关和政府部门制定各项教育法令和法规，并依法对教育实行管理。它是使教育行政活动正规化的一个重要职能。通过立法手段对教育的目的和方针，对社会教育和学校教育，对教职员的资格和待遇，对教育管理活动等予以法律上的规定并依法行事。完善教育法规，能保证全国教育的正确发展方向，能保证在减少指令性计划，减少行政命令和行政监督机构情况下，做到忙而不乱。完备的立法也是进行法律监督的依据。所以，强化立法职能是国家管理教育的最强有力的措施。

3. 组织职能

计划和决策制定之后，就要付诸实施。列宁说："要有效地进行管理，就必须善于实际地进行组织工作。"组织就是通过一定的机构和人员把已经拟定的计划和决策，化为具体的执行活动，指导计划的落实。组织活动包括对机构的设置、调整和有效运用；对工作人员的选拔、调配、培训和考核；对具体工作的推进和督导；等等。任何管理系统都需要通过具体的组织工作才能建立，任何管理任务都需要具体地组织、指导才能完成。因此，组织职能是教育行政管理活动的关键一环。

4. 协调职能

所谓协调，就是改善和调整各个机关、各种人员、各项活动之间的关系，使各项管理活动分工协作、密切配合、步调一致，以实现共同的目标，教育行政管理涉及面广、事务复杂，在组织执行时，如不及时协调，很容易出现失去组织的机制的倾向。通过政策、法令和各种具体措施，不断地调整组织之间、人员之间、活动之间的各种关系，以避免事权冲突或工作遗漏与重复，减少相互间的不和谐，形成纵向横向的良好关系，保证教育行政管理活动的正常有效运行。在任何行政管理活动中，矛盾和冲突都不可避免，但在社会主义国家，是在共同利益的基础之上和根本目标一致的前提下发生的。通过主动协调，能够解决和减少矛盾与冲突，实现教育行政管理的高效运转。所以，协调职能是教育行政管理活动中不可缺少的。

5. 控制职能

要使教育行政管理活动顺利进行并取得预想效果，对管理活动的进程和结果必须加以控制。所谓控制，就是监督和检查。监督和检查可分为两个方面：一方面是通过收集、加工、分析有关实现计划进程的资料情报，对活动中的数量、时间、质量等因素予以控制；另一方面是了解掌握活动中的人事、组织、财务、方法等情况，对管理活动中的各种行为予以控制。实现控制的手段有法律和行政两种，即通过监督检查掌握情况、发现问题，依据有关法令和政策或采取有关教育行政措施，及时加以解决，使管理活动能按照预定的计划进行。同时，也可以根据执行情况的反馈，不断修正计划，及时调整措施。

6. 指导职能

指导职能是指国家对地方教育行政部门和学校，就地方教育发展的规模，人才培养的数量、规格，教学内容的确定，课程的设置和课时安排，以及教学方法的选择等基本属于地方和学校内部的事务，提供指导和建议，间接地影响地方和学校的经营方向和经营活动，使之与国家宏观的教育目标和教育活动相一致。

7. 服务职能

服务职能是指上级教育行政主管部门为下级教育行政主管部门和所辖的学校提供诸如信息、咨询、资助等项目，以此作为教育宏观控制的重要手段。例如国家建立教育信息中心，为地方教育提供丰富的统计数据和教育资料，进行各种教育咨询；经常组织地方与地方之间、学校与学校之间的协作，以更好地为发展教育服务；建立独立的教育财政，鼓励地方和学校兴办一些国家急需的教育项目，为落后地区提供资助；等等。所以，教育行政主管部门既是指挥部门，又是服务部门。地方教育行政部门也要树立为基层和学校服务的思想，完善内部机制，建立和加强信息机构、咨询机构和研究机构，以强化服务职能，提高服务效果。

上述教育行政管理的各种职能，是一个完整的职能体系，各种职能之间并非彼此并列、各自孤立、互不相干。马克思指出："不同社会职能是相互交替的活动方式，教育行政管理的各种职能，也是相互交错、相互渗透、相互作用的。"例如计划是组织、协调、控制的依据，同时，也要在组织、协调、控制的过程中不断修正和完善；组织不仅是为了落实计划，而在制订计划，进行协调、立法和控制的过程中必须进行组织，服务职能也只有通过行使计划、组织、协调、控制等职能才能实现。所以，把教育行政管理看作一个完整的职能体系，正确区分表现在各个方面各个阶段的职能，并保持它们之间的有机联系，对于有效地进行教育行政管理，十分必要。

三、教育行政管理的原则

教育行政管理原则是教育行政机构和行政管理活动所应遵循的指导思想和行动准则，是国家意志的反映和实践经验的概括，具有指令性、全面性、层次性、实践性等特征。

我国教育行政管理原则是以马克思主义为指导，以党和国家管理教育的方针、政策为依据，在总结我国有益的历史经验和国外现代管理科学研究成果的基础上提出来的。由于目前尚处于探讨阶段，关于我国教育管理原则的说法尚不统一，但基本内容逐渐趋于一致，我们将其概括为坚持社会主义方向性原则、同经济协调发展并适当超前的原则、注重社会效益和经济效益的原则、权变性原则以及民主性原则。

1. 坚持社会主义方向性原则

坚持社会主义方向，是我国行政管理活动的基本原则。我国发展教育事业的根本目的是培养高素质的劳动者和质量高的社会主义现代化建设人才。当今世界政治风云变幻多端，经济科技竞争日益激烈，在我国的教育行政管理活动中，必须坚决贯彻执行党在社会主义初级阶段的基本路线，以党和国家的教育方针、政策为依据，使我国的教育为建设富强、民主、文明的社会主义现代化国家服务。贯彻这一原则，需要注意以下几点：

（1）必须坚持党的领导

党的领导从思想路线、政治路线和组织路线上，保证了我国教育行政管理活动不断适应我国社会主义现代化建设的客观要求,保证了教育行政部门各项任务的积极实现。党的领导主要是政治、思想和组织方面的领导,即对教育行政活动的政治方向、重大决策的领导和对教育行政机关及学校重要干部的调配和监督。党的教育方针政策是通过教育行政机关的活动来实现的。因此,要正确处理党组织同行政管理机构的关系,实行党政职能分开,健全教育行政部门的指挥系统,保证有成效地行使自己的职权,从而加强和改善党对教育行政管理活动的领导。

（2）必须全面贯彻党的教育方针

要认真贯彻"教育必须为社会主义现代化服务,必须同生产劳动相结合,培养德、智、体全面发展的建设者和接班人"的方针,在贯彻这一方针的过程中,应把坚定正确的政治方向放在首位,坚持用马克思列宁主义和毛泽东思想教育青少年,重视德育、智育、体育、美育和劳动技术教育的全面实施,把培养社会主义事业接班人作为我们管理教育工作的根本任务。

（3）必须坚持四项基本原则,反对资产阶级自由化

四项基本原则是我国的立国之本,是确立教育行政管理活动的基本政治依据。教育行政机关的领导要把教育思想的领导放在首位,宣传四项基本原则,坚决进行反对资产阶级自由化的斗争。要有正确的政策导向,在实际工作中,采取得力措施,把端正办学方向的计划落到实处。

2. 教育与经济协调发展并适当超前的原则

教育的发展受经济发展的制约,教育又是经济建设和社会发展的基础条件。因此,教育事业和发展必须与经济发展相协调并适当超前,教育事业的发展跟不上经济和社会发展的步伐,或没有超前的可能性,都会阻碍国民经济和社会发展。

贯彻这一原则,应该解决好以下两个主要问题:

（1）教育要同经济和社会发展相适应

我国教育工作目前取得了显著成就:社会主义教育制度已基本确立;教育事业有了很大发展,为社会培养了大批人才;办学的物质条件得到不同程度的改善,特别是党的十一届三中全会以来,九年制义务教育开始有计划分阶段实施,职业技术教育得到相当程度发展,改变了中等教育结构单一化的局面;高等教育不仅发展较快,而且初步形成了多层次、多形式、学科门类比较齐全的体系;民族教育、成人教育也得到很大发展,为我国教育的进一步发展和改革奠定了较好的基础。要进一步明确教育必须为社会主义建设服务的指导思想,认真了解和分析社会政治、经济向教育工作提出的要求,从国家社会主义现代化建设的全局出发,努力解决教育与社会主义建设的需要还不相适应的问题。

第一,增加教育投入,使教育的发展速度和规模与社会生产力发展水平相适应。教育发展的速度与规模,一方面取决于物质资料生产为其提供的物质基础;另一方面取决于社会再生产对劳动力的需求程度。教育事业的发展如果跟不上社会再生产对劳动力的总需

求,就会给国民经济和社会的发展带来不利影响。

我国教育虽然取得了很大成就,但仍与经济和社会的发展不相适应。党的十二届三中全会做出《关于经济体制改革的决定》以后,经济体制改革全面展开,改变了束缚生产力发展的体制格局,从农村到城市、从沿海到内地,经济生活和社会生活出现了前所未有的蓬勃生机,国家经济实力显著增强。而从根本上说,国家强盛和民族振兴靠人才,人才培养靠教育,因此,必须使教育事业在经济发展的基础上有一个较大的发展。

发展教育事业,不增加投资是不行的。党的十一届三中全会以来,我国的教育经费总量有了明显的增加。1988 年国家财政预算内,教育经费支出所占的比例达到 12.23%,国家教育经费支出占国民生产总值的比例达 2.92%,各级地方政府开辟多种渠道筹集教育资金,不少经济文化较落后的地区,也开始重点办教育。但是,教育经费的增长速度,仍不能适应教育事业发展的需要。近几年来,各级各类学校公用经费所占比例逐步下降,办学经费拮据的状况依然存在。在今后一定时期内,中央和地方政府的教育拨款的增长,要高于财政经常性收入的增长,并使在校学生人数平均教育费用逐步增长。随着经济的发展和国民收入分配结构的变化,改革教育资金的筹措体制,逐步建立以国家财政拨款和征收用于教育的税、附加费为主,辅之以收取非义务教育阶级学生学杂费、校产收入、社会集资和设立教育基金等多种渠道筹措教育经费的新体制。

第二,调整教育结构,使其与经济结构相适应。经济结构制约着教育结构,教育结构也影响着经济结构。只有教育结构与经济结构相适应,培养人才的规格和数量,才能适应社会各部门、各行业的需要,才能促进经济的发展。

经济结构是指国民经济各部门、社会再生产各方面的构成。即各行各业在经济总体系中的比例关系和相互联系,这种比例关系不是一成不变的。它随着经济建设的发展而不断变化,并且保持着与经济建设相适应的综合平衡。教育结构是构成教育总体系的各个部分的比例关系及其结合方式,其主体是学校教育结构,即各级各类学校之间的比例构成。教育结构的合理与否,主要是看其是否与经济结构相适应。现代化的经济建设,需要有一个相适应的人才结构,即人才的专业门类、级别及其数量的比例关系能充分适应经济建设需要的合理组成。而合理的人才组成必须依靠合理的教育结构来培养。教育结构要随着经济结构的变化而及时进行调整,才能满足经济和社会发展对不同层次、不同水平的合理配套人才及不同种类、不同专业的合理比例的专门人才的需要。

今后教育结构调整的方向应当是以九年制义务教育为基础,大力发展职业技术教育和在职岗位培训,提高劳动者素质,把培养初、中级人才摆在突出的位置。同时,优化高等教育结构,提高高等教育水平,有计划地培养高级专门人才。

教育体制改革是社会主义教育制度的自我完善,必须在党的领导下,充分调动各方面的积极性,保证教育事业持续、稳定、协调地发展,以提高教育质量为目的,积极、稳妥地向前推进。根据我国国情和各地区的实际情况,随着经济体制、政治体制和科技体制改革的深化,采取综合配套、分类指导、分步推进的方针,逐步改革办学体制、管理体制和中等以上专业教育的运行机制。对中等以下的各类教育,要给地方以更多的统筹权、决策权。高等教育要由中央和地方实行宏观管理和指导,发挥学校主动性。要贯彻"依靠人民办教育,办好教育为人民"的方针,调动社会各界、人民群众和教职工办好教育的积极性。要坚持在改革中发展,在改革中提高。

为满足社会对教育日益增长的需求,要逐步建立以政府办学为主体、社会各界参与办学的体制,在加强和改善中央宏观管理的前提下,要加强地方管理职能,发挥中央主管部门行业职能,加强省、自治区、直辖市的教育决策权和统筹权以及中心城市和县对于中学以下教育的统筹管理权。通过立法,确定高等学校的任务、权利、义务和责任,运用政策、计划、拨款、评价等手段,引导学校建立主动适应社会实际的需要和自我约束的机制。要坚持教育改革与国家劳动、人事、工资制度等配套进行。

（2）教育要兼顾经济发展的近期需要与长远需要,适当超前发展

当代科学技术的飞速发展,使经济结构和社会结构发生了很大变化。从世界经济发达国家的情况来看,有以下特点和趋势:科学技术转化为生产力的时间大大缩短;生产领域和非生产领域之间的比例发生了重大变化,直接参加工农业劳动的人数逐渐减少,从事服务业的人数相应增加;职业、工作变更和劳动力的流动更加经常化;对工人的技术熟练程度要求提高,科技人员在全员中的比例迅速增加,对高级专门人才的需要迫切,技术迅猛发展,使劳动技能主要不是靠体力,而是以智力和知识为基础等。可以说,当今世界范围的竞争,在很大程度上表现为科学技术的竞争和民族素质的竞争。因此,党的十三大报告中指出:"从根本上说,科技的发展、经济的振兴,乃至整个社会的进步,都取决于劳动者素质的提高和专业人才的培养。"提高全民族的思想、道德、科学文化与身体素质,培养有理想、有道德、有文化、有纪律的社会主义建设事业的接班人,不仅直接影响着现代化建设的进程,而且在很大程度上决定着中华民族的精神面貌,关系到我国社会主义事业的兴衰成败。可见,合格人才的培养,对于我国的社会主义现代化发展具有决定性的意义。因此,党中央制定了社会主义现代化经济建设的战略目标和社会主义精神文明建设的战略方针,确定把经济发展转移到依靠科技进步和不断提高劳动者素质的轨道上来。

目前,我国劳动者的素质同经济和社会发展的要求严重不适应。我国企业经济效益低、产品缺乏竞争能力的状况之所以长期得不到改变、农业科学技术之所以得不到普及、有限的资源和生态环境之所以不能得到充分利用和保护,原因固然很多,但劳动者素质不高,无疑是一个重要原因。而提高劳动者的素质,就必须发展教育。从一定意义上可以这样说,谁掌握了面向21世纪的教育,谁就能在21世纪的国家竞争中处于战略主动地位。因此,教育的发展,一方面要根据我国的国情,注意适应和满足近期经济和社会发展的需要;另一方面,又必须以面向现代化建设、面向世界、面向未来的战略眼光,及早筹划我国教育事业的发展,为适应未来经济和社会发展以及迎接21世纪的挑战做好各方面的准备。所

以,在社会主义现代化经济建设的整个过程中,必须坚持把教育放在优先发展的战略地位,要求各级政府、广大教育工作者和社会各界,都要对教育的发展和改革有紧迫感,下决心改变我国教育的落后状况。要采取切实措施,认真实施教育发展的战略目标和指导方针,调整财政支出结构和教育结构,使"教育必须为社会主义建设服务,社会主义建设必须依靠教育"的方针落到实处。

3. 注重社会效益和经济效益的原则

教育的任务是培养适合一定的政治、经济制度所需要的人才,它是通过培养人为政治、经济服务的。在社会主义社会,教育是进行社会主义物质文明和精神文明建设的重要的、不可缺少的力量。在教育的指导思想、制度、方针、政策等方面,都要使人才的培养有利于物质文明和精神文明的建设。这是教育行政管理必须经常注意的原则问题。

提高社会效益和经济效益,从教育行政管理的角度讲,要做到以下几点:

（1）加强教育法治建设,使教育行政管理规范化、制度化、法制化

教育法规是国家立法机关依照立法程序制定的,受国家强制力保证的有关教育的行为规定。国外的经验和我国的经验教训都说明,教育立法能够把国家意志、群众意愿、教育规律固定在法律形式上,从而确立教育的法律地位,使教育具有稳定性、连续性和权威性。在教育行政管理活动中,认真贯彻执行这些法律和制度,依法治教,就会保证我国教育事业持续、稳定发展,保证社会主义办学方向和培养目标得到落实,这是提高教育的社会效益和经济效益的最有效途径。

（2）实行科学管理,使教育行政管理效能化

①采用新的管理理论,特别是系统论的原理和方法。系统论的着眼点是从系统的总体出发,在发挥各分系统、小系统效能的基础上,统一计划协调,使整个系统的效能达到最优状态。首先,在教育行政管理活动中应用系统论就要树立整体最优化的观点,而不是只追求分系统、小系统的最优化。分系统、小系统的最优化,不一定能实现总体最优化的目的。事实上在教育系统内,可以举出很多这方面的例子。比如我国曾经一度盲目发展普通中学,而高等教育和中等职业技术教育发展都很缓慢、规模很小,结果造成绝大多数高中毕业生既不能升大学,又无一技之长,待业成了社会问题。即使就业,也还要为职业技术补课,教育的总体效果是不佳的。又比如为了改变我国研究生培养数量太少的状况,几年来迅速扩大研究生的招生规模,这是必要的。但是,主要从在校本科生中招考,对大学本科的正常教学会有一定影响。因此,从研究生的报考和教学角度考虑,可能是最优的,而从本科生和研究生教育的总体效果看,就不一定最优。再如在高等学校的管理上,我们经常强调发挥部门和地方办学的积极性,这对我国高等教育的发展有一定的积极作用。但是,在国家还不能有效地实行宏观计划管理的条件下,条块分割,形成了实际上的部门所有制和地方所有制,造成了教育投资和人才培养使用上的浪费,使我们国家本来就有限的教育投资不能发挥应有的效益,影响了高等教育有计划、按比例地向前发展。总之,只考虑局部教育的优

化而不考虑教育系统总体优化,教育事业发展的总体效益是不会提升的。在教育行政管理中,掌握系统总体优化的原则,就要运用统筹规划、计划协调、系统分析的科学方法,使我国的教育事业在有限的条件下,取得最好的发展效果。

其次,应用系统论要讲究教育行政活动的层次性,系统管理。要求层次间职责、权利分名。总的来说,要求对教育行政活动在宏观上要管住、管好,在微观上要放开、搞活。宏观上实行分级办学、分级管理,把基础教育的责任和权利交给地方,微观上要完善各级各类学校内部的管理体制,扩大学校办学的权利,使教育系统各层次职、责、权相符,使教育系统的潜力和活力得到充分发挥。

②运用现代管理科学的方式,使事务处理的方法和手续标准化,使常规事务的管理机械化。过去人是思维的唯一主体,人脑是信息加工的唯一器官。现实问题越来越复杂,单凭人来处理已远远不能适应。系统科学方法论提供了人作为思维主体,利用电脑组成人—机系统最佳的处理问题的方法。人和电脑组成的这种复合系统,使人的优越智能与机器的独特功能相互结合,从而产生最好的系统效果。在这里电子计算机不仅显著地帮助人节省处理大量信息的时间,而且能完成目前人脑无法解决的许多复杂任务。因此,这种人机系统的处理方式大大加强了认识主体——人的思维能动性。

③合理地组织和利用人力、财力、物力、时间等,使教育行政管理获得高效率和好效益。人力、财力、物力和时间既是管理的对象,又是管理的主要资源,在教育行政管理活动中,只有充分利用和合理组织这些因素,才能获得高效率。

第一,有效地使用教育人才。教育是培养人的活动,是用人才去培养人才。所以,有效地使用教育人才是培养人才的前提和基础。教育行政管理必须提高使用人才的效率。要把目标、职务、权利、责任四位一体地分派给合适的人选。要不断提高教育行政人员的政治和业务素质,使他们都成为既有坚定正确的政治方向,又懂得教育管理理论和方法的人,变"经验型"的管理为"科学型"的管理。要关心、爱护、信任教育管理工作者,注意协调人际关系,充分调动他们的积极性、主动性和创造性。

第二,有效地使用财力和物力。我国经济尚不发达,尽管通过多种渠道筹措教育经费,但其数额仍然是有限的。因此,我国教育事业必须格外讲究效益。教育行政管理活动要尽力做到财尽其利、物尽其用,以最小的财力、物力去获得最大的社会效益和教育效益。教育行政部门要逐步运用经济核算制,以考核教育经费使用效果和学校管理水平,提高其利用率。

第三,有效地利用时间。时间是管理效率高低的重要标志和尺度。教育行政管理人员,特别是领导干部要善于合理控制和使用时间,把主要时间花费在主要的事情上,提高会议效率和办事效率。

4. 权变性原则

权变性原则,是指教育行政管理活动必须根据不同的情况,确定和采取不同的措施、方法,实行动态调节,使教育行政管理具有针对性和适应性。

影响和制约教育事业发展的客观因素是千差万别、千变万化的。要有效地进行管理,就必须认识和适应这种差别和变化,并根据这些差别和变化,确定不同的对策和方案,实行动态管理。贯彻这一原则,要求做到以下几点:

（1）根据不同地区的不同情况进行管理

我国地域广阔、人口众多,各地经济文化发展很不平衡,在教育发展的速度、对人才需要规格等方面存在着很大差异。为了使教育培养的人才能够适应不同的需要,在教育行政管理上,必须因地制宜,实行分区规划。教育结构、教材、教学内容等,也应具备各地的特色。《中共中央关于教育体制改革的决定》指出,对义务教育的要求和内容应该因地制宜,有所不同。要求地方各级人民代表大会根据本地区的情况,制定本地区的义务教育条例,确定本地区推行九年制义务教育的步骤、办法和年限。

（2）要依据各级各类教育的特点有不同的要求和做法

对于高等教育,国家要加强宏观规划,实行统一领导、分级管理,把宏观管理决策权集中在国家,把微观管理决策权下放给学校,增强高等学校的活力,把高等教育办活。过去高等教育管理体制"下放"与"上收"两起两落,只是中央和地方分权,而没有考虑给学校一些独立管理的权力,忽视了学校培养专门人才的主动性和积极性。抓住扩大高等学校办学自主权,增强高校活力这个中心环节,不仅能避免历史上教育管理体制单纯"放"与"收"的弊病,还能带动其他环节的相应改革。

（3）随着客观环境和教育事业自身的发展变化,不断采取新的对策

教育行政管理的过程是一个不断发展变化的动态过程。管理的诸多因素本身在不断地运动、变化和发展。它们的相互关系也在不断地变化和发展。不仅教育系统自身在运动与发展,而且它同外部的相互联系也在变化和发展。这些不断变化的内部因素和外部因素,必然对管理活动产生种种影响。这种影响有两种趋势:一种是沿着方向目标进行,保证管理主体的正常活动;另一种是干扰管理主体的正常活动,削弱管理主体的有序状态。管理主体要根据反馈信息发挥调节功能,以便保持管理活动的正常活动和动态平衡。

教育的"产品"是人,不能像对物的生产一样按照固定模式去加工。这不仅因为人是变化的,而且还因为受到多种因素的制约。国民经济的发展和科学技术的进步,对人才的培养不断提出新的要求,因而培养人才绝不能用固定的、僵化的教育内容和方式方法。

随着经济和政治体制改革的深入展开,建立在计划经济基础之上的旧的教育运行机制必须逐步转移到适合有计划的商品经济的新的运行机制上来。

5. **民主性原则**

民主性原则是社会主义国家教育行政管理区别于资本主义国家教育行政管理的根本标志,也是具有中国特色的社会主义教育行政管理的基本原则。这一原则包括吸收人民群众参加教育行政管理;尊重广大教育工作者参与各项管理的民主权利;教育行政机构实

行民主集中制。贯彻这一原则要求做到以下几点：

（1）必须通过各种方式和具体措施来保证人民群众参加教育行政管理

人民群众参加国家管理，包括教育事业的管理，是人民民主专政的社会主义国家的本质要求。在社会主义国家，人民是国家的主人。人民的权利最根本的是管理国家的权利。列宁强调指出，社会主义国家"重要的就是普遍吸引所有的劳动者来管理国家"。毛泽东也曾指出："劳动者管理国家、管理各种企业、管理文化教育的权利是社会主义制度下劳动者最大的权利，是最根本的权利。没有这个权利，就没有工作权、受教育权、休息权等。"我们要贯彻依靠人民办教育、办好教育为人民的方针，调动社会各界人民群众参加教育管理的积极性，使广大人民群众成为办教育的主人。

当然人民群众参加教育行政管理，并不是说人人都实际参加具体的行政管理活动，而是要求：

①教育行政机关必须全心全意为人民服务，教育行政管理工作要贯彻群众路线，坚持从群众中来，到群众中去，宣传群众、组织群众，按照人民群众的意志办好教育。

②正确处理人民群众参加管理与教育行政专业人员代表群众实行管理的关系。既要吸收越来越多的人民参加教育管理，又要注意选拔优秀的教育行政专业人员进行具体的管理工作。

③教育行政管理工作要争取人民群众的支持和监督。人民群众的智慧和创造力是无穷无尽的，教育行政活动如果脱离人民群众或得不到人民群众的支持，就失去了创造力的源泉；有了人民群众的监督和支持，就能有效地克服教育行政机关和工作人员的官僚主义，不断改进工作，提高工作效率。

（2）尊重广大教育工作者参加各项管理的民主权利

广大教育工作者是单位的主人，参与管理是他们的根本权利。教育行政机关的广大干部和职工、学校的师生员工，他们既是管理的对象，又是管理的主体。所以，机关、学校的重大问题，应当通过代表会、座谈会和各种组织系统的活动让人民群众参加讨论，充分发扬民主，广泛听取意见，做到集思广益。

（3）教育行政机关组织与活动，实行民主集中制

我国《宪法》规定："中华人民共和国的国家机构应实行民主集中制的原则。"教育行政机构及其管理活动，当然也应遵循这一原则。民主集中制包括民主和集中两个方面，是在民主基础上的集中与集中指导下的民主，即民主与集中相结合的制度。民主集中制的实质就是列宁所指出的"把来自下面的首创精神、主动性、灵活性、雄伟的毅力和自愿实行的集中相互结合起来"。

实行民主集中制的主要要求：

下级服从上级，地方服从中央。上级机关的决议、指示，对下级机关具有约束力，必须执行。同时，中央和上级机关也要尊重下级机关的意见和要求，充分发挥下级机关的积极

性,要正确处理集权与分权的关系,既要适当集权,又要合理分权。

在教育行政机关内部建立正确的领导与被领导、集中领导与个人负责、民主讨论与日常指挥的关系,实行集体领导与领导个人负责制。对于有关政策性、原则性强的问题及重大决策要集中讨论、共同研究,然后做出决议。但在执行决议时,必须服从领导的命令和指挥。行政机关的领导对其所担负的任务负全部责任。

教育行政机关的一切工作人员都必须遵纪守法、服从机关的组织和领导,机关也必须保障所属成员各种民主权利的实现。

第三节　教育体制与教育机构

一、教育体制的含义及其分析

教育体制改革是当前一个比较热门的话题,然而对什么是教育体制却少有研究,相关的确切表述也较少见到。人们或简单地把它理解为是教育制度的总称;或把它理解为是教育组织的根本制度;或采取列举的方式,将教育体制分为办学体制、教育管理体制(包括高等教育管理体制、基础教育管理体制、学校管理体制)以及招生制度和毕业生分配制度等。以上几种理解都未能将教育体制的各种要素、要素的结合方式以及各要素之间的相互关系表达清楚,因而也就不可能从理论上提供有效改革教育体制的科学思路。

1. 教育体制的含义

教育体制是教育机构与教育规范的结合体或统一体。它是由教育的机构体系与教育的规范体系组成的。教育的机构体系包括教育的实施机构和教育的管理机构。教育的规范体系,指的是建立并保证教育机构正常运转的规章制度,它规定着教育机构的职责权限和机构内人员的岗位责任。教育实施机构与一定的规范相结合,就构成了学校教育体制;教育管理机构与一定的规范相结合,就构成了教育管理体制。其中,教育行政机构与一定的规范相结合就构成了教育行政体制;学校内的管理机构与一定的规范相结合,就构成了学校管理体制。

2. 教育体制含义的图解说明

在教育体制这一概念中,强调的是教育机构与教育规范的结合或统一。也就是说,作为教育体制具体表现形式的学校教育体制、教育管理体制(包括教育行政体制和学校管理体制),都是一定机构与一定规范的结合或统一,如图 7-3-1 所示。

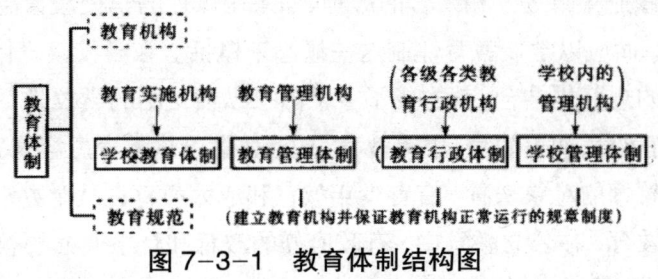

图 7-3-1　教育体制结构图

3. 教育体制含义的理论分析

为什么说教育体制是教育机构与教育规范的结合体与统一体呢？首先，从总体上来分析。过去，人们把教育体制仅仅理解为教育组织的根本制度，只注意了体制中的"制度"这一个因素，而忽视了"制度"所作用的对象，即忽视了"机构"这一个因素。因为机构的建立和运行，都是由制度决定的。也就是说，机构是依制度而存在的，而制度是针对机构而制定的。显然，认识教育体制，应从"机构"与"制度"两个方面去理解。

在教育体制中，教育机构是教育体制的载体，教育规范是教育体制的核心。没有教育机构，教育体制就失去了赖以存在的组织基础；没有教育规范，教育机构也难以建立，即使建立了也难以正常运行。之所以这样，是因为教育规范一般都要体现一个国家占统治地位的阶级或集团的意志。教育机构的设置及运行，一般都要按占统治地位的阶级或集团的意志行事。这就是人们在谈及教育体制时，把注意力更多地集中在教育规范上的道理之所在；这也是不同国家的教育体制不可能完全相互照搬的原因之所在。

认识教育机构与教育规范在教育体制中的地位和作用很重要，它有助于我们厘清对教育体制理解上的一些模糊认识。不难看出，那种认为教育体制就是教育制度总称的看法之所以不科学，是因为这种理解只是看到了教育体制中教育规范的一面，而忽视了教育机构的一面。那种把教育体制理解为是教育机构的设置及其职责权限的划分之所以也不科学，是因为这种看法虽然提到了教育机构与教育规范两个方面，但这种看法不仅没有指出这两个要素在教育体制中的结合方式及相互关系，更主要的是，这种看法还是针对教育体制中的教育规范而言的。

其次，分析学校教育体制和教育管理体制，判断它们是不是由相应的机构与规范相结合的产物。

先看学校教育体制。教育学教材在解释学校教育制度时有这样一段话：学校教育制度是一个国家各级各类学校的系统，它规定着各级各类学校的性质、任务、入学条件、修业年限以及它们之间的相互关系。对这段话进行分析不难发现，它所解释的其实不是学校教育制度，而是学校教育体制。因为规定各级各类学校的性质、任务、入学条件、修业年限以及彼此间的相互关系是教育制度的任务，而各级各类学校的系统指的不仅仅是这些教育的制度，还应包括学校本身，教育制度只是规定学校的任务，离开了学校这个机构，教育制度就无从发挥作用。由此可以说，教育是实施机构（各级各类学校）与相应的规范（如培养目标、入学条件、修业年限等）相结合的产物，如果用以往的学校教育制度这一概念来表达是不十分确切的，而应以学校教育体制这一概念来概括。在学校教育体制中，不同的教育实施机构与相应的规范相结合，就构成了一个国家纵横交错的学校教育体制网络。从教育层次来看，有学前教育、初等教育、中等教育、高等教育；从教育内容来看，有普通教育和职业技术教育；从教育的对象来看，有青少年教育和成人教育；从举办教育的主体来看，有公立教育和私立教育，在公立教育中，有政府办的教育和企事业办的教育；从教育的时间来看，有全日制、半日制和业余等形式的教育。

再看教育管理体制。由于教育管理体制是由教育行政体制和学校管理体制所组成的，因此我们可以从教育行政体制和学校管理体制入手进行分析，看看它们是不是由相应的机构与规范所组成，从而说明教育管理体制是否由教育管理机构与相应的规范所组成。就教育行政体制来说，国外和国内的教育行政体制不同。例如美国的州和地方教育行政体制是议行分离制，即教育委员会下设教育厅。教育委员会与教育厅的关系是，前者是决策机构，后者是执行机构。我国的教育行政体制是议行合一制，即教育行政机构既是决策机构又是执行机构。显然，这两种教育行政体制不同，是由不同的教育行政机构，以及决定和影响这些机构建立和运行的规范不同而形成的。就学校管理体制而言，国外与国内也有差别。如西方高等学校的领导体制一般实行的是校董会领导下的校长负责制，而我国实行的是校党委领导下的校长负责制。不言而喻，这种学校领导体制的不同，也是由于领导机构与相应的规范不同而形成的。

综上所述，既然学校教育体制、教育管理体制都是由相应的机构与规范所构成，那么整个教育体制就是由教育机构与教育规范所构成这一命题的成立就没有什么疑义了。

在教育体制中，学校教育体制是整个教育体制得以构成和运行的基础，它是教育管理体制直接运作的对象；教育管理体制是整个教育体制得以构成和运行的保障，它对学校教育体制改革与发展的方向、速度、规模有着直接影响。在讨论教育体制时，应看到教育管理体制在整个教育体制中的地位和作用，但也不能因此而忽视了学校教育体制的地位和作用。认识到这一点有助于我们澄清对教育体制理解上的模糊认识。那种认为教育体制包括办学体制，高等、中等教育管理体制，学校管理体制的看法，实际上指的只是教育体制中教育管理体制这一个方面，这种看法虽然注意了教育管理体制在整个教育体制中的重要作用，但由于忽视了学校教育体制这一面，因而这种对教育体制的理解也是不全面的。

在教育体制的教育管理体制中，教育行政体制指的是国家宏观教育的管理体制，它要解决的是国家机关管理教育的问题，主要包括国家对整个教育的宏观的办学体制——国家对各级和各类教育的管理体制，如国家的高等教育管理体制、中等教育管理体制等。学校管理体制指的是微观教育的管理体制，它要解决的是学校内部管理教育的问题。由此可见，办学体制是教育行政体制的一个方面，它从属于教育管理体制，不能把它与教育管理体制并列。认为教育体制包括办学体制及教育管理体制的看法之所以不妥当，就是因为这种看法把本来应属于教育管理体制的办学体制独立于教育管理体制之外。

4.认识教育体制含义的意义

科学地认识教育体制的含义有着极其重要的理论意义和实践意义。从理论意义上来说,它不仅有助于我们厘清对教育体制的一些模糊认识,而且有助于我们认识政治体制、经济体制等,有助于我们认识由教育体制所构成的教育现象;还有助于我们理清教育理论中教育体制、学校教育体制、教育管理体制、教育行政体制及学校管理体制等几个重要概念之间的关系。从实践意义上来说,有助于我们厘清教育体制改革的思路。

从以上对教育体制含义的理解中可以看出,教育体制改革的内容可以从两个角度来阐述。第一个角度就是教育体制中的教育机构与教育规范两大要素的改革;第二个角度就是教育体制中的学校教育体制与教育管理体制两大子体制系统的改革。它们之间的关系是,两大要素的改革是两大子体制系统改革的基础,两大子体制系统的改革是两大要素改革的表现形式,教育体制的任何改革,都应该从这两大要素入手,最后体现在教育体制及其两大子体制系统上。着手进行某一方面两大要素的改革,一定要先考虑改革的结果会体现在教育体制的某一子系统上;如果着手进行某一子体制系统的改革,一定要考虑从哪两个要素入手。至于要进行全面的要素改革或全方位的系统改革,就要考虑这种全面的要素改革会给全方位的系统改革带来哪些影响、全方位的系统改革需要哪些全面要素改革相匹配等。明确了这些,就会增强我国教育体制改革的自觉性,减少盲目性,使我国的教育体制改革朝着预定的目标不断向前推进。

二、教育机构

教育机构中的实施机构指的是各级、各类学校。当前要办好学校这个实施机构,我们就要特别注意学校这一实施机构的改革。改革教育实施机构,一要使学校办得像一所学校,不要把学校办成一个小社会,要改变这一点,就要逐步做到学校后勤社会化。二要使各级各类学校的设置在总体的布局上合理。一个国家、一个地区所设置的各级各类学校要有恰当的比例,要能基本上满足一个国家和地区的人口及经济发展的需要。我国各级各类学校的布局在某些类型及层次上还不十分合理。例如我国的高校设置,从地区布局来看,我国的高校大多集中在东南沿海地区和一些大城市。西南、西北地区尽管地域辽阔、资源丰富,学校的数量却很少。显然,这种地区分布是极不均衡的,必须合理调整。这种调整不仅是指"合并一些""搬迁一些""新建一些",更重要的是要借助原有基础较好、实力较强的学校支援和帮助那些条件较差的地区发展高等教育。有人提出了这样三种具体形式,即由东南沿海地区向内地和西部地区滚动式发展;由大城市向中小城市放射性发展;重点支援边远和少数民族地区发展高等教育。从层次布局来看,由研究生、本科生、专科生三个层次构成的高等教育体系本应呈宝塔形,但我国现在却是枣核形——两头小、中间大。我国当前研究生、本科生、专科生的比例为 7.6∶100∶55,这种本、专科生之间的比例失调、人才层次的倒挂，造成了人才培养与使用上的极大浪费。要改变这种不合理的人才层次结构，就必须在保证质量的前提下大力发展专科教育。

教育管理机构指的是各级各类教育行政机构及学校内部管理机构。当前，要特别重视教育管理机构的改革，核心是精简机构，即改变机构臃肿、编制庞杂、人浮于事的状况。长期以来，我国教育行政机构重叠，垂直领导、上下对口的行政机构越来越多，造成政出多门，令基层学校无所适从；学校内部管理机构的设置也不合理，决策、咨询机构薄弱，指挥、执行机构庞大、监督反馈机构疲软，导致学校许多问题议而不决、决而不行、行而不查、查而无果，扯皮、推诿现象严重。要改变这种状况，应做到在重新拟定管理机构的职权基础上改变其职能，在职能转变的基础上使机构得以精简。机构精简不下来的真正原因，是没有改变原有管理机构的职责权限。要使机构真正精简下来，不应在转变职能上做表面文章，而应该在改变原有管理机构的职责权限上下真功夫。

第四节　现行的教育体制及改革措施

一、现行教育行政体制的性质和特征

1. 我国现行教育行政体制的性质

我国现行的教育行政体制，从总体上看属于中央集权的教育行政体制，这是我国众多学者所认同的。然而我国中央集权的教育行政体制又不同于法国等国家高度集权的行政体制。在法国，教育事权完全集中于中央教育机构，地方只有执行权。然而，我国的教育行政在强调统一的教育方针、政策的同时，也重视地方对教育尤其是对基础教育的领导管理。正如国外有的研究者评论的那样："中国已建立了一套教育制度，尽管总的来看是中央集中管理，但是有多层责任制。在国家总的管理下，着重强调地方的参与。"

2. 现行教育行政体制的特征

我国实行"政府宏观管理、分级办学、分级管理"的教育行政体制，在近些年来又相继下放权限，但是，中央教育行政机构通过相应的职能部门（司、局）直接干预教育的现状没有改变。这一行政体制的运作，使得我国现行的教育行政体制呈现出以下特征：

（1）中央集权与地方分权并存，中央集权高于地方分权

随着我国教育行政体制改革的深入，中央包揽教育一切的格局有所改变。特别是在近十几年的改革中，中央逐步将教育管理权限下放，实行了政府宏观调控，分级办学、分级管理的教育行政管理体制。中央政府和教育行政部门制订教育发展规划、制定教育政策法规等，地方政府和地方教育行政机构也有了一定的决策权和自主权，如学校建设、课程设置、教学计划和大纲的审定、教育资源的开发利用等，呈现出中央集权与地方分权并存的局面。但是这种权力下放仍是有限的，在教育行政管理上仍是以中央集中管理为主。对我们这样一个教育人口众多、地区经济发展又极不平衡的国家来说，从教育的中央集权向中央宏观

调控、地方分权负责的体制转变尤其必要。

（2）行政干预、监督多于法律监督

中央教育行政机构主要通过公文的运转，指导、监督全国的教育事务，或通过会议下达指令性意见，实施行政监督。尽管近十年内国家逐渐出台了不少教育法律、法规，但是现有的法律法规仍不够齐全，执法程序仍不够规范，强大的行政干预淡化了人们执法、依法的观念。全国尚未真正形成依法治教、依法行政的氛围。行政监督替代法律监督的现象比较严重。

（3）一级管一级，下级对上级负责普遍存在

教育部领导全国的教育政务与事务，确定各级各类学校的教学大纲、德育大纲、教材、课程、学制，控制全国教育发展规模，制定各类规章制度等。省（市）级教育行政部门按照教育部的要求，实施教育政务与事务。县（区）级教育行政部门在省（市）级教育行政部门的领导下开展教育工作。

（4）中央集权与地方分权程度呈周期性变化

20世纪50年代，为满足广大劳动人民及其子女受教育、学文化、学技术的要求，中央加强了地方和部门的作用。20世纪60年代初、中期，为提高教育质量，中央进一步确定教育方针，强调集中；1985年以来，受经济和政治制度改革以及教育发展与改革趋势的影响，中央强调了分级管理。

二、现行教育行政体制改革

1. 现行教育行政体制改革的必要性

我国教育行政体制从建立到逐步完善的演变过程，正是建立中国特色社会主义教育管理制度探索不断深化的过程。我国的教育行政体制经过了多年的改革与发展，取得的成绩是显著的，但是还要看到教育行政体制还存在一些问题有待在以后的改革中不断解决。

（1）高等教育行政体制中存在的问题

在计划经济时代，行政体制的权力集中于中央，实行的是条块分割的管理体制。在当时特定的历史条件下，这种体制有利于高等教育的政令统一，有利于实行宏观规划、调整和控制，对有计划地发展高等教育事业、适应当时经济建设的要求起着积极的作用。但是，由于忽视了高等院校作为一个独立实体所具有的积极性和创造性，使得高校领导不是根据教育规律而是根据上级的部署和指令进行改革和管理，造成了学校只对上级负责、不为地方建设服务，而地方政府也不关心学校建设和发展的现象。这样不仅学校的发展受到限制，整个高等教育事业的发展也受到制约。因此，在这样的条件下进行的管理体制改革，基本上也就仅限于高等学校隶属关系的调整，没有从根本上突破旧体制的框架；高等教育管理实行的仍是过程管理，而不是目标管理，没有形成完整的体制，没有从根本上改变政府对学校包得过多、统得过死的不合理局面，学校办学的社会经济效益低，缺乏应有的自我调节能

力和办学活力。

改革开放以来，随着社会主义市场经济体制的初步建立，高校办学自主权得到了进一步的扩大，管理体制改革依照集权与分权相结合、统一性与多样性相结合、全面规划与因地因校制宜相结合的原则，调动了各方面的积极性和主动性，增强了学校的生机和活力，使学校能主动地适应经济建设的需要。近年来，政府转变职能、实施宏观调控，实行中央、地方两级管理，以地方为主的管理体制，逐步把高校建成相对独立的办学实体，逐步建立起了与新的经济体制、政治体制相适应的具有中国特色的社会主义高等教育管理新体制。然而我们不得不遗憾地指出，这种体制改革虽然取得了一定的成效，但是还存很多的弊端，主要表现在：①国家各级各类行政机关对高等教育活动管得过多，管得过死；②虽然中央统一领导，但由于大学隶属不同、层次有别，而领导机构又缺乏灵活有效的统一和协调途径及手段，导致条块分割，多头领导，自成体系，致使高等教育管理陷于一统就死、一放就乱的两难境地；③由于大学自身性质和特点没有得到充分重视，政府机关进行管理的方式又过于死板，同时缺乏科学有效的干预手段，使得各大学缺乏个性和活力；④高等教育对国家的依赖性较强，缺乏适应社会需求的能力，难以同生产、科研和其他方面进行广泛联系，因而难以利用各种社会力量和优势办学。

（2）基础教育行政体制中存在的问题

我国的基础教育管理体制经过一系列的改革后，确立了"地方负责、分级管理、以县为主"的体制，但是仍存在一些问题有待进一步解决。

在改革的过程中，各地区之间教育发展极不平衡，有些地区改革迟缓滞后。由于我国地域辽阔，各地区之间在政治、经济、文化方面的发展程度很不平衡，存在着较大的差别，因而各地办教育的能力、对教育的需求都有很大的差异，这使得发达地区与欠发达地区教育发展的差距不断拉大。经济条件好的地区改革较多，成绩也较突出；边远落后地区由于经济条件差、文化水平低，办教育的能力也低，人们的思想观念还停留在小农意识上，改革的主动性、创造性远远不够，还存在"等、要、靠"的思想，学生辍学、流失现象非常严重，分级办学、分级管理还没有得到真正落实。

由于法制不健全、监督制约机制不完善、法治观念淡薄，在权限逐级下放后出现了管理上的随意性，对教育秩序的正常维护造成了不良影响，依法治教有待进一步加强。虽然我国在教育法治建设方面取得了长足的进步，制定了《中华人民共和国义务教育法》《中华人民共和国教师法》《中华人民共和国教育法》等相关法规，以及一大批相关的地方性法规和部门规章，初步结束了我国基础教育工作"无法可依"的局面，但我国基础教育立法工作，还存在着各级教育主管部门、各级各类学校依法治教的观念仍然比较淡薄，中小学师生以及受教育的其他公民运用法律法规来维护自己合法权益的意识还不强烈，教育法规的执法监督体系和机制还不够健全，立法工作明显滞后等问题。

农村的义务教育，经过税费改革后，其经费来自县财政，由地方政府负责和安排对义务教育的投资,虽然这相对于过去由县、乡两级负责的局面有很大的改进提高,有些地区基本保证了农村义务教育的经费和教师工资的发放,但是这仍然要取决于各地区经济发展情况,取决于各地方政府的财政收支状况。不发达地区的教育发展也因此不可能得到有效的投资保障,那么由此引起各地区义务教育普及与发展的不均衡也就在所难免。

历史经验表明,要建立一个完善的教育管理体制,应该在尊重教育自身发展规律的基础上,从我国的基本国情出发,不仅要反映我国的政治、经济制度,还要与我国的文化发展水平、历史传统及人口、地域等方面的不平衡与差异相适应。教育行政体制改革,必须做到改革进程科学化、决策过程程序化、领导改革民主化,不因领导者喜好或变更而改变,避免大起大落。只有这样,才能建立一个完善的、稳定的、具有中国特色的教育行政体制。

2. 教育行政体制改革的方向

我国目前的教育行政体制改革,所指向的是冲破计划体制的束缚,建立一个与渐趋定型、成熟的社会主义市场经济体制相匹配的教育行政新体制。这一改革是为了适应我国经济增长方式由粗放型向集约型转变的新形势,实现我国教育由数量扩张的外延型向质量提高的内涵型发展转变所进行的资源配置方式的调整;是我国教育由封闭走向开放,面对经济、科技全球化和新科技革命、知识经济的挑战所进行的功能扩展和秩序重构。我国教育体制正在逐步实行和完善均权化的体制,如"基础教育、地方负责、分级管理",地方与中央"共建"高校,部分高校下放地方,实施"学历资格认定考试",等等。中央集什么权、放什么权,地方有多大自主权的前提,既加强了中央行政机构的统一领导,又可以充分发挥地方积极性。我国教育行政体制的改革,要进一步简政放权、转变职能,使地方对教育有更多的统筹权、决策权,给学校更多的办学自主权,让高校成为面向社会自主办学的法人实体,充分调动行业办职业教育、成人教育的积极性,逐步完善和实行中央与地方、教育行政部门与行业、高校均权化的体制。

建立和健全教育行政行为的支持机构,强化教育服务体系,有助于形成我国的教育行政新体制。面向社会,加强教育行政的中介机构建设,是教育行政体制改革的一个重要辅助措施。依靠中介机构和研究机构,简化和削弱不必要的行政行为,将教育决策的前期研究以及教育教学业务性、技术性、辅助性较强的工作转移到相关的研究机构、中介机构或事业单位,从而实现纵向上"简政放权"、横向上"转移职责",真正建立简政高效、统一有力的教育行政体制。

通过对教育行政改革历程及其原因和动因的分析,具体到高等教育和基础教育行政体制还有以下方面的问题在改革中要进一步解决。

(1)高等教育行政体制改革趋势

①继续扩大高等学校办学自主权。扩大高等学校办学自主权,建立学校自我发展和自我约束的机制,仍将是我国高等教育办学和管理体制改革的主要内容之一。高等教育办学和管理体制的改革,不是简单地改变学校的隶属关系,而是要把重点放在转变政府职能,扩

大学校面向社会依法自主办学的权限,建立起自我发展和自我约束的机制上面。只有这样学校才能真正主动适应经济和社会发展需要,才能在改变领导管理体制之后获得健康的发展。

②继续加强省级政府的统筹决策权。加强省级政府对设在本地区的高等学校的统筹决策权,变"条块分割"为"条块结合"的新体制是 20 世纪 90 年代我国高等教育办学和管理体制改革的又一项重要内容,并已取得突破性的进展。社会主义市场经济体制的建立和完善,以及现代科学技术的发展,必将促进区域经济进一步发展,这必然要求更加优化资源的配置,中央机构的改革和政府职能的转变也将因之而不断深化。因此必须进一步加强和完善省级政府的统筹决策权。

③继续转变政府职能,加强宏观调控。随着高等教育在经济、社会发展中的战略地位越来越突出,作为反映社会整体利益的政府,必然要加强对它的宏观调控,从而使它更好地为经济、社会发展服务,为统治阶级的利益服务。这是一个不以人的意志为转移的带有规律性的现象。改革过于集中统一的管理体制仍然是我国今后一个时期教育体制改革的一项重要内容。21 世纪初我们将建立起科学的分级分工管理制度,要继续坚持在保证全国大的政策方针统一的前提下,对教育事业实行分区规划、分类指导的原则。要继续转变政府职能,由对学校的直接行政管理,转变为主要运用立法、拨款、规划、信息服务、政策指导和必要的行政手段对教育事业发展规划和发展规模、经费预算及统筹安排、教育质量、各类学校设置标准和各类证书学位标准等进行宏观管理。由此可见,政府主要就是对教育发展的速度、规模、质量、结构进行宏观调控,使之适应经济和社会发展的需要,不断提高高等教育整体的综合效益,确保学校面向社会自主办学的法人地位。

（2）基础教育行政体制改革的发展趋势

①转变政府职能,加强和完善宏观管理体系。建立新的教育体制,转变政府职能并加强和完善宏观管理是关键,它在很大程度上影响着地方政府办学的积极性、学校能否自主办学以及市场调节和社会参与办学的程度。所谓转变职能,就是政府从学校的微观管理中摆脱出来,不再把学校视为政府的附属机构,不再进行直接的行政管理,使学校获得自主办学的法人实体地位。现行教育体制已增加了县一级政府办教育的责任和权限。

②进一步明确各级政府办学和管理的职责权限。职责不明、权限不清,是造成教育改革困难的主要原因。哪一级政府负有什么样的责任、享有什么样的权利应该有一个比较明确的规定,以便各负其责。根据规定,省、自治区、直辖市应规定省（自治区、直辖市）、市（地）、县（区）、乡分级管理权限和各自的职责,逐步健全和完善机构的调整和建设。

③完善教育经费筹措体制和管理体制。教育经费短缺和不足是制约基层教育进一步深化改革的重要问题,要解决这一问题,首先应建立完善的教育经费筹措体制。《中国教育改革和发展纲要》提出:"要逐步建立以国家财政拨款为主,辅之以征收用于教育的税费、收取非义务教育阶段学杂费、校办产业收入、社会捐资集资和建立教育基金等多渠道筹措

教育经费的体制。保证教育经费的稳定来源和增长。"根据受益情况确定教育经费的负担者，基础教育经费应由县和县级以上政府负责筹措。《国务院关于基础教育改革与发展的决定》中指出，省级和地（市）级人民政府在安排对下级转移支付资金时要保证农村义务教育发展的需要。从2001年起，将农村中小学教师工资的管理上收到县，对财力不足、发放教师工资确有困难的县，要通过调整财政体制和增加转移支付的办法解决农村中小学教师工资发放问题。实行农村税费改革试点的地区，要把农村税费改革与促进农村义务教育健康发展结合起来，对因税费改革而减少的教育经费，地方人民政府应在改革后的财政预算和上级转移支付资金中优先安排，确保当地农村义务教育经费投入不低于农村税费改革前的水平。

④加强法制观念，使基础教育体制改革朝着规范管理的方向迈进。认真学习并大张旗鼓地进行普法宣传，做到家喻户晓，使教育法制观念逐步深入人心。努力形成有利于依法治教的良好的舆论环境，推动我国基础教育事业走向全面依法治教的轨道。通过建立、健全教育法规来规范教育行为，使基础教育运行规范化、制度化，用法律来规定各种教育主体的责任、权利和义务。在基础教育改革过程中要真正做到有法可依、执法必严、违法必究，使我国的基础教育在法制轨道上健康运行，朝着依法治教、规范管理的方向迈进。

第八章　教育计划研究

第一节　教育计划在教育管理中的应用

随着人类社会的不断发展,教育从内涵到外延都发生了深刻的变化。随着社会的发展和政治民主化进程的加快,现代教育已不再是少数人所享有的特权,现代教育尤其是高等教育已从社会的边缘走向社会的中心,接受教育已成为社会每一个成员与生俱来的权利,它与社会的经济、政治、科技、文化等都发生了不可分割的联系,已成为社会发展的动力来源。人才的素质和教育的质量已成为衡量国与国之间综合国力的重要指标。所以,为了适应教育事业迅速发展的需要,保障公众的受教育权利,促进教育与经济和社会协调发展,提升本国的综合国力和国际竞争能力,各个国家对教育事业的管理都在不断加强。教育计划、教育规划作为国家干预、管理教育事业的重要手段之一,其作用日益受到大多数国家的普遍重视。尽管因各个国家政治经济体制、教育管理体制以及运行机制的不同,教育计划、规划的地位和作用有异,但总的来说,教育计划与教育规划有以下重要作用:

1. 教育计划、规划是现代教育管理的基础

正如哈罗德·孔茨所言:"计划工作是一座桥梁,它把我们所处的这岸和我们要去的对岸连接起来,以克服这一缺陷。"西斯克认为,"计划工作在管理职能中处于首位",是"评价有关信息资料、预估未来的可能发展、拟订行动方案的建议说明"的过程。可见,计划工作给组织提供了通向未来目标的明确道路,给组织、领导和控制等一系列管理工作提供了基础。计划工作在现代管理中的重要地位和作用是不言而喻的。教育计划、规划作为各级政府和教育行政部门行动的依据、纲领和指南,为教育管理工作指明了方向和目标,是现代教育管理的基础。

2. 教育计划、规划有助于保证教育事业发展的稳定性和连续性

众所周知,与其他生产部门相比,教育"生产"周期长、见效慢,保持教育事业发展的连续性是教育自身的内在要求。而教育计划、规划就是以未来一定年份为规划年度,根据统一的规划目标,设计教育事业的发展方向和进程,分阶段、分步骤实施教育事业发展目标。这样不仅可以保证在一定时期内教育事业的发展目标一以贯之,保持教育事业发展的统一性,还可以在法治的基础上,保证教育事业的发展不因政府或教育行政部门的人事变更而改变方向和策略,从而保证了教育事业发展的稳定性和连续性。

3. 教育计划、规划有助于充分发挥有限教育资源的功用

教育事业发展的无限性和教育资源的有限性是我国教育发展中不可回避的一对基本

矛盾。如何利用有限的教育资源,获得教育事业最有效的发展? 教育计划、规划为我们提供了教育资源分配的基础和依据。根据教育计划、规划的目标和要求,合理分配各种教育资源,集中可能获得的教育资源进行重点投资,就能充分发挥教育资源的功用,提高教育资源的利用效率以及经济效益和社会效益,从而保证教育事业得到最有效的发展。

4. 教育计划、规划有助于统一思想,集思广益发展教育事业

教育系统十分复杂,它是一个多因素、多层次、多类型、多形式、多环节的系统,而教育计划是保持教育系统高度统一性的重要手段。不仅教育计划、规划的制订要吸引各方面的代表参加,集思广益,反映各社会群体和利益集团的教育需求和利益要求,而且教育计划、规划提出的教育事业发展目标和主要政策措施有利于统一各社会群体、利益集团的认识,协调各方面的力量,共同促进教育事业的发展。

5. 教育计划、规划有助于"科教兴国"战略的实现

教育由经济、政治决定,并为一定的经济和政治服务。国民经济和社会发展不仅为教育事业的发展提供必要的社会环境和条件,而且对教育事业的发展提出相应的要求,包括对教育事业的发展规模和速度、教育结构和教育内容以及人才规格和质量等多方面的要求。只有根据客观社会环境和条件举办教育事业,才能避免教育发展上的滞后和盲目超前,减少教育资源的浪费;也只有根据经济和社会发展的要求举办教育事业,才能保证教育事业的发展与社会发展相适应,形成教育发展与社会发展之间的良性互动关系。我国的教育计划从一开始就把谋求教育事业的发展与经济和社会发展相适应作为主要目标之一,经过不断努力,目前已经形成了一套根据经济和社会发展的要求和条件制订教育计划的技术和方法,并有力地促进了教育发展与国民经济和社会发展相互协调,保证了"科教兴国"战略的实现。

第二节 教育计划的制订

教育计划的编制有着自身的规律,要编制一个好的规划方案,首先必须对影响规划编制的因素进行分析;其次要严格遵守编制规划的基本原则;最后应采用科学的方法进行编制。

一、教育计划编制的影响因素

制约教育计划编制的因素是多方面的,主要包括人口因素、经济因素、政治因素、文化因素。

1. 人口因素

教育的职能在于培养人。因此,在制订教育计划时,首先要考虑人口动态。所谓人口动态,主要指人口的增长及人口的迁移而引起的人口变化。人口增长不仅造成了人数的增加,而且还导致人口年龄构成和性别构成的变化。人口的迁移,主要影响人口的地理分布,

进而影响社会需求的变化。影响人口动态的因素有四种,分别是出生人数、死亡人数、外来居民人数、移出居民人数。出生人数减去死亡人数就是自然增长数,它一般应是正数。自然增长的原始比例,是用每1000人增长多少的方法来表示的。在实行义务教育的国家,普通教育的发展规模、求学者人数的多少与人口因素密切相关。在多数国家里,普通教育指的是初等教育和中等教育的初级阶段。这个阶段的教育同时也是全民义务教育的范围。普通教育求学者人数与人口出生率、年龄组构成相联系。

人口因素也影响着教师的需求量。因为教师人数与求学者人数和国家规定的,或学术界公认的师生比有关。在制订教育计划时,要依据教育事业发展的规模与速度、求学者人数预测教师需求量。在师资来源上,要考虑培养新师资、现有教师在职培训、专业师资补充等方面。

2. 经济因素

教育计划作为国民经济发展规划的一部分,要保证使教育发展与国民经济其他部门的发展相适应。在进行教育决策、制订教育计划时,要从国家一定时期内的经济发展水平出发,处理好教育普及与提高的关系。因为普及文化、实行义务教育与发展中、高等教育是两个不同的教育目标,在国家经济不发达、生产力发展水平较低的状况下,首先应该集中力量大力发展普通教育,提高民族的文化科学素质和思想道德素质。高等教育的发展也要保持适当的规模。

在一个国家里,由于各地区经济发展不平衡,应对不同经济水平的地区提出不同的教育发展的要求。应当先致力于经济发达地区的教育发展,经济发展较差地区的教育发展要量力而行,不能操之过急,否则将欲速则不达。国家经济和社会发展对人才的需求是多方面的,教育事业发展的规模、专业设置、培养人才的规格等,要与经济和社会发展多方面的要求相适应。

随着科学技术的迅速发展,劳动密集型经济向资本密集型经济发展,进而向知识密集型经济转化,所以经济发展对劳动力的素质提出的要求也在不断提高。当前世界上经济发达国家开始出现了延长义务教育年限、教育由低层次向高层次发展的趋势。在制订教育计划时,也需要适应这方面的新情况、新要求,还应当充分地估计国家和社会的经济条件,究竟能为教育事业发展提供多少人力、物力、财力资源,充分考虑如何提高教育投资的使用效率。经济因素是教育事业发展的物质基础,也是制订教育计划时必须考虑的一个重要的依据。

3. 政治因素

马克思主义认为,政治是经济的集中表现。在上层建筑领域,政治起决定作用。一个国家的政治制度直接制约着教育领导权由谁掌握、谁能接受教育、受什么样的教育、教育目的和教育内容等重要方面。

在制订教育计划时,要考虑政治环境是否安定、政策是否有相对稳定性和连续性、政府在教育目标上的要求及对教育的支持程度等因素。要把我国建设成为富强、文明、民主的社会主义现代化国家，教育的地位和作用十分重要。它不仅是经济发展的战略重点之一，而且对提高全民族的思想道德素质和科学文化素质也具有极其重要的影响。因此，制订教育计划要从社会主义现代化建设的全局出发，要充分重视教育的战略地位，充分发挥教育的重大作用。

二、教育计划编制的原则

1. 不平衡发展的原则

不平衡发展在我党社会主义建设史上是一个崭新的战略思想，它来自对我国国情的透彻剖析，并用于经济发展。邓小平同志于1978年12月13日在中共中央工作会议上提出，在经济政策上要允许一部分地区先富起来，并说："这是一个大政策，一个能够影响和带动整个国民经济的政策。"这个大政策在经济工作实践中迅速收到了显著成效，随即移用于教育。

1980年，中央领导同志在听取教育部党组工作汇报时指出："教育要从中国的实际出发。"中国的实际有两点。第一，中国不提高教育水平，"四化"搞不成。第二，中国人口众多，经济不发达、不平衡，齐头并进提高教育水平不可能。因为教育的发展是受经济水平制约的。在一定时期内，中共中央《关于教育体制改革的决定》从不平衡发展的原则出发，对不同地区的教育发展目标进行了细致的划分。

齐头并进和不平衡发展不是一般的方法之分，它反映了我们党和国家对于中国建设规律认识的深化。长期以来，我们对于经济发展不平衡决定教育发展不平衡的规律认识不足，1953年有人曾提出教育工作存在两种不平衡，但没提到地区之间的不平衡，在编制教育计划时对不同发展水平地区没有进行仔细划分，总是一般化地要求齐头并进。但这样的要求总是调动不了齐头并进的积极性。过去，教育计划常常不能落在实处，有不少是因为没有按照不平衡发展的原则因地制宜地提出要求。只有承认不平衡，坚持不平衡发展的原则，才能真正形成各种不同水平地区争先奋进的局面，并使先发展起来的地区对后进地区发挥带动、帮助作用，从而使整个教育事业向前发展。

不平衡发展作为教育计划编制的一项原则，具有普遍的指导意义。中共中央《关于教育体制改革的决定》指出，不仅要承认全国各省市之间经济文化发展的不平衡性，而且还要承认在一个省、一个市、一个县范围内的发展也是不平衡的。但也必须认识到，教育的不平衡发展源自经济发展的不平衡，可又并不完全取决于经济发展的不平衡，还有一个重要的因素是领导者的眼光和能力。在我国现阶段，由于经济发展水平还不高，部分地区忽视教育的情况在相当程度上还存在，领导者的因素更显重要。所以，不平衡发展也包含着承认领导者眼光、能力不平衡的因素，鼓励一部分地区先发展起来，包括鼓励有远见的成熟领导者在有限的财力、物力条件下，把教育搞上去。不平衡发展的原则不是要消极地受制于经济发展水平,而是能动地利用客观条件的同一地区之间的积极竞赛。不平衡发展实际上是一种动态平衡。决定中说:"在新的经济和教育体制之下,各地将有充分的可能发挥自己的经济和文化潜力,加快教育事业的发展。"运用不平衡发展的原则编制教育计划,特别是编制由地方负责、分级管理的普通教育计划,尤其要注意并充分体现这一精神。

2. 按照社会主义建设需要发展的原则

这一原则是由教育必须为社会主义建设服务的指导思想决定的。教育发展之所以放在首要位置,就因为社会主义建设需要依靠教育。离开了社会主义建设的需要去规划教育的发展,规划就完全或部分失去了意义,甚至使教育工作走偏方向。

在过去一段较长时期内,受传统教育思想的影响,编制教育计划有时从教育自身出发,片面认为使受教育者达到一定学历就是为社会培养人才,脱离经济和社会发展的实际需要;有时只讲为政治运动服务,不讲经济和教育发展规律,造成教育工作和社会主义现代化建设需要不相适应的局面。按照社会主义建设的需要编制教育计划,在今后一段时间内,要逐步从根本上扭转这种不相适应的局面,使社会主义建设和教育互相促进、协调发展。

按照社会主义建设需要发展教育,首先必须了解社会主义建设对教育和人才的需求。制订教育计划之前,要认真研究经济和社会发展规划,要实地进行经济和教育的调查论证。在此基础上,使教育体制、教育发展速度、教育结构和经济体制、经济发展速度、经济结构相适应,使教育的近期、中期、长期发展规划和社会主义建设的近期、中期、长期的需要相适应。教育计划本身就是现代经济学研究的产物,又是经济和社会发展规划的有机组成部分。如果不懂经济,不了解社会主义建设全局,就无法编制教育计划。

3. 教育内部协调发展的原则

这一原则和前一原则是互相补充的两个侧面。前一原则是说教育与外部的协调发展,但教育与外部的协调发展是建立在教育内部协调发展基础之上的。当然,教育内部协调发展的机制是根据外部对教育的需求建立起来的。社会主义现代化建设要求现代教育为其服务,因此,所说的教育内部是指与社会主义现代化建设全方位适应的教育的内部,而不是传统的、封闭的、单一的教育的内部。教育内部可以分为纵向和横向两个序列,即通常所说的"各级"与"各类"。从纵向看,有从托幼开始到研究生的各级教育;从横向看,有基础教育、职业技术教育、高等教育、成人教育四大类,每一类又分为若干小类。实现了教育内部协调发展不仅要求纵向的"各级"要成比例、横向的"各类"要成比例,纵横网络的"各级各类"也要成比例,而且各级各类教育都要分别适应社会的需要,不可能先把教育内部协调好再去和外部衔接;又因为各地情况不同,对各级各类教育要求不同,所以各级各类教育之间很难确定固定的比例和模式。但各级各类教育之间在一定时期内总有一个比较适宜的比例关系,有一个基本上能够普遍适用的数学模型。编制教育计划中贯彻教育内部协调发展的原则,是指应按照教育工作一般规律,结合本地实际情况,保证各级各类教育有规划地按照最佳比例发展。

4. 讲求效益、坚持标准的原则

发展教育需要投资，投资就要讲求效益。从某种意义上说，制订教育计划就是为了合理配置教育资源，获取尽可能大的效益。我国现阶段，一方面，教育基础薄弱，投入教育的财力、物力有限；另一方面，社会主义现代化建设迫切需要优先加速发展教育。制订教育计划，用有限的财力、物力把教育搞上去，具有更重要的现实意义。提高教育投资效益的根本目标在于提高教育质量，多出人才，快出人才。单从经费角度上看，主要应避免两种浪费，即人力资源浪费和结构性浪费。避免人力资源浪费，要制定合理的编制标准，提高每一位教师负担的学生人数，精简机构和人员。避免结构性浪费是深层次要求，对于提高教育投资效益关系更大。前文所述的按社会主义建设需要发展教育以及教育内部协调发展，都是避免结构性浪费所必需的。合理布局、提高规模效益则是避免结构性浪费的直接手段。对于学校规模，国务院《关于〈中国教育改革和发展纲要〉的实施意见》规定："到 2000 年，学校平均规模，本科院校达到 3500 人以上，专科学校达到 2000 人以上，中专学校达到 1000 人以上，技工学校达到 500 人以上，职业高中达到 600 人以上。"

办教育和办其他事业一样，需要一定的条件，这是最基本的常识。但是 20 世纪 80 年代之前，我们的教育计划却往往忽视了这一点，或脱离实际，无法实现；或因陋就简，造成更大的浪费。造成这种状况的主要原因是思想路线不够端正，或受不良思想的影响，或盲目攀比，追求高指标、高速度。既缺乏科学系统的而又必须严格执行的办学标准，因而无法核算在发展各级各类教育时为达到办学条件标准所必需的人力、财力、物力。从 20 世纪 80 年代中期起，国家已经陆续颁布了各级各类学校办学必要条件的基本标准。我国幅员广阔，各地经济、教育发展不平衡，各省、市、自治区根据国家规定的办学条件基本标准，结合本地情况制定了具体标准。办学条件标准是重要的教育行政法规，教育部门必须严格执行。编制教育计划要按办学条件标准计算出所需的人力、财力、物力，并提出切实有效的保障措施。

总之，制订教育计划要正确处理教育与经济、社会发展之间以及教育内部的各种矛盾，统筹协调好各种密切相关的各种因素之间的关系，以保证教育事业的健康发展，自觉保持各项主要比例关系的协调，使教育投资获取最大的社会效益和经济效益。这是教育计划工作的重要原则和根本任务。

第三节 教育计划的执行和控制

规划不是仅供参考的方案，而是确定性的需要付诸行动的决策。执行规划不是一般性的行政事务。为了有效地执行规划，不仅需要行政的方法、法律的方法，还需要辅助宣传、教育等方法。在执行教育计划过程中，应根据客观情况的变化和规划执行过程中的反馈信息，及时地对规划进行适当的调整。

一、教育计划的执行

执行教育计划是政府行为，主要依靠各级政府和教育行政机关及其领导者的权力，依照带有强制性的行政命令，采取各种行政手段予以实施，最基本的工作方法是具有权威性、强制性的行政方法和具有规范性、概括性的法律方法。行政方法针对性强，便于集中统一、灵活机动、效率高。法律方法或直接把规划作为法规，或运用法规为规划提供保障，可以依法自动调节各种组织的纵横关系，便于横向沟通，有利于统一行动，与行政方法相辅相成。

在运用行政方法和法律方法时，还有一些不可缺少的辅助手段。

1. 宣传教育

根据规划的性质和任务，向有关部门和全社会宣传制订该规划的重要性、必要性，宣传该规划的制订过程和内容，说明该规划的科学性、可行性，从而统一认识，提高各方执行规划的自觉性、主动性。

2. 经济调节

对贫困地区给予教育财政援助，本来就是教育计划的题中之义。可以对模范执行规划的地区从经费上给予奖励或扶持，对不认真执行规划的地区可以援引有关规章适当扣减某些专项经费。

3. 咨询顾问

咨询顾问主要是预测规划执行中可能出现的问题及应采取的对策，提供执行同类规划的先进经验，帮助诊断和解决规划执行中的难题，如督导评价、通过督政督教及时评价执行规划的进度和效果等。

目标管理是各级行政部门普遍实行的管理制度。规划的执行与目标管理是相通的。目标管理以成果为管理重点，根据各个层次的目标，建立各个层次的责任制。规划虽更多着眼于宏观和全局，不像目标管理的指标体系那样面面俱到，但两者的目标是一致的，方向和过程也大体是一致的。规划是实行目标管理时确定目标的重要依据，目标管理则为分步落实规划提供了可靠保证。规划执行与目标管理这种相辅相成的一致性，在分级管理的教育体制下，对于规划的实施具有十分重要的保证作用。

二、教育计划的控制

"控制"一词在汉语里是"驾驭、支配"的意思，在现代管理理论中是指控制者为了达到一定目的，使被控制者改变或保持某种运动方式或状态的过程。教育事业规划的控制就是为了达到规划目的，通过反馈信息对规划执行情况和规划的本身不断地进行调节。对规划的控制是保证规划实现的必要手段，规划的时间跨度越大、规划的范围越广，对规划的控制越重要。

对教育计划实行有效控制，必须具备两方面基本条件：

第一，要有明确的控制目的和控制标准，包括规划指标、实施步骤、分级责任等。这是施控的前提，是改变或保持受控系统发展方向或运动状态的依据，是对规划本身提出的要求。

　　第二，要有控制系统和控制手段。通俗地说，有了控制目的和控制标准，必须有人去实施，这就要有实施控制的职能机构和人员。控制机构和工作人员应有明确的责任和权利，工作人员应有实施控制的能力，明确控制目标和控制项目，能够根据需要采取各种必需的控制手段。在各级教育行政机关建立的督导机构就是强有力的控制系统。由于控制系统的施控和受控都是人，要求施控者具有更高的素质。控制手段就是控制方法和控制技术，诸如选点抽查、分段测算等方法，统计报表和各种现代信息工具等技术。有了具备实施控制能力的行使、控制职能的机构和人员，就能够运用控制技术按照规划确定的指标、步骤、责任进行有效控制。教育行政机关的职能部门，对于总体教育计划的相关部分，一般都具有实施控制的责任。

　　控制离不开反馈，系统的控制是以反馈为条件的。虽然在编制规划时有超前控制或预先控制，但这种控制主要依靠过去的经验，而经验的积累正是反馈的结果。反馈不是单向的信息返回，也不仅仅是了解控制结果，更重要的是要把返回的信息即前段控制的结果再送入系统中去，用作评价系统状态和调节下步控制的依据。这种原理用于教育计划的控制，就是把规划的执行结果通过各种信息不断传送回来，返回的信息证实规划执行情况良好，即所谓的正反馈，就要巩固成绩、总结经验、及时推广。返回的信息证实规划执行中问题较多，即所谓的负反馈，就要分析原因、寻求对策，如属执行中的问题，则调节执行中的各种因素；如属规划本身的问题，则调整规划。把执行系统中的问题当作规划本身的问题而调整规划，把属于规划本身的问题当作执行中的问题而强制执行，这些都是规划管理中需要注意避免的失误。反馈还必须及时。因为反馈的意义在于调整下一次控制，不能调节下一次控制的反馈便失去了意义。为使教育计划管理实现科学化、现代化，必须建立健全信息反馈系统，采用现代信息工具。

第九章　教育政策与法规建设

政策是政党、国家为了实现一定历史时期的目标和任务，根据当前的情况和历史条件制定的具体行为准则，政策是以利益为基础的。教育政策是执政党、政府等各种政治实体在一定历史时期，为实现一定的教育目的任务而协调内外关系所制定的行动准则。通俗地讲，它是政府在教育领域选择做什么和不做什么的文本说明。教育政策由代表国家利益的政府组织制定和颁发，具有体现一定的价值观念，指向比较明确，影响较为广泛，不具强制力等特点。

教育政策受到国家的历史文化传统的影响，最根本的目的是保护受教育者在教育方面的权利和利益。在现代社会，教育政策已经成为政府影响教育发展的最有力和最有效的手段之一。教育政策与教育管理两者关系密切。教育政策作为实现一定教育目标的行动准则，能够指导和约束教育管理行为；而教育管理的实践也能对教育政策是否正确和有效加以检验，并进而深化和丰富教育政策的内容。

教育法规就是关于教育的法规，是指由国家立法机构制定的有关教育方面的法律文件的总称，是举办教育事业所需遵循的准则、依据和规范。除了宪法中有关教育的条款，还有教育基本法律、教育单行法律、教育行政法规和规章、地方性教育法规和规章、自治条例和单行条例等五类，由于制定机关的不同而表现出不同的法律效力。

所有这些教育法律、法规及教育规章，具有层次递减的法律效力。下位法只能在上位法的约束下，针对教育的某一领域或某一部分，以及依据本地情况和实际需要制定相关细节加以补充，可以说下位法更具有操作性。但是，上位法所做的规定，下位法不得与之相抵触。

教育法与教育政策是两个既有区别又有联系的概念，本质上具有一致性。教育政策发展到一定程度可以上升为教育法律法规，教育法律法规有助于教育政策的实施保证。从我国现有的教育法律法规来看，虽然目前教育法的体系还不够完善，但已颁布的教育法律对教育管理活动的控制是明显的。

第一节　教育政策的制定与实施

教育政策的制定是教育政策实施的前提。在教育政策制定过程中，有很多问题值得讨论，如有哪些因素在影响教育政策的制定、教育政策制定有哪些具体的步骤、有哪些典型的政策制定模式等等。

一、教育政策的制定

1. 教育政策制定的动机及影响制定的因素

要制定政策，就要了解影响政策制定的因素。影响教育政策的因素有宏观因素、中观因素、微观因素。

（1）宏观因素

在影响教育活动的环境因素中，最主要的有政治、经济、科技发展、教育环境、国际环境、社会舆论等。其中政治因素是指国家或地区的政治制度。不同的政治制度会导致不同的政治理念，不同的政治理念又会产生不同的制定政策的思想基础。教育政策的制定是一种政治行为。政治影响教育政策目标的确定，影响教育政策制定的方式，影响政策制定的质量和效率，影响政策方案的选择。经济因素指的是经济制度和经济实力，这是教育政策制定最主要的物质基础——经济状况是教育政策制定最重要的基础。教育政策的基本构想、框架、程度和方向，归根结底要受到经济发展因素的制约。经济状况是教育政策制定的出发点，经济实力是教育政策制定和实施的基本物质条件，它也会直接影响教育政策实施的效率。

教育环境是制定教育政策的依据。任何一国制定教育政策都通常是为解决一定的教育问题，并借助政策来规范、引导人们的教育行为，以指导教育事业的发展。教育政策的制定与教育环境息息相关。

国际环境影响教育政策问题的认定。一国或地区的公共政策不但受制于国内环境，而且还受制于国际环境。国际阶级关系状况，阶级斗争形式所反映出来的国际局势的紧张或缓和、战争或和平，各种政治军事集团力量对比的消长、分化和重新组合的格局等，是一个国家制定政策的重要依据。国际科学技术发展状况及其发展趋势也是政策制定的一个重要依据。当今世界正在经历一场以信息社会为特征的产业革命，这场革命使世界经济从工业化阶段进入知识化阶段，知识和信息的制造、加工、传播和应用成为经济增长最重要的源泉，知识和信息的获取、加工和处理将成为生产和工作的主要活动。创新被放在了十分显著的位置。

社会舆论是教育政策制定的中介力量。社会舆论是反映和表达人民群众愿望、要求的一种形式。它主要在两个方面影响教育政策的制定：一是影响着教育政策问题的认定。通过报纸杂志、广播、电视等宣传媒体，把广大群众对教育领域发生或存在的重大问题所持有的观点、意见，以及解决这些问题的意见或建议反映出来，传播开来，使这些问题成为人民普遍关心的热门话题，成为社会关注的焦点；二是社会舆论的广泛性又可以为政策的制定过程中的方案选择提供参考意见和建议，增强政策的可行性。所以，社会舆论对教育政策的制定可起到一种中介的推动作用。

（2）中观因素

主要涉及决定教育政策的人、组织和各种利益集团。有时候，外部环境没有变，而参与决定教育政策的人或利益集团的构成却使政策的制定发生了变化。参与制定政策的人或组织有其特有的知识背景、经验和利益倾向，同时又要受到种种利益和关系的制约。

合理、科学的决策组织管理是教育政策制定的保证。决策组织管理包括组织的人员结构和管理结构两个方面。其中的决策组织人员结构指的是决策组织内部各类型人员的组合和构成，包括知识结构、年龄结构、性格结构、性别因素，这些因素无不强调决策群体成员之间的互补与协调，这些人员整合对教育政策制定的影响是直接而有效的。管理结构则是从决策组织的程序、管理层级和幅度、机构设置、组织结构等管理学层面来考虑的。

决策组织的人际关系影响着组织内的决策环境。人际关系对政策制定者的行为经常发生积极作用或消极作用，好的人际关系可以提高决策效能，坏的人际关系会降低决策效能。一是影响决策组织的团结进而影响工作效率。良好的人际关系是团结的基础。二是影响决策人员的心理健康。人际关系失调会直接危害人的心理健康，导致各种心理疾病的发生。三是制约组织的影响力。从组织内部来说，人际关系和谐、内聚力强即意味着上下级之间感情融洽、互相信任，无疑会提高上级的影响力。

组织文化是影响教育政策制定的有力因素。组织文化是 20 世纪 80 年代企业管理和组织理论的一个重大发展，是对大量优秀企业经验的科学总结。

它影响教育政策的制定过程，表现在组织文化的导向作用影响教育政策制定的倾向，它的凝聚作用影响着教育政策制定的效率，它的激励作用影响着决策人员的工作热情。组织文化及其价值观产生以后，具有相对独立性和继承性。由价值观所产生的特定的心理气氛，使所有的组织成员受到熏陶而接受其影响，从而使组织文化得以延续和发展。

（3）微观因素

文化传统、舆论导向、思维方式等影响着教育政策的制定。文化传统对教育政策制定的影响是显而易见的。我国民族文化中历来有重视德育、提倡德才兼备的传统，在教育政策上就反映为从古至今都提倡培养道德自律、品行兼备的人才。社会舆论则通过大众媒介反映广大群众的呼声和价值取向。社会舆论一旦形成，对教育政策制定的影响是巨大的。社会舆论所反映和关注的热点问题，往往会列入政策制定的议事日程，作为优先问题加以解决，所以社会舆论实际上对政策制定起到了一种中介推动作用，它常常会促成某项重大政策的出台。

政策的制定是一个认知的过程。知识是制定任何政策的基础。这里的知识不仅指广博的文化科学知识、教育科学知识，还包括决策科学知识。知识经济时代的到来要求决策的知识化、科学化，所以要求政策的制定者制定政策时要有根据，具有丰富且结构合理的知识成为政策制定者的首要条件。

人的能力因素。政策制定过程不可避免地受到制定者感情因素的影响。"人非草木，孰能无情"。感情在决策过程中的作用并不都是负面的。感情的方向性影响对政策问题的认定,决策者对某事、某物、某一领域的特殊感情可能会使他较多地关注该问题,接受这方面的信息,因此,此问题就进入人的视野,上升为政策问题;感情的动力性影响政策制定者的决策效率,感情对政策制定的效率、效果和效益都有着不可忽视的影响;感情的感染性影响着其他决策人员,决策人物的积极或消极情绪情感可能会影响到决策者,特别是在集体决策中,对那些偏向于场依存性的决策者来说,其他决策者的情绪情感状态怎样更是对之有莫大的影响。人的理解问题和提出适当的解决方案的能力是有限的,并且面对问题的复杂性常常是不足的。整个政策制定和实施过程发生在不断变化的、多方面的和难以理解的背景之中。政治命令不是政府发动或维持改革的能力限度的唯一来源。人类理解的能力和解决问题的能力都是有限的。

除了上述主要影响因素外,还有一些因素也会对教育政策的形成起到作用,如宗教信仰、民族气质和心理特点、已有的法律制度、大众对教育的习惯看法、信息搜集和整理的水平等等。所有这些,都需要政策制定者认真对待。

2. 教育政策制定的步骤

有了对教育政策的想法,就要把它制定出来。制定的过程也是理清政策制定者思路的过程。教育政策的制定一般包括以下几个步骤:

一是问题的识别,找出教育界存在的问题。在确定问题的过程中,人们常常会考虑:为什么会有这个问题? 谁会关心这个问题? 他们能不能影响决策? 问题的性质是什么? 越深入分析这些问题,就越深入问题的各个方面。二是政策目标的确认,澄清目的、价值或目标,然后在脑中将这些东西进行排列或用其他办法加以组织。要确定政策目标,一要为下一步的政策方案设计提供方向性指导。目标不明确,方案就难以设计。二要为政策方案的规划和实施提供核心的评估标准。三要政策方案的设计,列出所有可能达到目的的重要的政策手段。教育政策的方案设计要科学、合理、可行和政治上可接受。教育问题牵涉千家万户,所以教育方案的设计是一个非常复杂和谨慎的过程,虽然决策者的意志起了决定性作用,但决策者也不能随心所欲,要受到各种因素的制约,要反复权衡利弊,然后才能在各种备选政策方案中挑选出自认为较合适的政策方案。四是政策方案的审查,审核每项可供选择的政策会产生的所有重要后果。政策制定出来之后,需要实践,在运用和实践中确定其价值,肯定其适用性,在实践中得出结论是否可行,是否能在实践中起到指导性作用。五是选择政策,选出其结果与目的为最佳目标的政策。在审查之后,得到政策方案是可行的,是具有指导性的,那么这样的政策方案就可以在实践中长期应用下去,可以指导实践。所以,政策制定者要选择最佳的政策方案才能完成任务。

3. 教育政策制定的模式

教育政策在制定过程中,分为问题的识别、政策目标的确认、政策方案的设计、政策方案的审查、选择教育政策,但不同的政策在制定过程中有不同的指导思想、方法和特征,笔者把这些不同的地方进行了模式分类。

（1）理性模式

这一模式假定政策制定存在一个完美的思路：一个既定的问题—确定政策目标和价值—列出所有可能的方法和政策—预测此方案可能导致的后果—选择结果与目标最适合的政策。但很多研究者认为，这种模式过于理想化，事实上很多因素在制约着政策制定过程，如个体的理性程度受到了有限的认知和情感能力的制约，"一个理性的、逻辑的和技术上行得通的政策可能因为在政治制度上不会被接受而不能采用。数据本身不会讲话，理想的观念并不一定会被采纳。分析人员和政策制定者不断地面临着冲突，不断地在技术优越性和政治可能性之间进行选择。"

（2）渐进模式

"单一的、独立的个人行为想实现高度的理性是不可能的。他要探究的方案的数量如此之多，他需要评价的信息量如此之大，以致即便是达到大致的客观的理性也是难以想象的。"因此，政策制定最好是循序渐进地进行。主张循序渐进的理由是，政策具有模糊性。渐进模式的局限性是保守，由于往往是各种利益团体妥协的结果，容易导致多元主义倾向，在执行过程中不易协调。但当环境发生变化时，渐进的方式就明显不能适应社会发展的需要。

（3）综合模式

综合模式的提出者认为没有一种政策的出台是纯理性或非纯理性的过程。没有理性成分的政策是不可想象的，而只有单纯理性而不顾实际的政策也是不可能的，所以最好的方式是两种模式的结合。在设计方案时，尽可能完美些，增加理性的成分，全面考虑，突出重点也要从实际出发，努力使方案符合现实情况，真正解决一些问题。

（4）政治系统模式

这一政策决定的主体假定为政治系统。而政治系统最集中的体现就是由代表社会政治生活主体的政府的管理行为：输入（压力、要求）—决策（反映、加工、形成政策）—输出（影响、改变环境）—反馈（将执行结果再反映到政治系统中去）。"在这种循环往复中，公共政策便源源不断地产生。"

（5）团体模式

团体模式是将公共政策制定的过程看成是不同利益团体之间相互作用和斗争，并最后达成某种妥协和退让的结果。"所谓公共政策，是指某一特定时间集团间的争斗所达到的平衡，它体现了那些一直试图获取优势的并相互竞争着的派系或团体之间出现的均势。"在教育领域，有些教育政策设计符合了一部分地方或人的利益，遭到了另外一部分地方或人的反对，在反复协商甚至是讨价还价的基础上，最终出台了带有妥协性质的教育政策。这种教育政策实际上起到了一种协调、缓冲的作用，通过制定出一些规则来约束不同集团的斗争，以保证最后的政策方案能符合较大多数公众的利益。

（6）精英模式

精英模式认为公共政策是那些居统治地位的领袖人物的偏好和价值观的反映，这是因为,社会总是由两部分人所组成,一部分是有权力的少数人,即社会精英,他们掌握着社会资源的分配,对社会的发展起着举足轻重的影响力;另一部分是无权力的多数人,他们处在被统治地位,他们对社会精英的影响远远小于后者对他们的影响。这一模式在一定程度上揭示了公共政策的本质,即任何公共政策归根结底是占统治地位的阶级利益的反映,却容易给人造成一种印象,似乎广大社会公众对政策的制定完全是听之任之、无能为力和被动的。教育政策涉及千家万户,不可能由少数人闭门造车,民众对决策者的影响力也不能被轻视。以上是我们探讨公共政策制定的本质做出的种种理论描述。但是,很难说有哪一项政策是完全按某一特定模式制定出来的,往往是有一种政策就有一种特定的背景条件和制定过程。所以,研究政策的出台,不但要研究其一般的运作规律,更要研究其独特的个案轨迹,这样才能对政策本身有更深刻的了解。

二、教育政策的实施

任何政策的制定的最终结果就是被付诸实践,被社会所承认,不被实际所采纳的政策是不成功的。

1.教育政策实施的基本步骤、手段分析

教育政策的实施,被众多的理论所检验,实施的步骤有以下几方面:

(1)理解和宣传

要使政策得到现实的贯彻,对其充分的理解是必不可少的。只有执行者对政策的理解,才会积极主动地去执行、应用政策,自觉地接受和服从政策。要理解好政策,还需执行部门大力宣传。

(2)资源供给

政策的落实需要有一些资源做后盾。物力、人力的供给必不可少,否则贯彻实施的力度不够,效果就达不到预期的目的,不仅影响政策的实行,也影响问题的解决,责任是任何人都负担不起的。

(3)组织落实

组织落实就是为政策执行建立一定的工作部门和机构。组织落实得如何,直接关系到政策目标的实现程度。一些常规性的教育政策,在执行时可以通过原有的执行机构加以落实,一些非常规性的或以前从未涉及的教育政策,则可以组建专门的工作机构。

(4)检验方案

一些影响面广的政策,涉及的范围多,需要先做试验,以取得经验,才能更好地服务于教育界。一般检验方案,是先选择检验的对象,然后设计检验方案,总结检验的结果。

(5)政策调整

在实施教育政策的过程中,常常出现始料不及的事情,或许政策与现实相差甚远,或许是政策本身有出入造成各种各样的模糊和概念的不确定,难以解决实际中的问题,这样就

需要政策的制定者对该政策进行修改、修订,进行完善。

（6）政策合法化

许多政策必须上升为法律,才能达到政策实施的目的。政策只有具有了权威性,才能在社会上普遍实施和应用。

2. **教育实施运用的手段**

上面提到教育政策实施的步骤,那么在实施过程中还需要借助哪些手段呢? 教育政策在实施过程中,像其他政策的一样无非是借助行政手段、法律手段和经济手段。

①所谓行政手段,是指依靠行政组织的权威采用行政命令、指示、规章制度等方式来实施教育政策的方法。行政手段的特点有三个:一是权威性,通过垂直的领导与被领导的关系,直接要求被管理对象执行相关的政策;二是强制性,由于法律所赋予行政机关的权利,要求下级机关和人员必须接受来自上级的政策,否则将受到一定的处罚或惩罚;三是时效性,行政指令一般只对特定的时间和特定的对象有效,它与行政法规不一样。在我国,通过行政手段贯彻教育政策在教育活动中运用得最多、最普遍,其成本和代价也比较小。

②法律手段是指通过各种法律、法令、法规、司法、仲裁工作,特别是通过行政立法和司法方式来调整政策活动中各种关系的方法。通过法律手段执行政策更具权威性和强制性,就像有的学者所指出的那样:"需要借助法院来协调解决,例如涉及下列问题时就这样:消除学校中的种种隔离、学校财政、教师和学生的权利、赞助行动以及学校安全。有时甚至州最高法院还解决不了,必须上交到联邦最高法院。许多问题不涉及美国联邦宪法,可以由州法院解决,不必上诉到联邦最高法院,这些问题主要是涉及义务教育的普及率、教育管理者和教师的健康问题、教师罢工、教师同性恋的权利、学校的过失、虐待儿童、教育中的渎职行为、版权问题、计算机伦理以及学校预防艾滋病政策。"

③经济手段是用经济杠杆的方法来保障政策的实施。常用的经济手段有经费拨款、奖励、罚款、没收资产等。经济措施只是手段,不是目的,不能以罚代行,罚了款仍然必须上学,确保义务教育政策的顺利实施。

当然,政策在实施过程中不会一帆风顺,可能会偏离原来的政策目标,影响政策实施的效果。可能会出现完全偏离政策,也会是使政策流于表面化或是扩大化,或是使政策缺损,等等。针对政策出现的偏离现象,可以采取以下措施:一是进一步完善政策制定的过程,力求制定过程中周密、翔实、符合现实;二是宣传的力度要加大,使其得到大家的认可;三是行政部门加大政策的资源投入;四是加强政策执行人员的责任感和全局意识;五是保持政策的稳定性;六是加大公共政策之间的协调性,使各个政策相互补充。

3. **教育政策实施的意义**

教育政策付诸实施之后,在现实工作的作用是意想不到的。国内外的经验表明,政策的实施在整个政策过程中占有重要的地位。第一,它是实现政策目标的基本途径。没有政策实施,再好的政策方案也只能是一纸空文,政策目标的实现更无从谈起。二是检验政策方案是否正确的标准。新的课程改革政策成功与否，关键看政策实施的有效性。三是后续政策制定的重要依据。一项政策出台，并不意味着有关领域的所有问题都已得到根本解决。在实施过程中，往往会产生许多意想不到的新问题，这就需要制定新的政策或辅助性、补充性的政策措施，以便更好地推行原有的政策。事实上为了更好地解决公共问题，任何国家的公共政策都不是一劳永逸地制定出就结束的，总是处在不断调整、修改和完善之中的。

第二节　教育法规的制定与实施

一、教育法规的制定

法律作为社会关系的调整器，在社会生活中发挥着重要的作用，所以，任何国家如果不及时而有效地制定体现自己意志的法规，国家的各项职能就无法实现，各种重要的、基本的社会关系就得不到调整，社会的生产和生活也就必然由于无法可依、无章可循而无法正常进行。因此，国家对社会关系的法律调整，首先是从法律制定开始的。法律制定就是国家机关依据法定权限和程序，制定、修改和废止法律和法规的活动，通常又可简称为立法。教育法的制定是国家法律制定活动的一部分，是由包括专门的机构和一套制度所构成的国家立法体制来实现的。

1.立法权限的划分

一个国家采用哪种立法体制，并不取决于人们的主观意志，而是由一系列客观因素决定的，国家的性质、国家的结构形式、国家的国情等都会影响到国家的立法体制的形式。在我国，根据宪法，制定法律的权力即立法权属于人民，人民通过自己选举产生的代表组成立法机关，行使立法权。我国 1982 年宪法进一步完善了人民通过自己的代表机构行使立法权的制度，是新的历史时期为发展社会主义民主和健全社会主义法制而进行的具有重要意义的改革。宪法规定：

全国人民代表大会和全国人民代表大会常务委员会行使国家立法权；

国务院根据宪法和法律，行使制定行政法规的职权；

省、直辖市、自治区的人民代表大会和它们的常务委员会，在不同宪法、法律、行政法规相抵触的前提下，行使制定地方性法规的职权；

民族自治地方的人民代表大会依照当地民族的政治、经济和文化的特点，行使制定自治条例和单行条例的职权。

全国人民代表大会和全国人民代表大会常务委员会是我国的最高国家权力机关及其常设机关，但是二者的立法权限不同。全国人民代表大会的立法权限是修改宪法；制定和修改刑事、民事、国家机构的和其他的基本法律；改变或撤销全国人民代表大会常务委员会不适当的决定。

全国人民代表大会常务委员会的立法权限：制定和修改除应由全国人民代表大会制定的法律以外的其他法律；在全国人民代表大会闭会期间，对全国人民代表大会制定的基本法律进行部分的补充和修改，但这种补充和修改不得同该项基本法律的基本原则相抵触；撤销国务院制定的同宪法、法律相抵触的行政法规；撤销省、自治区、直辖市国家权力机关制定的同宪法、法律和行政法规相抵触的地方性法规。这些立法权限自1982年划归为全国人民代表大会常务委员会行使。我国的最高行政机关是中华人民共和国国务院，又称中央人民政府。它是国家最高权力机关即国家的执行机关，其主要职责就是通过行使立法和其他行政措施，保证最高国家权力机关的各项决定、决议、法律得以贯彻执行。因此，根据宪法和法律制定行使制定行政法规就是国务院的重要职权。行政法规是关于国家行政管理及其事务的各种法律规范的总称，其法律效力仅次于国家法律，除全国人民代表大会及其常务委员会以外，任何机关都无权予以改变或者撤销。我国行政法规是社会主义法制的一个重要的组成部分。除了国务院有权制定行政法规外，国务院的各部和各委员会根据法律和国务院的行政法规、决定、命令，可以在本部门的权限内发布命令、指示和规章。

地方国家权力机关是指地方各级人民代表大会。根据宪法规定，地方各级人民代表大会在本行政区域内，有权依照法律规定的权限通过和发布决议。宪法规定，省、直辖市的人民代表大会及其常务委员会，在不同宪法、法律相抵触的前提下，可以制定地方性法规，但须报全国人民代表大会常务委员会备案。由于自治区的自治机关行使地方国家机关的职权，所以自治区的人民代表大会及其常务委员会也可以制定地方性法规。地方性法规是由省级国家权力机关及其常设机关制定和颁布的、在本行政区域内适用的、具有法律效力的规范性文件的总称。宪法关于地方性法规的规定，是我国立法体制的一项重要改革。有权制定地方性法规的，除了省级人民代表大会及其常务委员会外，省、自治区人民政府所在地的市和经国务院批准的较大的市人民代表大会及其常务委员会，根据本市的具体情况和实际需要，在不同宪法、法律相抵触的前提下，可以制定地方性法规，报省、自治区的人民代表大会常务委员会批准后施行，并由省、自治区的人民代表大会常务委员会报全国人民代表大会常务委员会和国务院备案。这一规定见于1986年12月2日第二届全国人民代表大会第十八次会议通过的关于修改地方各级人民代表大会和地方各级人民政府组织法的决定。这一规定赋予了较大城市制定地方性法规的权力，是我国立法体制改革的新成果，它对于进一步发挥地方性法规的积极性，及时解决地方性在社会主义现代化建设进程中所发生的具体问题具有十分重要的意义。民族自治地方的人民代表大会有权依照当地民族的政治、经济和文化的特点，制定自治条例和单行条例，报全国人民代表大会常务委员会批准后生效。自治州、自治县的自治条例和单行条例报省或自治区的人民代表大会常务委员会批准后生效，并报全国人民代表大会常务委员会备案。

根据宪法规定，县级以上地方各级人民政府依照法律规定的权限发布决定和命令。其中，省、自治区、直辖市以及省、自治区的人民政府所在地的市和经国务院批准的较大的市的人民政府，还可以根据法律和国务院的行政法规，制定规章和其他规范性文件。这一规定有利于在中央的统一领导下，充分发挥各地行政机关的积极性，实行依法行政，提高行政效率。

我国的立法权限划分结构的基本特点是中央和地方适当分权，授权地方各级国家权力机关及其常设机关和地方各级国家行政机关，在其职权范围内，根据宪法、法律和行政法规规定、颁布具有不同效力的规范性文件，这一立法体制是同我国国家性质和多民族单一制的社会主义国家结构这一具体国情相适应的。我国教育法的制定，就是在这一立法体制下实现的。

2. 立法程序

法律制定的程序又叫立法程序，指国家机关在制定、修改或废止法律规范的活动中，必须履行的法定步骤。因此立法程序就是规定立法权行使的程序，也是一种程序法。在我国，法律的立法程序被规定在宪法和全国人民代表大会组织法之中。

一是法律议案的提出。这是指法律制定机关开会时，提请该机关列入议程谈论决定的关于法律制定、修改或废除的提案或建议。提出法律议案是一种法定权利，它与起草法律案不同。起草法律案的单位或个人不一定是有提案权的。根据我国宪法和有关法律的规定，具有向各级人民代表大会及其常务委员会提出有关法律议案的职权的机关和人员有各级人民代表大会的代表；各级国家权力机关的主席团、常设机关和各种委员会；各级国家行政机关；国家最高司法机关和军事机关。这些机关和人员在提出制定、修改和废止法律议案和建议后，首先由各专设法制机关对法律草案的内容、技术以及法理等方面进行审查，并须经广泛征求意见，反复谈论、审议，到最后形成提交法律制定机关审议、讨论的正式草案等一系列法律制定的准备阶段。

二是法律草案的审议。这是指法律制定机关对列入议程的法律草案正式进行审查和谈论。一般来说，法律、法规的决定通过要采用会议的形式。在我国，决定通过法律、法规的权力机关主要是人民代表大会及其常务委员会，行政机关是国务院全体会议和常务会议。各部、各委员会的部会议和委员会会议，地方人民政府的全体会议，向全国人民代表大会提出的法律案一般要先经常务委员会审议后才提交全国人民代表大会会议审议。在审议期间还要由法律委员会根据代表审议提出的意见进行审议并提出报告，再由主席团决定提交大会审议，由大会决定是否通过。向全国人民代表大会常务委员会提出的法律案，一般采取初步审议和再次审议两个步骤，然后由常务委员会会议决定是否通过。这样做的目的在于保证有充分时间对法律进行周到细致的讨论并听取各方面意见，避免仓促通过。

三是法律的通过。这是指法律制定机关对法律草案经过谈论并进行表决并一致同意。由此法律草案便成为法律，因此，这一步骤是整个立法程序中最重要和最有决定意义的阶段。为了加强所通过的法律的稳定性和权威性，法律的通过须经法律制定机关代表的一定法定人数的赞成。通常，普通法律须经全国人大代表的过半数通过；宪法须经全国人大代表的三分之二以上的多数通过；全国人大常委会审议的法律案和其他议案，由常委会全体组成人员的过半数通过；地方各级人民代表大会通过规范性文件，以全体代表的过半数通过。

四是法律的公布。这是指法律制定机关将通过的法律用一定的形式正式公布。一般是由法定负责人以命令的形式发布，并正式在公报或报纸上发布。这是立法程序的最后一环。法律被通过以后，如果没有按照法定程序和方式通知公民和国家机关，那么这一法律就不会有法律效力，就不可能在现实生活中得以实施。这是因为法律是人人必须遵守和执行的行为规范，只有予以公布，才能人人周知，否则，势必产生各种混乱现象。我国宪法规定，中华人民共和国主席根据全国人民代表大会的决定和全国人民代表大会常务委员会的决定，公布法律。其他形式的规范性文件也都有一套法定的公布程序和方式。我国的教育法律法规的规定，就是在上述的立法程序的运作下实现的。

3. 教育行政法规、规章的发布

有无完善的立法程序，是否严格按法定程序来制定法律、法规，这也是衡量法制是否健全、有无法制观念的标志之一。同时，立法程序也是一个工作方法问题。进行任何工作，都必须遵循一定的程序，否则，就难免会出现各种混乱现象。为了改进行政法规、规章的发布工作，提高行政法规、规章的权威性、严肃性和时效性，使行政法规、规章能及时为社会和公众知晓，便于国家机关、社会团体、企业事业单位及全体公民执行和遵守，1989 年，原国家教委对依照授权和职权发布行政法规、规章的办法做了程序上的规定。行政法规、规章发布令包括批准机关和发布机关、序号、行政法规或者规章的名称、通过或者批准日期、生效日期和签署人等内容。

二、教育法的执行

1. 教育法的执行过程

教育执法就是运用一切手段，包括行政手段或法律手段，来实施教育法律的活动。从性质上说，教育执法首先是一种体现国家意志力的行为表现，体现了掌握政权的阶级在培养人方面的意志。因此，执行教育法，实际上就是在代表国家的意志去培养人、塑造人。其次，教育执法是一种规范性的活动。再次，教育执法也同其他领域执法一样，具有一定强制性的色彩。最后，教育执法的主体和客体呈多元化特征。这是因为在现代化社会中，教育已发展成为一种全社会的事业，教育法的实施不仅是学校内部的事，也是政府、教育行政机关、学生家长甚至社会公民的事，同样，所有这些组织和个人也都可能成为教育法律规范所约束的对象。

教育法执行的过程，大致分为三个过程：一是推行教育法规的实施，即依照有关教育法的规定，直接规范学校师生、政府机关以及社会其他组织或个人在教育活动中的行为，确保教育法所规定的各项教育权利和义务得到落实。二是对教育守法状况进行监督检查。

担任监督检查任务的主体,可以是多方面的,可以有党和政府机关的监督、教育行政部门的监督、学校行政的监督、教师和学生的监督,也可以依靠司法监督、社会监督等。三是对违反教育法的行为依法追究法律责任。

在教育执法的过程中,通常要考虑法律的效力原则,这些原则包括四个方面的内容:一是高层法优于低层法。一个国家的法律体系,依据制定机关的层次高低,在效力上有所区别。宪法是国家的根本大法,凡与宪法相抵触的法律一律无效。宪法以下是其他基本法、单项法等,往下是行政法规、规章以及地方性的法规和规章。地方性的教育法规如果跟国家的教育法规相抵触,也可宣布无效。二是后定法优于前定法。形式上具有同等效力的法规,当内容上互相发生矛盾时,以在时间上后制定的法规为有效。按惯例,在这种情况下,要修改或废除以前制定的法规。三是特别法优于普通法。在执行具有一般内容的法规时,即使是同一件事,则特别法应优先于一般法规。一般法规只有在同特别法不发生矛盾时,才能适用。四是法律不溯既往。法律不溯既往,是指法律公布后所发生的事件方具有合法效力,在此以前已经终结了的事实,不得适用新法。也就是说,新法是规范未来行为的,而非规范过去的行为。

2. 教育法规执行过程中需要监督部门的监督

教育法律责任既是教育法内容的重要组成部分,又是保证教育法律规范得以实施的必要条件。对教育法执行过程进行监督,是保证教育法的实施及完善教育法治建设的必要一环。我国已经初步形成了一个通过国家法律制度的制定和运用,来制约和督促社会各个方面执法守法的法律监督体制。这一监督体制包括权力机关的法律监督和工作监督、行政机关的行政监督、司法机关的司法监督,以及党的监督和人民群众的社会监督等方面。

一是权力机关的法律监督和工作监督。我国,国家的一切权力属于人民,人民行使国家权力的机关是全国人民代表大会和地方各级人民代表大会。国家行政机关、审判机关和检察机关都由国家权力机关产生,对它负责,受它监督。国家权力机关的监督作用首先表现在对其所制定和颁布的宪法、法律、地方性法规、自治条例和单行条例的实施情况进行监督。全国人民代表大会可以改变或撤销全国人民代表大会常委会的不适当的决定。全国人民代表大会常委会可以撤销国务院制定的同宪法和法律相抵触的行政法规、决定和命令,撤销省、自治区、直辖市国家权力机关制定的同宪法、法律和行政法规相抵触的地方性法规和决议。此外,国家权力机关还可以就某项法律、法规的实施情况在自己所辖范围内进行检查。权力机关的监督作用还表现在它对行政机关、审判机关和检察机关的工作监督。这些机关对同级人民代表大会及其常委会负责并报告工作。国家权力机关还可以通过人民代表行使质询权和视察工作,对这些国家机构进行监督。对重大问题,还可组织调查委员会进行调查处理。

二是司法机关的司法监督。司法机关的司法监督主要包括检察机关对公安机关、法院等司法机关的司法监督和法院对行政机关的司法监督两个方面。对于教育法来说,主要是后者。对行政机关的司法监督是指法院依法对特定行政机关及其公职人员的特定行政行为是否违法、越权、侵权、失职、不当进行审理和判决。随着国家普遍强化政府职能的进程，国家行政管理的范围和种类也越来越广泛和丰富，由此也带来了日益增多的行政纠纷和日益复杂的行政法律关系，因此建立行政诉讼制度已成为历史的需要。我国于1982年开始建立行政诉讼制度，人民法院可以受理法律规定可以起诉的行政案件。根据行政诉讼法的规定，行政机关的具体的行政行为属于行政诉讼的范围，这就对行政机关采取行政措施提出了严格的法律要求。教育行政机关做出的行政决定，凡涉及公民、法人和其他组织的人身权、财产权的，如规定各种学校收费、印发学历证书、取消考试资格等，都应与有关法规的规定一致，否则在行政诉讼中将处于被动地位。

三是行政机关的行政监督。行政机关的行政监督包括上下级行政机关的相互监督和特设的行政监察机关对行政的监督。行政系统上下级机关之间的监督表现为国务院有权改变或撤销各部、委发布的不适当的命令、指示和规章，改变或撤销地方各级国家行政机关的不适当的决定和命令。县级以上地方人民政府有权改变或撤销所属各工作部门和下级人民政府的不适当的决定。行政监督另外一个重要方面是国家行政监察机关对国家行政机关及其公职人员执行法律、法规和政策的情况以及违反政纪的行为的监察。国家行政监察机关有监察权、调查权、建议权，并有一定的行政处分权。

在教育系统内，还有一种特殊的对教育工作的行政监督——督导制度。根据规定，教育督导职权由国家教育部行使，地方县以上均设教育督导机构。教育督导的主要任务是对下级人民政府的教育工作、下级教育行政部门和学校的工作进行监督、检查、评估、指导，保证国家有关教育的方针、政策、法规的贯彻执行和教育目标的实现。教育督导可分为综合督导、专项督导和经常性检查，由教育督导机构根据本级人民政府、教育行政部门或上级督导机构的决定实施。督导机构和督导人员根据国家有关的方针、政策、法规进行督导，并具有以下职权：列席被督导单位的有关会议；要求被督导单位提供与督导事项有关的文件并汇报工作；对被督导单位进行现场调查。总之，教育督导制度的建立，使教育法的行政监督有法可依、日臻完善。

四是执政党的监督。1996年3月18日，中共中央政治局通过的《中国共产党普通高等学校基层组织工作条例》（以下简称《条例》）对高等学校党委的领导地位，又做了明确的规定。《条例》规定高等学校党组织的任务是"以马列主义、毛泽东思想和邓小平建设有中国特色社会主义理论为指导，全面贯彻执行党的基本路线和教育方针，坚持教育必须为社会主义现代化建设服务，务必与生产劳动相结合，培养德、智、体等方面全面发展的社会主义事业的建设者和接班人"。该条例规定高等学校实行党委领导下的校长负责制，校党委统一领导学校工作，支持校长按照教育法和高等教育法的规定积极主动、独立负责地开展工作，保证教学、科研、行政管理等各项任务的完成。

五是人民的监督。人民的监督是一种社会监督，通过社会对国家管理活动所进行的监督是我国国家生活中的一项根本原则,这种监督的基本方式是批评、建议、检举、控告和申诉等。这种监督对教育法的实施也具有重要的保障作用。

第三节　如何完善我国教育政策与法规建设

为了确保我国教育事业健康、快速和持续发展,面对新的形势、新的任务、新的要求,需要进一步完善我国的教育政策和教育法制工作。

一、落实科学发展观,调整我国的教育政策

今后一段时间,应当从以下几个方面着手调整我国的教育发展政策,树立和落实科学发展观的基本理念。

1.坚持以人为本,使教育服务于一切人的发展

对于教育来讲,以人为本就是在教育目的上要把满足人的发展需要、促使人的全面发展作为教育发展的根本出发点和落脚点,在教育过程中要关心人、尊重人、理解人和服务人。因为,教育从根本上说是人的事业,是一种人培育人的社会实践活动,没有哪一个领域像教育这样与人紧密地直接关联。从教育对象来讲,是指向一切有教育需求的人,从而满足一切人对自己终身发展的主观需要。因此,教育需要开放办学、多元化办学,建立完善的终身教育体系,建设学习型社区、学习型社会,统筹正规教育与非正规教育、学校教育与社会教育的发展,使教育真正服务于人生发展的全过程。这是未来教育落实科学发展观的重要方面。教育过程中,教育应当以学生为中心,走向"学生本位"的教育实践。要克服以前应试教育体制下见"物"不见"人"、学生成为教育者手中任意造型的材料、人成为满足某个特殊目的的工具的畸形教育。以人为中心就是教育的内容、目标到教育方法的选择都应当从学生的需要出发,改变以成人、以城市为取向的教育价值观,建立多元化的教育内容、教育模式和教育评价标准,使不同地区的人,不同个性、兴趣和资质的人,不同年龄阶段的人,都能从实际的教育活动过程中得到益处。

2.树立全面发展观,使教育服务于人的一切发展

教育全面发展,一是指教育系统自身的全面发展,即各类型教育的全面发展。在教育类型上,我国教育已基本形成多样化的格局。我们要在这样的基础上,不断优化各类教育之间的比例。比如在国家发展教育财力有限而人们的教育需求又很旺盛的情况下,可以通过政策和法律手段大力发展民办教育。二是指教育要促进人的全面发展。马克思主义经典作家始终认为,从本质上说,人是一切社会关系的总和。现实中的人是全面的、丰富的、完整的,无论处于哪一种社会分工中的人都是以其综合的素质和全面的社会身份出现,没有纯粹的经济人、政治人、文化人或生物人,而只有现实的、完整的社会人。以前功利化的教育就是把受教育者分离成一个个单面人、一个个教育目标的碎片或实现某个特殊目的的种种工具。

3. 树立协调发展观,统筹兼顾各级各类、各地区教育的发展

教育协调发展,就是要求在发展中实现教育与经济、速度与效益、数量与质量、规模与结构、公平与效率的有机统一,促进发展的良性循环,实现最大教育效益,为促进国民经济发展和社会全面进步、增强综合国力和国际竞争能力提供人才支持和知识贡献,要避免教育发展的滞后或过度超前。

树立教育协调发展观,从教育宏观层面,主要通过政策扶持和国际财政投入,尽快缩小我国教育"一脚长、一脚短"的差距、中西部教育和东部教育的巨大差距以及农村教育和城市教育的巨大差距。从教育中观层面看,树立教育协调发展观,主要从教育层次、学制体系、专业结构和教育布局的调整上入手。在教育层次上,我国重视高等教育,忽视初等和中等教育,高等教育投入远远大于初、中等教育。在学制体系上,缺乏畅通的衔接和沟通渠道,没有形成适应终身教育需求的教育体系。在教育布局上,我国高校和重点学科及学位点相对集中于沿海和几个中心城市,西部一些省份没有一所重点大学;重点中学又集中于城市,偏远地区和农村孩子难以接受优质教育,使区域发展不能享受到教育发展带来的经济社会效益。此外,随着出生人口的降低、学龄儿童人数下降,农村和城市学校都亟待做进一步合理调整和科学布局。

4. 改变教育增长方式,树立可持续的教育发展观

可持续发展是我国"九五"计划和 2010 年远景目标纲要确立的走向 21 世纪的两大国家战略之一。教育是可持续发展的核心推动力。树立可持续的教育发展观,首先要重点解决好以质量为代价换取规模扩张或者说粗放式经营的教育发展问题。

在教育改革方向上,要克服盲目提倡与国际接轨而忽视本土教育优势和特色的倾向。作为一个"后发外生型"的国家,我们处在工业化与信息化、现代与后现代的夹缝之中,教育发展应当是在追赶和超越之间选择平衡。在教育的效率与公平关系上,要兼顾公平和效率。未来教育发展要把加快发展与增加投入、改善办学条件紧密结合起来,与调整学科结构、巩固和提高质量紧密结合起来,把国内的教育改革与国外教育发展的趋势合理地结合起来,把教育发展的当前利益与长远利益、局部利益与整体利益、少数人的利益与大众的利益结合起来,这样,教育自身才能稳定和可持续发展,才能促进经济和社会的可持续发展。

5. 确立正确的教育评价标准,建立科学的教育评估机制

教育评价观是教育改革、教育发展的"指挥棒",有什么样的教育评价观和评估标准,就会有什么样的教育改革行动和教育发展。近年来,我国教育快速发展,但对于什么是最优的教育、什么是最好的教育发展状态,似乎思考得太少。从目前的情况来看,主要的问题是缺乏合理的评价标准体系和评估机制。我们认为评价教育发展最高的标准,就是看教育能否促进经济发展、社会进步、文化繁荣、政治民主;能否促进人的全面发展,满足人民群众日益增长的、多元化的教育需求。为此,需要建立和完善一系列的教育评价标准体系

和评估制度,如各级各类学校办学标准（包括师资、校舍、仪器、设施、设备、生均经费、师生比例等）、高等学校教学质量评估标准和制度、义务教育发展国家基准、基础教育教学质量评价标准、教师教学质量评价标准、学校办学效益评估标准、学生发展评价标准等。现有的评价机制,一是价值取向单一,评价标准缺乏多元;二是评价由行政部门主持,自上而下进行,教育行政机构集"唱戏""评戏"于一身。落实科学发展观,一方面要建立与以人为中心的科学发展观相适应的评价标准,加强教育行政督导;另一方面,要跳出教育评教育,就是要建立民间的教育评价中介组织,主要由教育界外人士组成评估专家组,建立评估机构,来评价教育,评估学校的办学质量水平,并定期向社会公布;学校也可以主动向这些机构申请评估,向社会展示自己的教育质量、水平。

二、进一步加强教育法治建设，实现依法治教

1. 健全我国的教育法体系

有一个较为健全而严密的教育法规体系,是全面实现教育法制的前提条件。目前我国已出台《教育法》《义务教育法》《教师法》等多项教育法律,其他教育行政法规、规章也很多,这比起过去没有教育法律的年代,已是长足的进步,但这还远远不够。我们的教育法规体系规模还狭小,数量也不足,尤其是教育的单项法律,很多还没出台,致使教育的众多领域,如教育的投入、各级教育行政机构的组建和职权范围、高等教育的体制和建设、社会教育、在校学生意外伤亡事故的预防和处理等,至今还无法可依、无章可循。从立法技术上说,教育法律法规的用语比较空泛,原则性表述多,可操作性不强。教育法规是教育行为的规范,应该解决由谁做和怎么做的问题。因此,可操作性应是教育法律法规用语的最重要的特点。一般而言,高层次的法律法规可以较为原则,而低层次的法规性文件则必须详细,最后达到能够解决法律执行过程中可能遇到的所有问题。我国教育法律法规在立法技术上的缺陷,必然影响法律法规应有的效力。教育法规中还有相当一部分用了"暂行""试行"的名称,有的已用了十几年,长期"试用",既不进行修订也不作为正式法规发布,必然降低教育法的效力和权威。所以,我国的立法机关应加速教育立法工作的进程,力争早日出台一批迫切需要并有广泛影响力的教育法律。

2. 强化教育行政执法力度

教育行政执法要求行政机关严格按照法定职权和程序,正确适用法律法规,做到有法必依、执法必严、违法必究。然而,一些地方却大量存在有法不依、执法不严、违法不究的现象。如《教育法》规定地方政府用于教育的财政拨款要做到"三个增长",但不少省、县多年来一直没有依法执行,却没有受到任何制裁。究其原因,一是行政机关工作人员教育法律意识薄弱,权大于法的观念依然存在,依法治教的行为还不自觉。二是不少教育法律法规没有明确的法律责任,没有明确的罚则。尤其是某些教育法律法规在具体执行中涉及多个部门时,因法律条文规定不明确、具体,造成执法主体之间相互推诿、互不负责。

3. 进一步提倡司法介入

很多人认为，教育法从性质上讲属行政法的范畴，故教育的执法、监督和责任追究在行政范围内解决就行了，没必要通过法院解决。实际上这是一种误解。教育法所调整的社会关系，属行政关系，但也有不少超出了行政关系范围，单单通过行政渠道解决不了。退一步讲，即使是属行政关系的问题，也不只能在行政系统内部解决，必要时也可由法院出面干预。例如当前我国有些家庭困难或贫困地区的儿童上不起学，完不成义务阶段的课程。很多国家规定，学校有权向法院起诉，追究学生监护人的法律责任。在我国，法院受理此类案件很少，学校也对这类事件看得很淡，致使学生流失情况长期得不到缓解。这就说明，学生流失问题单靠行政部门出面解决是有局限性的。很多教育违法行为，在国外要承担刑事责任，而在我国只追究行政责任，行政解决不了的只能束手无策了。把教育法单纯看成是行政法的一部分，显然不利于严肃执法，如果有很多的司法介入，教育法的执法力度和威慑性就大大增强了。

4. 开展国外教育司法判例的研究

不少国家，特别是教育法律较完备的经济发达国家，在教育执法和司法方面积累了很多宝贵的经验，也有很多值得借鉴的教育判例。例如美国和日本，有些著名的教育判例深刻揭示了教育的本质、特性和过程，对教育的发展产生了深远的影响。过去我们过多注重教育法理的研究，对国外实际判例的研究重视不够，结果给人一种印象，教育法的研究似乎只是一种思辨的、纯理论的研究。实际上，教育法对于教育行政管理工作的作用，并不仅仅是一种理论指导的作用，更重要的是它能直接用于教育实践，它是一种看得见、摸得着的东西，通过许多实际案例和判例就能够充分反映它的真谛。只有这样看待教育法，我们的思路才会更开阔，执法能力才能得到增强，教育法在教育行政管理过程中的作用才能真正得以体现。

5. 加大教育法制监督的力度

当前，我国教育法制监督主要有各级人大监督、行政监督、执政党监督和社会监督。从目前情况看，教育法制监督乏力。一是有关监督的法律规定，实体性规范较多，而程序性规范较少。二是法律对某些监督内容的规定过于抽象，难以操作。三是人民参与监督的性质、地位、作用、基本原则和方法、途径缺乏系统的法律依据和法律保障，人民监督处于软弱无力的地位。四是我国各级人大的教科文卫委员会和教育行政主管部门均无专设监督机构，监督工作显得零打碎敲，缺乏系统性和计划性。五是实践中产生的行之有效的监督形式尚未被法律确认并加以规范化。

6. 深入开展教育法制的宣传

与依法治教的要求相比，我国的教育法制宣传力度不大，公民教育法律观念差，教育执法意识薄，社会还未形成自觉遵守、维护、执行教育法律的大环境。需要更加深入地宣传学习教育法律法规，使每个公民能够自觉履行教育法规定的义务，正确行使教育法赋予的权利。

　　教育法制的建设任重道远,需要完善教育法规体系,提高教育法规的质量,增强依法行政的观念,严格依法行政,加大教育法制监督的力度,深入开展教育法制宣传,提高全民法律意识素质。

第十章 新生代大学生的教育管理策略

第一节 更新大学生教育管理理念

随着当今国际形势的深刻变化和改革开放的不断深入,高等院校学生教育管理工作既面临有利条件,也面临严峻挑战。面对新情况和新问题,需要高等院校管理者重新思考高等院校自身所处的社会环境变迁,正确认识全球化、网络化、数字化、信息化给学生管理工作带来的冲击,积极探索新环境、新情况下学生管理工作的新思路、新理念,为大学生的学习、生活提供最大可能的指导和帮助,使他们能够健康成长、成才。

教育管理理念是高等院校育人工作的核心因素,是统领学校育人工作的灵魂,对于其他因素具有显著的整体制约性和指导性。在对大学生心理健康影响因素的研究中发现,大学生心理健康因素受到学校教育的影响。从当前大学生心理健康状况以及对其影响因素的综合分析来看,要促进大学生心理健康水平提升,高等院校的大学生教育管理理念必须进行革新。从整个高等教育领域发展来看,我国高等院校正在从扩张办学规模向提升人才培养质量的道路迈进,正在经历由只专注学生知识技能的培养向更加重视学生心理潜能的开发转变,要完成这样的变化,也必须从总体教育管理理念的革新开始。

一、新时期高等院校学生管理工作面临的新情况

1. 全球化意识和社会主义市场经济对高等院校教育管理工作的影响

全球化意识就是指在世界范围内起作用的正在形成过程中的世界整体意识和全球文明。全球化意识的弥漫和渗透趋势在不断加强。全球化借助网络技术成为一种现实的运动,并在广度、深度、强度和速度等方面都达到了前所未有的程度。实际上,每一个人,不但是某一个国家的公民,而且也是地球村的一个村民,即世界公民。地球上任何地方发生的事件和危机,都可以迅速传遍每一个角落。学生的思想也处于一个更加开放的环境,特别是国外敌对势力利用经济、政治、军事优势,加紧对我国实施"分化""西化"图谋,利用各种手段和渠道对青年一代进行思想文化渗透。在这种情况下,如何让青年学生充分吸纳国外优秀文化成果,又能自觉抵制不良思想的侵蚀,是高等院校管理者应当思考的一个重要问题。

随着社会主义市场经济的深入发展和不断完善,我国社会经济成分、组织形式、就业方式、利益关系和分配方式日益多样化,大学生思想活动独立性、选择性、差异性日益增强,这些也使学生管理体制面临新考验。

2. 信息与网络时代对高等院校教育管理工作的冲击

卫星通信、数字化、多媒体和计算机网络等技术的发展，对高等院校产生了巨大的影响，校园的网络化、信息化、智能化、个性化特色，真正突破了传统的教室和校园围墙的界限，使知识的创新、传播、转化和应用的速度变得空前便捷。网络已经促成一所所没有围墙的大学的诞生。信息化、数字化、个性化的社会环境为学生提供了天地广阔的生活空间，他们获取知识和信息的渠道比以前的人多得多，获取信息、传递信息的手段比以前更先进、更快捷。外部世界的多样化，再加上学生缺乏辨别是非、认清善恶的能力，最终导致学生对传统文化认同度降低。这对高等院校的学生管理思想、管理体制和管理方法造成了巨大的冲击。

二、新时期高等院校学生管理工作的新思路

1. 树立"以学生发展为本"的教育价值观

教育价值观既体现为学校教育的价值取向和追求，也体现为人们评判学校教育价值有无、高低和大小的重要指标。高等院校的教育价值观表达了高等院校教育活动的最高价值追求，它决定着高等院校育人工作的核心价值行为，当前高等院校育人工作存在的许多问题的核心就是其教育价值观问题，其中也包括大学生心理健康问题。面对大学生心理发展和素质提升的现实需求，高等院校必须树立"以学生发展为本"的教育价值观，以促进大学生教育管理工作。在这里，"以学生发展为本"的教育价值观应包含三个含义。

（1）学生的"人的价值"是高等教育价值的中心

理论上人的价值具有个人和社会两个不同属性，在现实中如果人的价值是由他所创造的社会价值所决定的，那么他全面自由发展的水平决定着他创造活动的水平，进而决定着他所创造的社会价值。从这一视角出发，大学生的自我价值同其创造的社会价值应该是统一的，这也就是大学生个体作为目的和作为手段的统一。因此，片面强调大学生个体的价值就是对他人、对社会的贡献，忽视其个人发展的需要甚至否认个人的价值主体地位的教育价值观，就是没有领悟到人的自我价值与社会价值的辩证关系，必然导致高等教育中学生的主体地位被抹杀，使得高等教育成为"无人"的教育，更别说大学生培育了。在当前高等教育领域，许多高等院校仅仅是把"以人为本"的理念停留在口头上，还没有真正深入头脑，成为行动。面对各种指标和短期效益，这一理念往往被抛到脑后，这也是导致大学生心理问题的根源。因此，无论从哪个方面来说，高等院校教育活动的价值必须以学生的个体发展为中心，也就是以学生的"人的价值"为中心，这是高等院校培育大学生的前提和基础，脱离了这个中心，高等教育活动的社会价值以及经济价值、文化价值等也不可能实现。

（2）高等院校教育价值的提升来自学生价值的提升

人通过接受教育获得生活技能和智慧，精神世界得到进一步丰富和发展，从而使生活

更加有意义。教育对人发展的决定性作用表明教育活动就是为人的发展和创造活动开展和设计的,教育中的所有因素的价值都是在提升人的价值过程中得以显现的。可以说满足大学生身心发展的需要是高等院校教育价值的主要体现。在现实中,文化传承、服务社会、科技创新固然体现着高等教育的价值,但是对于教育价值的整体考量,学生价值的提升才是彰显教育价值的根本,因为人的价值是创造其他价值的基础,所以,如果没有学生的全面发展,没有学生素质的提升,教师发表再多的论文、产出再多的科技成果,都体现不出教育的根本价值,是本末倒置的价值考量,是违背教育伦理原则的价值取向。

（3）促进个体和谐发展是高等院校提升学生"人的价值"的根本前提

高等教育的基本功能就是提升人的价值,即提升大学生个体的人格价值和社会价值。在高等教育提升人的价值的过程中,只有首先使其个人潜能和素质得到充分发展才有可能实现其价值的更大提升,从这个意义上说,促进大学生个人的全面发展,是提高其个人价值的根本前提。从教育学意义上理解,大学生的全面发展是指其基本素质的全面发展。正如德国心理学家爱德华·斯普朗格所说:"一个真正受了教育的人,不单体会到学识,并能了解经济利益的意义,欣赏美的事物,又肯为社会服务,进而对生存的意义也能彻底体会。"这正是新时期对大学生全面和谐发展的基本要求,也是大学生心理素质发展和提升的内在需求。可见,只有大学生具有了完整人格才能发挥更大的影响力,只有个体的社会价值得到充分展现,大学生才能更加自信、乐观,才能具有发展动力和更强的意志力。

2. 树立正确的高等教育伦理实践效益观

高等教育存在的价值合理性就在于能够依据人的成长发展需要和社会发展客观规律,开展有目的的、自觉的和能动的教育活动,实现其承载的促进人的全面自由发展和为社会发展培育高素质创新人才的功能。高等院校教育只有在两者之间找到一个相互协调的平衡点,才能很好地完成这两项基本功能,这是高等院校教育伦理实践效益的基本标准和要求,也是保障高等院校有效开展大学生管理培育工作的前提条件。

（1）高等教育伦理实践应体现出个体层面的价值功能

高等教育伦理作为一种道德行为规范,起着调节教育活动中教育主体之间关系的作用,它规定着教育主体应该做什么和怎么做,引导教育主体行为以"善"为价值取向,推进受教育主体的全面发展。高等教育伦理作为一种特定领域教育活动的内在善恶规范,对于受教育者应当如何发展、成长为什么样的人,在实施教育行为之前,已经预设好了预期结果和路径,并据此结果和路径组织教育实践,使受教育者在教育实践的影响下形成具有鲜明自我特征的个性品质,并按照预期路径实现个人的自由全面发展,最终成为人性得到全面诠释的真正的人。高等教育伦理作为高等教育主体把握教育实践活动内在本质的特殊方式,还反映着主体行为的价值意识,引导着主体对现实高等教育实践活动的价值选择,对主体的人格完善和发展具有促进作用。

（2）高等教育伦理实践应体现出社会层面的价值功能

高等教育伦理作为社会伦理系统的一个组成部分，在对象和内容上包含社会的各个层面，主要是通过受教育的人对社会产生间接导向作用。高等教育的基本功能是培养高素质创新人才，通过培养人才为社会生产服务、为经济发展服务、为政治活动服务、为文化传承服务等，实现高等教育的经济价值、政治价值和文化价值，即社会价值，因此，高等教育伦理的社会价值也要最终通过其培养的人去实现，并体现为一种社会功能。高等教育伦理作为调节教育主体教育活动的道德规范和价值精神，其实现自身社会功能的基本路径就是通过优化教育发展和提高受教育者的整体素质和能力，进而促进社会现代文明的发展。从一定意义上讲，高等教育伦理这一社会功能具有一种特殊的人力资本价值，不但对社会的政治、经济和文化发展发挥着积极作用，而且对个体的自我效能、希望等品质的发展也起着特殊的作用。

高等教育伦理的个体功能和社会功能是不可分割的两个方面，高等教育伦理实践的理想效益就是通过高等院校教育活动使其具有的个体功能和社会功能达到统一，促进两个功能的和谐发展。

3. 凝练全方位育人的学校育人观

高等院校教育过程中包含着很多影响大学生心理问题的因素，如师生互动过程中的人际支持、成就动机的激发、教师个人魅力和教育管理主体素质的影响以及学校制度文化和环境文化熏陶等，这些因素都会对学生心理活动过程产生潜在影响。因此，树立全方位育人管理思想对大学生培育管理具有积极作用。目前，多数高等院校的管理者都认识到了全方位育人的重要作用，但是在如何实现全方位育人、如何通过系统的全方位育人方案提升大学生心理健康和整体素质水平方面还没有成形的思路或做法。在此，高等院校有必要进一步凝练和明确全方位育人的育人观，使学校管理架构中的每一个方面都充分发挥自身优势，形成合力，进而促进大学生整体素质的有效提升。

（1）"全方位"要体现在一个立体的、系统的整体上

高等院校教育过程中包含的影响大学生心理健康的外在因素是多方面的，既有教育者的主体作用，也包含着环境因素。教育主体内涵非常丰富，从广义上讲，教育主体不仅包括教师、后勤人员、管理人员，也包括大学生自身和家长等，但是从直接发挥作用的主体看，主要体现在辅导员、教师、学生群体和家长等几方面。环境因素是影响大学生心理发展的重要外部因素，主要包括非物质环境和物质环境。在这里，环境的创造离不开教育主体的作用，不同的教育主体发挥着不同的积极作用，大学生的外在影响因素充满了复杂性、联动性和特殊性，这就构成了与大学生个体内在因素相互作用的一个外在的立体的整体系统，在这个动态的整体系统中，每个影响因素在不同时期、不同事件中的作用又不同，它们之间互相促进或者互相抑制。因此，全方位育人就要充分发挥各要素的整体性、联动性和积极性，发挥影响因素的立体作用，不能将各要素割裂开来单独审视，期望其独立发挥作用。

（2）"全方位"还体现在教育主体影响作用的多面性、复杂性上

在高等院校育人过程中，影响大学生心理问题的因素来自方方面面，呈立体型。就每一个因素来讲，它的作用又体现在多个方面，这些作用有可能是互相促进的，也有可能是互相抑制的，并且每一个作用的影响力大小也不尽相同。例如教师既可以通过良好的师生关系为学生日常生活提供积极的人际支持，进而对学生人格发展产生积极影响，也可以充分发挥自己的才华，在教学活动中充分展示自己的人格魅力感染和影响学生，还可以精心设计教学过程和教学内容，通过教学过程的实施和教学内容的展现影响学生，等等。通过调查发现，在每个教育主体的作用中，人际支持作用对心理问题影响作用最重要，主要包括家长的人际支持、教师的人际支持、同学的人际支持等。因此，全方位育人不仅要体现在育人主体的丰富性、系统性上，还要体现在每一个育人主体作用的多面性、复杂性上，全方位育人要切实考虑到每一个教育主体的育人优势，充分发挥优势作用。

（3）"全方位"还体现着校园文化作用的立体化

从高等院校育人过程的宏观角度来看，校园文化作用是全方位育人工作的一个方面，它与各个教育主体互相联动。但是就校园文化自身来看，它又是一个由各种因素构成的立体网络结构，既包含意识形态的内容，也包含物质的一面，如校园制度文化、学术氛围、社团文化、校园环境等。这些结构相互作用、相互影响，构成了一个整体，在育人过程中发挥着重要作用。在意识形态方面，有的通过各项制度体现，有的通过行为活动体现，还有的通过校园历史的积淀体现；在有形的物质方面，有的通过校园环境体现，有的通过教学设施体现；等等。无论是物质的还是意识形态的，都通过其特有的方式对大学生的心理活动、思想意识发挥着作用，其作用的大小也会因学生群体自身特点的不同而不同、因作用方式和强度大小的不同而不同。因此，高等院校校园文化建设既要考虑不同影响因素的作用方式、作用效果，又要考虑不同大学生群体的自身因素。

4.创新高等院校生涯教育观

生涯规划能力是大学生应该具备的基本能力，是大学生开展生涯规划的基础，是大学生实现其全面发展的前提条件。高等院校生涯管理就是为帮助大学生做好生涯规划，培养大学生生涯规划能力而针对个体开展的一系列影响活动，通过一系列的制度、措施引导和帮助大学生规划生涯，提升其生涯规划能力，使之能够有效规划大学生涯，自觉开发潜能，为以后的生涯发展奠定能力基础。我国高等院校开展大学生生涯教育起步较晚，多数高等院校的生涯教育偏重于职业指导和职业规划，没有形成中国本土化的高等院校生涯管理理念，我国当前高等院校生涯管理仍存在许多问题，高等院校生涯管理工作不能适应大学生生涯发展需要。因此，高等院校在大学生心理健康培育和提升过程中应创新高等院校传统生涯教育观念，树立生涯管理意识，强化学校生涯管理工作。

（1）高等院校生涯管理的主要任务是培养大学生的生涯规划能力

高等院校生涯管理是指高等院校为实现高等教育的人才培养目标，满足大学生个体全

面发展的实际需求，对大学生在校阶段的生涯发展实施的管理和辅导工作，其主要任务是培养大学生的生涯规划能力，具体来讲有以下几方面：一是培养大学生生涯探索能力和自我经营能力，使学生正确认识自我、了解自我、接纳自我，具有强烈的生涯发展需求，能够清醒地面对未来的职业发展，了解相关职业领域的发展需求和现状，努力充实专业知识，提升职业技能，积极探索自己潜能发挥的有效途径，等等；二是培养大学生生涯决策能力，使学生在生涯发展的一系列决策过程中，知道如何设定生涯目标和及时调整目标，如何确定自己职业发展方向和未来职业范围，在面对抉择时，能实事求是地看待问题并做出正确决策；三是培养大学生生涯行动及监控能力，使学生在计划执行过程中能够通过有效的时间管理、建立良好的人际关系，积极适应周围环境变化、创造性地解决问题来保证计划实施，及时调整不合理计划以及就自己发展的不足积极提升自己，以适应生涯发展对个体的新要求。

（2）以"生涯管理"基本理念指导学生开展职业生涯规划

从生涯发展角度来看，大学生正处于对未来职业进行探索阶段，只凭个人的经验和能力很难对未来职业生涯进行准确定位，开展合理规划。高等院校开展生涯规划指导，可以帮助学生进一步正确认识自己的兴趣、职业意向、职业潜能和职业素养等，使其尽早明确职业发展目标和方向，从而及时调整专业知识结构，弥补实践技能的不足，进一步增强职业综合素质和就业竞争力。因此，生涯管理要从观念上消除把职业指导等同于就业安置或提高就业率的误区，充实就业指导工作内涵，转变就业指导工作思路，把就业指导的重心转向学生生涯规划指导，不断激发学生职业规划的意识，引导和帮助学生选择正确的职业生涯发展路径，以实现学生期望的自我社会价值。

（3）高等院校生涯管理是对学生的教育实践实施的全方位指导

完全意义上的高等院校生涯管理是以生涯辅导为基础的全方位指导，主要包括与学生的个人发展愿望相结合、与学校的整体教学过程相结合、与国家和市场发展对人才的需求相结合三个方面。大学生涯管理是指培养生涯规划能力的教育活动和辅导活动，通过制度建设、计划制订、教育教学活动、师资队伍建设来实现学校影响。例如学校可以要求专业任课教师将关于学生生涯发展认知、生涯态度等有关内容融入教学内容中，可以要求指导教师将生涯管理有关要素融入社会实践和第二课堂活动过程中，潜移默化地培养学生的生涯规划意识和能力。

（4）重视高等院校生涯管理的理论研究

近年来，国内高等院校为了适应社会对高等教育人才培养的需要，推动高等院校毕业生就业制度改革，纷纷开始了校园生涯管理的探索。但各高等院校的职业指导工作无论是实践层面还是理论层面，多数是对国外一些经验的复制和套用，还没有真正从个体全面发展的角度开展大学生涯管理，还需要系统开展职业规划辅导和生涯发展管理研究，需要开展高等院校生涯管理模式、职业心理测试量、就业评价体系等理论层面的探索，建立本土化的生涯发展理论体系。只有开展扎实有效的理论研究才能为高等院校生涯管理实践提供依据并指明方向。

5. 树立科学的生命意识教育观

生命意识是人对自己和他人的生命存在价值的一种认知与感悟。具有良好生命意识的人,热爱生命、珍惜生命,善待自己和他人的生命,对生命及生命关系有一个良好认知,能正确认识、理解、把握自己的生命价值,形成个体完善的人格品质。高等院校生命意识教育的目的就在于使大学生树立良好的生命道德品质,使其能够正确认识和把握生命与人类社会同自然环境的关系,促进各种关系和谐融洽,使自己在追求生命价值最大化的基础上生活得更有意义,更有利于个体全面和谐发展。因此,高等院校生命意识教育的核心内容应该是积极培育大学生的生命道德。

人的社会属性决定了其在正常生活中时时刻刻都要与自己、他人、社会环境发生各种各样的关系,在这些互动关系中,每一个人都承担着对自己、对他人和对社会的各种责任。在这些责任当中,个体对自己、对他人及对人类生命的责任是最基本、最重要的,也是生命道德的基本要求。对生命的责任意识是生命道德的基本内容,生命道德是调整人与自己生命、他人生命、人类生命以及终极理想之间关系的道德。生命道德源于人对生命的关注,是人们对待生命的德行品质,是调节人们有关生命行为的特殊规范的总和。生命道德的意义在于追求生命神圣、生命质量和生命社会价值的和谐统一,是指导个人处理与自己生命、与他人生命、与人类生命以及与精神生命之间关系的行为规范。生命道德是人的生命关系的应然,心理健康是人的关系世界的实然反映,回归到人的生活世界,两者在本质上具有统一性,都是为了追求人与自我、人与自然、人与社会以及人与精神信仰的和谐关系。这种"关系性"上的统一性,使生命道德成了影响大学生心理健康的重要因素。积极的生命价值观能够引导大学生面对生活中的困难摆脱消极心理状态,积极的生命道德行为有助于大学生获得积极情绪体验、社会支持和成就感,良好的生命道德品质有利于解决大学生成长中的发展问题,生命意义感能提升大学生的自我价值感和主观幸福感。因此,积极培育大学生的生命道德能够促进大学生心理健康的培育和提升。

第二节　创新大学生教育管理方法

面对当代大学生心理健康现状及其存在的心理问题,高等院校应从实际出发,探索有利于当代大学生心理健康发展的教育管理新方法。创新大学生教育方法要坚持意识形态引导与行为管理相结合、整体性推进与关注差异性相结合、理论研究与实践创新相结合。

一、突出生命价值取向的建构

生命价值取向是一个人确立其与自我生命、他人生命以及自然界生命关系的基础,这些关系直接影响着人的性格特征的形成、人际关系的构建以及价值观的确立等,是个体意识形态对心理活动和行为表现具有根本影响的重要因素。因此，高等院校在大学生教育管理中更应突出对大学生生命价值取向的构建，以此促进其心理健康发展。

1. 培养正确的生命意识

部分大学生之所以对来自自身的影响因素敏感性不高，主要是他们获得了家庭和社会的过多关注和关爱，个体缺乏对生命关系和生命价值的真正思考，缺少来自内部的自觉意识。生命意识是人对生命存在和生命价值的认知与感悟，是人在对生命存在的认识和理解的基础上，通过实践活动追求生命关系和谐、生命社会价值延续的自觉意识。大学生具备正确的生命意识，更有利于清晰定位人生目标，明确生涯发展目标，进而在实现生命社会价值的过程中，实现自身全面发展。因此，高等院校要强化大学生的生命意识教育，帮助他们形成正确的生命意识，具体应从四个方面把握。

（1）引导大学生树立珍惜一切生命的意识

生命是宝贵的，是个体存在的基础和条件，个体生命的存在也是人类创造和实现一切的先决条件，因此，生命意识教育的基础在于关爱、珍惜生命的教育。同时，人的本质不是单个人所固有的抽象物。在其现实性上，它是一切社会关系的总和。珍爱生命不仅是个体生存的需要与权利，更是一种责任与共同生活的基本法则，珍爱生命就是不仅要珍惜自我的生命，更要关爱他人的生命。无视他人生命的人也不可能对自己生命的存在和价值有正确的理解，更不可能有崇高的人格品质。珍爱生命的教育，应当是自我与他人、权利与责任相统一的教育。"出入相友，守望相助，疾病相扶持，则百姓亲睦。"这既是我们中国人追求的道德理想，也是建设社会主义和谐社会的目标之一。人与人之间只有互相关爱、互相尊重，才能真正尊重和珍惜生命，尊重他人选择生存方式的自由。教育学生珍爱生命，就是要教会学生认识生命的珍贵，珍惜自我和他人生命的存在，就是要培养学生的生命责任感和对生命的感恩之情、学会关爱、学会宽容，学会共同生活，懂得用爱心去回报关爱。

（2）培养大学生对生命的责任意识

人的社会性本质决定了人在正常生活中，必须与自己、他人、社会发生各种关系，任何人都必须向自己、他人和社会承担起自己在社会中的责任。其中，对自己、他人及他类生命的责任是最基本、最重要的，这也是道德的基本要求。对生命的责任意识是生命道德的基本内容，也是一个人社会责任意识的基础和根本。大学生责任意识缺失现象是受多方面因素影响而形成的，最重要的是两方面原因。一是学校教育的失误和缺失。大学生生命道德教育一直受到传统道德教育思维方式的影响，内容过于理想化，目标脱离个人的需要和利益，其教育过程互动不够，形式化明显，没有形成完整体系，实效性较差。二是社会环境的消极影响。在当前社会上一些错误认识和不良影响不可避免地会对大学生的思维方式、意识观念、行为活动等造成冲击，自私自利、损人利己、金钱至上等现象依然存在，以人为本、尊重生命、追求生命意义、提升生命价值的良好社会氛围尚有待加强。

（3）引导大学生积极探索生命的意义与价值

人的生命是有价值的，价值是人存在的基础和依据，对人生意义的追求、对生命社会价值的追求是生命价值的最高体现。生命教育应该引导大学生从外在化、功利化、世俗化的目的中解放出来，积极探索生命的意义，努力提升生命价值。生命的意义不仅指个体生命的意义，也指人对人类在宇宙中位置的思考，以及对人类"类生命"本质的思索，两者是相统一的。因此，探索生命意义、提升生命价值的教育应包括以下三方面。一是创造生命价值的教育。人的生命就是意义生命，人是一种价值实体。意义不是客观存在的，它是经过人主观努力创造的。二是体验生命价值教育。大学生注重自我实现，应积极引导学生认识到自我实现是一个过程，其中那些微小的进步未必会带来权力、金钱、地位等外在价值决定性的改变，但都会给个体带来生命的高峰体验，从而使个体对生命价值的认知发生良好转变，对生命的价值和意义有所领悟。三是引导学生把生命个体价值与社会价值统一起来，体现生命价值的最高形式。人是一切社会关系的总和，是地球村中的一员，将大学生的视野引向整个社会、整个人类和宇宙，将生命个体与社会、与他人、与自然结合起来，才是生命价值的最高体现。

（4）引导学生建立科学合理的生涯发展目标

生命的意义体现在为自己明确的人生目标不懈奋斗的过程中，平时那些生活态度积极、获得较大价值感和成就感的大学生，是有明确的目标并不断向目标迈进的人。生命意识教育内容之一，就是引导学生确立一个正确的人生目标，并鼓励他们为之努力奋斗，在有价值感的活动中体验生命的意义，实现生命的价值。大学生的人生目标既与社会需求相统一，也与个人兴趣、爱好和追求相一致，既有长远、持久的目标，也有短期的实施计划，既包括人生规划，也包括人格完善，是一个身心和谐、持续发展、志存高远的目标。

2. 创新生命道德教育

高等院校生命道德教育在传统道德教育思维方式的长期影响下，教育内容过于理想化、抽象化，教育目标脱离个人客观实际需要和利益，教育过程呆板僵化，互动不够，没有形成完整体系，实效性较差。创新大学生生命道德培养路径应注意把握三个方面内容。

（1）加强对"个体"的关注

生命道德教育是重视个体本身的道德教育，需要构建整体性德育体系并调动学生的主体意识和个体意识。传统的道德教育注重弘扬社会或集体的利益，"忘我""无私"的思想受到推崇，其中"忘我"的道德教育更多考虑的是为"他人"的，对个体道德的自主性、生命价值的尊严、自我利益的正当性等没有给予更多关注和应有重视。在现实世界，人既是一个实体，更是一种关系存在，每一个人都存在于与他人的关系之中：他人的存在是每一个人存在的条件，个人的发展只有在与他人的关系中才能实现。每个人为了自己，必然要做一些有利于利益相关者的事情，这些人当然是在自己所属群体中生活的人，包括自己的家人、同学、同事等。此时个人的"私"实际上已经不是单纯的"自私"，作为个体的"我"

也不再是狭义的"小我",而是广义的包含其他人利益的"大我",这种"大我"与单纯"小我"之间直接相关,而不是割裂的、空洞的、排异的。因此,高等院校开展生命道德培育不能只注重为他人、为人类奉献的教育,更应该关注"个体",个体生命价值、利益在生命道德教育中应同样受到重视。

（2）开展生命叙事活动

所谓生命叙事活动就是指表达自己生命故事的活动。生命故事是指个体在生命存在与成长过程中逐渐形成的对生命的感受、经验、体验和追求,既包括个体自己的生命经历、生活经验、生命追求,也包括个体对他人生命存在的感受、经验、体验和追求的感悟。生命叙事过程会直接触及个体或个体对他人生命的生活经历、情绪感受、情感表达、生命经验等的认知,并再现这些生命经验,触发生命体验,感悟生命意义,有助于大学生对自己生命情绪、情感认知的调节,有助于大学生生命责任感的形成,也有助于大学生正确处理与自己生命的关系。生命故事本身凝结着个人对自己或对他人人生重要经历的理解和经验,生命叙事过程就是将其再次间接呈现出来,在他人讲述的过程中不仅会使自己获得对生命道德关系的新感悟,也会使自己获得一种内在的对自己和他人生命价值与意义的责任感。大学生讲述自己生命故事的过程也是自己对事物、对他人、对自己再认识的过程,可以引领自己生命成长的方向。

（3）加强生态道德教育

自然环境是各类生命赖以生存的基础,珍惜生态、保护环境是人类发展和进步的需要,高等院校应从三个方面加强大学生生态道德教育。一是要树立崇尚自然、热爱生态的道德情操。随着人们物质生活水平不断提升,追求原生态的自然美已逐步成为人们的审美追求和社会时尚,回归自然、返璞归真是当前人们价值追求的新特点,因此,高等院校应该以此为契机把大学生的审美情趣引导到尊重自然、珍惜生态、保护环境等方面来,并使之形成一种校园氛围、校园时尚,内化为大学精神的核心内容,带动每个大学生都养成一种符合生态文明要求的高尚情操。二是要唤起大学生关爱生命、善待生命的道德良知。高等院校应该从自然生态伦理视角出发,引导大学生正确认识自然界一切生命存在的客观必然性,在维持人类一定生存质量的同时,敬畏生命,自觉保护身边生命体的基本生存权,维护自然生物链条的完整与和谐。三是要培育大学生崇尚勤俭节约的传统美德。在我国现实的国情条件下,盲目追求高消费会给有限的自然资源造成极大的浪费,每一位大学生都应以节俭和适度消费为荣,树立这一美德对于社会经济发展和生态环境保护都有着重要的现实意义。

二、凸显大爱精神对校园文化的引领

高等院校大爱精神是高等院校广大师生在生活中表现出来的对自己、对他人、对国家和民族前途与命运的自觉关注、高度负责和无私奉献的精神,是高等院校文化的核心、本质内涵,是指导高等院校各种办学活动的核心精神,是大学生成长的动力和发展的精神源泉,是大学生感受人间大爱、提升领悟社会支持的巨大财富，是大学生培养积极人格品质的最好资源。

1. 在课堂教学中培养大爱精神

课堂是高等院校践行大爱精神的主要阵地之一，在课堂教学中，教师不仅要重视科学文化知识的传授，更要把爱国家、爱民族、爱他人、爱自己、无私奉献、勇于担当的精神和意识融入课堂教学全过程，把大爱精神的精髓与教师的人格魅力和科学知识的吸引力有机结合，潜移默化地影响学生，让每一个学生真正认同大爱的精髓，领会大爱的真谛。

2. 在学术活动中培养大爱精神

学术活动是更高层次的实践活动。在大学校园，科学研究工作有着自己特殊的规律，求真、务实、创新是开展科学研究活动的基本要求。在科学研究中形成的追求真理、宽广包容的精神就属于尊重真理、热爱科学的大爱精神，这种大爱精神会深深感染那些参与科研学术活动的人，潜移默化地培育着每一个参与者的大爱意识。因此，在学术活动中培育大爱精神，就是要遵循科学研究发展的规律，崇尚严谨、求真、务实、创新的学术精神，就是要关爱从事科学研究活动的群体，为从事科学研究活动的人创造宽广、包容的学术环境。在科学研究工作中展现出来的追求真理、宽广包容的精神既是爱真理、爱科学、爱师生的高等院校大爱精神在学术研究中的体现，也是高等院校学术创新活动得以顺利开展的必备要素，对培养大学生创新能力和创新精神有重要作用。

3. 将大爱精神融入制度文化建设

高等院校应把大爱的理念融入校园制度建设之中，积极推动"人性化"的管理模式，通过引导师生广泛参与民主管理来推进学校管理科学化。将大爱精神融入校园制度文化建设中，就是把大爱精神与校园各项规章制度有机结合起来，使制度中饱含着学校对教师和学生的关爱与尊重，通过制度的人性化功能调节人与人之间的利益，规范每个人的行为，通过制度强化学生自我教育、自我管理的意识，促使师生主动将个人成就、切身利益与学校的发展紧密联系在一起，形成师生与学校互信互爱的氛围。

4. 将大爱精神融入高等院校教师行为文化建设

当前，高等院校行为文化建设的重点应该放在规范教师的行为上来，切实开展师德师风建设。2014年10月，教育部《关于建立健全高校师德建设长效机制的意见》提出，高等院校要积极引导广大教师做党和人民满意的、放心的合格教师，做有社会主义理想信念、高尚道德情操、学识渊博和仁爱之心的好教师，要进一步加强和改进教师的思想道德建设，培养和造就一支思想品德高尚、业务技术精湛、充满生机活力的高素质教师队伍，这对高等院校师资队伍建设提出了新的更高要求。因此，高等院校在贯彻该意见时，应着力塑造教师严谨、努力、乐于奉献的行为品质，让大爱精神体现在每一位高等院校教师的举手投足之间，使每一位教师都能成为为人师表的榜样，成为学生敬佩的力量，默默地感染和熏陶着自己的学生，对他们的思想和行为带来积极影响。

5. 将大爱精神融入高等院校环境文化建设

高品位的环境文化不但能够加深广大师生对人生美好事物的感悟，对环境中"美"和"爱"的理解与认同，而且还有助于促进大爱精神在校园的传承与发展。因此，高等院校在进行校园硬件建设中，要将大爱的元素和自身办学特色体现其中，用校园环境特有的感染力激发师生的爱校热情，陶冶师生爱自然、爱学校、爱他人、爱科学的良好情操。例如有的高等院校在图书馆内饰设计上，刻凿有隐喻科技发展促进人类进步的浅浮雕；有的高等院校将大门设计成仿古风格，不仅表现出了浓郁的民族特色，还完美地继承了民族的、学校的良好历史文化传统。这些都是校园建设中融入大爱精神元素的生动体现。

三、注重理论研究对教育管理创新的推动

针对大学生心理问题现状存在的问题，高等院校应重点开展积极心理教育研究和生涯管理理论研究工作，促进高等院校心理教育和生涯管理工作水平进一步提升。

1. 开展积极心理教育研究

近年来，我国部分学者将积极心理学理论扩展、整合至高等院校思想政治教育、心理健康教育等实践性较强的领域，开拓了高等院校积极心理教育的理论研究和实践探索。有学者探讨了积极心理学在大学生思想政治教育中的整合、借鉴与应用；有学者分析了积极心理学与高等院校心理健康教育相结合的必要性，提出了两者相结合的具体设想与方法。

然而，当前高等院校积极心理教育中针对大学生心理问题的理论研究和实践探索方面都比较薄弱，还有许多有待进一步完善和解决的问题以及需要探索和弥补的空缺。一是高等教育领域尚未形成一套成熟的、可以指导高等院校积极心理教育的理论体系，高等院校关于积极心理教育还没有建立一套行之有效的操作模式，研究方法和研究技术亟待整合与发展，研究的内容和领域有待拓展和深化；二是建立在中国文化背景下的本土化研究还有待加强。因此，我国高等院校积极心理教育研究还任重道远，建立完整有效的理论框架、拓宽研究领域、创立和发展新的研究技术、与传统心理教育协调发展以及积极心理教育在高等教育领域的本土化研究等都将是高等院校积极心理教育研究面临的紧迫任务。

2. 加快大学生生涯理论和生涯辅导技术本土化创新

目前我国开展大学生生涯辅导主要依据国外生涯发展理论和生涯辅导技术，国外的生涯辅导理论和辅导技术为我国高等院校开展生涯辅导工作提供了有益的启示与借鉴。然而，如何将国外的理论和技术更好地应用于中国高等院校的生涯管理，并在其基础之上研究开发中国本土化的生涯发展理论和技术，是高等院校生涯发展理论和技术应用研究的重要内容。

国外理论应用要实现中外价值取向的有机结合。由于受到历史、传统文化等因素的影响，中外价值取向的差异深深地影响着人们的思维方式和心理行为。从价值取向来看，一些国家个人的价值和意义被放在首要位置，即个人主义倾向占主导，而在中国传统文化里，

集体的价值和意义被放在首要位置，提倡个人服从集体，集体主义始终是价值观念的核心。在高等院校生涯管理工作中一味强调集体和整体，忽视个体的成长发展需要，忽视个体个性的适度发展，就会压制学生的主动性和创新意识，高等院校生涯管理的实际效果将大打折扣，也背离了当前高等教育改革方向。但是完全引进国外的理论体系，就会造成水土不服，引发学生价值观混乱，使这些理论难以在实际中得到应用和发挥，背离人才培养目标和方向。因此，在国外生涯发展理论和技术的应用中实现中外价值取向的有机结合，是当前生涯发展理论和技术本土化研究的主要方向。

开发本土化大学生职业生涯测评系统。科学、客观的自我评估是实施有效职业生涯规划的前提和基础，本土化的专业职业测评更适合中国人的文化和心理特点，有利于大学生更加科学、客观地认识自己。开发本土化、专业化的职业测评系统主要有两项工作：一是要培训和配备专业的人员，以保证测评过程的规范性和结果分析的科学性；二是开发科学的、完善的测评工具，保证测评结果的真实性和可信度。本土化职业生涯测评工具的开发是本土化大学生职业生涯测评系统建设的重点和难点，需要结合我国大学生自身心理特点和我国社会职业环境特征，同时注重实践性、专业性和经济性相结合。

第三节　拓展大学生教育管理途径

面对大学生心理健康发展的要求，高等院校应该进一步拓展大学生教育管理途径，从培养大学生积极心理品质、培养大学生生涯规划能力以及构建来自家庭和同龄人的人际支持机制等方面，为大学生心理健康发展创设良好条件。

一、开展积极心理教育

当前我国多数高等院校心理教育的重点放在了普及心理健康知识、解决学生心理问题和预防学生心理危机发生方面，心理辅导和咨询工作也把消除部分学生的心理障碍和预防心理问题发生提升到主要地位，忽视了心理教育开发人的潜能和培养个体积极心理品质的重要任务，关注的对象仅是少数有心理问题的人。高等院校应该大力开展积极心理教育，促进大学生积极心理品质的培养和潜能的开发。

1.构建积极心理教育课程体系

高等院校心理教育课程应以积极心理学为指导，在课程目标、课程内容、教学方法、教学效果评价等方面进行改革。

课程目标应突出个体发展性。心理教育课程目标应由重点解决部分学生面临的问题走向关注全体学生积极人格的发展。根据积极心理学理论，心理教育的对象是全体学生，课程目标设定应包含心理问题预防、不良心理行为矫正和积极人格品质培育，重点是突出心理教育的发展性功能，要强调如何进一步优化学生心理品质和进一步开发心理潜能，培养学生的积极心理品质、积极情绪体验、积极自我概念、创造性思维品质等，具体包括培养和提升学生的创造性、洞察力、积极情绪、情绪控制能力等各种智力潜能和非智力潜能。

　　课程内容应与个体发展需求相结合。当前高等院校心理教育课程内容多以大学生常见的心理问题与疾病预防为出发点，以心理问题的症状、成因以及相应的预防和调适技巧为主，具体讲授心理学基本知识、个体心理活动规律、心理问题产生的原因及应对措施等，课程学科化、知识化倾向严重，与学生的实际需求和关注点差距较大，特别是与学生心理健康发展需求相距甚远。积极心理学视野下的心理教育应紧密与学生全面自由发展需求相结合，与学生的积极人格养成相结合，将心理学理论与生活实际相衔接，培育和开发大学生个体和群体的积极品质，最终达到促进大学生个体和群体心理优势形成和提升的目的。我国学者孟万金等人在综合考虑时间因素（过去的、现在的、未来的）、行为类型（生活的、学习的、工作的、社交的）、关系指向（对人的、对事的、对己的）基础上，将14项内容优先列为学校积极心理教育的核心内容，包括增进主观幸福感、提高生活满意度、开发心理潜能、发挥智能优势、改善学习能力、提升自我效能、增加沉浸体验、培养创新能力、优化情绪智力、和谐人际关系、学会积极应对、充满乐观希望、树立自尊自信、完善积极人格。

　　教学方法应多样化。积极心理学非常重视体验在教育中的作用，认为积极人格形成的最佳途径就是让受教育者在教育和生活中体验积极的情绪情感、认知感悟等心理活动。因此，高等院校心理教育课程中要增加各种体验环节，引领学生体验过去的、现在的积极情绪情感和认知感悟等，领悟未来的美好设计和憧憬，通过体验与领悟过程培养和提升学生内在的积极力量，激发学生的积极性和创造性，进而促进学生积极人格特质的形成和发展。高等院校心理教育课程应注重理论与实际相联系，强调集知识、体验和训练为一体的教学方法，在教学中要注重将知识讲授、行为训练、心理体验等过程有机结合，根据教学内容灵活采用知识讲授、团体训练、案例分析、生命叙事、心理情景剧、团体辅导等教学形式，丰富学生内心体验，让学生在体验中学习、感悟，使其掌握心理调适与激发潜能的技能。除课堂教学外，高等院校还应该将心理教育拓展到日常生活中，生活中对积极事件的体验与感悟，更能增加学生的积极情感认知和沉浸体验效果，更有利于学生积极心理品质的形成与发展。

　　教学效果评价应多元化。人的心理品质是一个内隐的、抽象的、个性的概念，无法用具体标准来衡量。同样，心理教育课程的教学效果也具有内隐性、抽象性、个别性特征，很难用一个具体的、统一的评估体系进行效果评价。因此，积极心理教育课程效果评价应坚持注重发展性和过程性，采用多元、动态的评估方式。评估内容要包括基本知识理解掌握情况、学生积极心理品质形成和发展情况以及实际解决问题的能力提升情况。教学效果评价要突出强调课程效果对受教育者整体性发展的促进情况，重视评价的动态性、情境性，最终实现通过评价全面、客观地反映学生积极心理品质提升情况和心理潜能开发或激发情况等。

2. 开展发展性心理辅导

考虑到大学生心理健康发展需求和影响因素,高等院校的心理辅导也应该改变目前以障碍性心理辅导和适应性心理辅导为主的模式,重点开展发展性心理辅导。发展性心理辅导是指根据个体心理发展的一般规律和特点,结合个体的个性心理特征,帮助和支持个体尽可能圆满完成各自的心理成长历程,使个体能更好地认识自我、接纳自我、调节自我,完善积极人格品质,开发自身潜能。发展性心理辅导的主要任务是对个体的自我意识、情绪调适、意志品质、人际交往与沟通以及群体协作技能进行辅导,培养良好的个性心理品质,提升社会适应能力。

在大学生个体的成长发展过程中,积极人格特质的形成与发展主要是通过内部和外部因素对其所具有的各种现实能力和潜在能力的激发和强化来实现的。当大学生本身具有的某种现实能力或潜在能力在学习和生活过程中不断被激发和强化,逐渐成为一种日常行为习惯时,由这些能力和潜能构成的积极人格特质也就形成或者得到了发展。因此,高等院校心理辅导应在积极人格理论的引导下,结合每个被辅导学生的实际情况,激发和强化学生的某些现实能力和潜在能力,或者帮助和支持学生自我激发和强化某些现实能力和潜在能力,达到促进其某些积极心理品质形成和发展的目的。在心理辅导中引导学生进行积极的情绪和情感体验是帮助和支持学生自我激发和强化的主要途径。

二、加强高等院校生涯管理工作

大学生心理健康与大学生生涯规划能力有着密切关系,二者互相影响、互相促进。高等院校生涯管理工作还需进一步加强,大学生的生涯规划能力还有待进一步提升。面对大学生心理健康发展的需要,高等院校生涯管理工作不仅要确立正确的工作指导思想和原则,还要创新和拓展生涯管理的途径。

1. 确立正确的工作指导思想

综观当代社会人力资源需求趋向,高等院校生涯管理的实质就是对学生能力的培养和训练,主要任务和核心目标是培养和提升大学生的生涯规划能力。强化高等院校生涯管理工作,要积极吸取中国传统文化精髓,充分体现马克思主义关于人的全面发展的观点,树立全程化、全方位开展生涯管理的思想。因此,构建高等院校生涯管理体系要坚持四个原则。

第一,坚持学习借鉴国外先进理念与吸取我国传统文化中的朴素思想相结合的原则。国外生涯发展理论引入我国已多年,学者们在本土化研究方面确实取得了一些成绩,但是面对当前经济结构调整的特殊时期和大学生就业的复杂形势,已经取得的成果在解决大学生生涯发展问题中的效果不尽如人意,如何建立中国的生涯管理教育体系再次引起人们的深思。因此,只有将学习借鉴国外先进理念与吸取我国传统文化中的朴素思想相结合,才能构建本土化的高等院校生涯管理理论,开展适合中国大学生的生涯管理工作,主要体现在五个方面:一是德为才之先,在生涯规划与管理上,大学生的成"人"首先是道德品质成人、精神信仰成人；二是在大学生个人生涯规划中要体现出人与环境和谐统一的思想；三是引导学生在生涯规划过程中坚持把个体价值的实现与社会价值的实现相结合；四是引导学生辩证地看待失利，使其认识到人生不能总试图站在最高峰，要知退让、懂权变；五是将生涯管理与人生观和价值观教育结合起来，发挥传统教育作用。

第二，坚持社会需要与个人发展相统一的原则。高等教育具有社会服务功能与个体发展功能，应把满足社会的需要与满足个体发展的需要有机结合起来。社会服务功能主要包括服务和服从于国家社会主义建设中经济发展的需要、民主政治建设的需要和文化发展的需要等，个体发展功能主要包括个人成长的需要、个人职业发展的需要等。高等教育具有的这些功能是客观存在的，但人们对其价值的判断则会因为客观条件和主观认识的不同而存在差异。例如一些高等院校曾经一度将生涯管理简单理解为"辅导学生如何找一份理想工作""教育学生如何为社会服务"等，导致学校生涯管理工作功利主义思想泛滥，忽视了受教育者个性化发展。我们要从过去的错误中吸取教训，在生涯管理中引导学生将个体发展与国家和社会发展需求相结合，既要关照个体个性化发展，又要发挥社会主流价值观在生涯管理中的导向作用，要避免学生过度关注当下利益。在高等院校生涯管理活动中只有把社会需要与个人发展相统一，实现组织与个人双赢，才能保证生涯教育效果。

第三，坚持全程与阶段、全面与重点相结合的原则。高等院校生涯管理的内容十分广泛，其关注的是大学生在校期间和毕业以后个人所拥有的所有职位和角色。因此，高等院校生涯管理是贯穿大学生培养教育全过程的系统辅导体系，必须从其成长发展的客观规律出发，根据其不同阶段心理活动特征和生涯发展特点，制定出相应的辅导目标，开展相应的辅导工作，循循善诱、循序渐进地引导和帮助大学生管理和规划自己的大学生涯。在高等院校生涯管理工作中高等院校既要制定针对每个群体的全程辅导目标，又要设计他们在校期间每个阶段的目标；既要广泛开展涉及生涯发展各方面的生涯辅导，又要针对不同阶段的需要开展重点辅导。高等院校只有坚持全程与阶段、全面与重点结合的原则开展工作才能够真正实现生涯管理目标。

第四，坚持整体辅导与个别指导相结合的原则。大学生生涯发展既有群体共性问题也存在个体个性差异，因此，高等院校生涯管理既要有针对共性问题的辅导，又要有针对群体或个体差异的分类别或个别的指导。在具体实施过程中，对大学生群体普遍存在的生涯发展问题适宜整体辅导，如采取课堂讲授、专题讲座、主题班会等形式；对大学生个体具体生涯发展问题，除进行集体辅导外，还应该注重个体辅导工作，尊重个体差异。个别辅导应该做到具体分析个体的个性特点，有针对性地进行研究和辅导，指导学生发展显能，开发潜能，引导学生发现自己的最佳发展领域，使每一个学生都能在这些领域得到最优发展。

2. 拓展高等院校生涯管理实施的途径

生涯管理实施途径和工作方式过于单一是当前我国高等院校生涯教育成效甚微的主要原因之一。因此，高等院校需要通过建立生涯发展课程体系、校园文化建设、专门指导和咨询服务、开发校友资源等多种途径开展生涯教育,发挥综合作用,以达到最佳效果。

（1）生涯发展规划指导课程

开设大学生生涯发展规划指导课程的目的是指导大学生学习生涯规划知识与技能,引导大学生明确自身未来生涯发展方向,帮助大学生设计与规划人生发展道路。当前我国大学生生涯发展规划指导课程的主要任务有五个方面。

第一,正确认识自我的教育。高等院校生涯发展规划指导课程主要介绍自我探索的理论与方法,引导学生深入了解自己的能力及能力倾向、兴趣、个性特点等情况,客观分析、认知自身人生价值取向、职业价值观、生涯发展方向等。学生自我认知与学校、教师、同学等的外在评价相结合的方式,可以帮助大学生客观、全面地认识自己。学生开展生涯探索的基础来自其对自我状况和个人价值观的深入了解,因此,自我认知教育是生涯发展规划指导课程的基础内容。

第二,生涯规划意识培养和生涯规划知识教育。大学生是生涯规划的主体,生涯规划意识是他们进行生涯规划的前提,只有充分调动其内在规划需要才有可能产生自我规划的动机。因此,高等院校生涯管理的首要任务是培养大学生的生涯规划意识。生涯规划知识教育主要是让学生了解生涯规划的基本理论、知识,了解各种职业的基本特征和发展趋势,使学生掌握生涯规划的内涵、特性、遵循原则和影响因素,掌握开展生涯规划的基本步骤与方法,为探索科学的生涯发展途径奠定理论基础。

第三,生涯抉择能力的培养。大学生生涯抉择能力在整个大学生生涯规划中起到承上启下的作用,是高等院校生涯发展规划指导课程关注的重要内容。生涯发展规划指导课程要指导大学生了解生活中各种可能面临的选择,面对决策情境能收集、运用已有资料,权衡各种选择之间的利弊进行生涯抉择,包括职业类别、生涯路线、目标、行动措施等抉择。

第四,职业环境的认知教育及职业素质与适应力的培养。生涯发展规划指导课程要引导和帮助大学生尽可能全面、深入地了解当前的社会环境与职业世界,使其熟悉所学专业涉及职业的发展环境,尤其是未来该职业的胜任能力要求、组织发展战略以及经济、政治、文化环境等,使其在知己知彼的基础上增强规划的针对性和有效性。生涯发展规划指导课程还要进行职业劳动素质、职业道德、身心素质等职业素质的培养,引导大学生既志存高远又夯实基础,具备良好的职业适应能力。

第五,培养大学生开发自身潜能的能力。开发潜能意识的教育与培训是高等院校生涯发展规划指导课程的重要内容。有心理学家指出,多数人一生只有4%的能力发挥出来,剩余96%的能力还未开发。因此,在生涯发展规划指导课程讲授中教师要给予每个学生充分展示的机会,通过施展才能,使其认识到自身具有的巨大潜能,这种潜能会存在于各种活动中,潜能的开发对人的成功具有很大作用,一定程度上决定着生涯目标的实现。同时,教师还要培养大学生在生涯发展过程中发现并发掘个人潜能的能力,使大学生能够自觉开发自身潜能。

（2）校园文化活动

高等院校校园文化活动的内容十分广泛，它通过内容丰富、形式多样的活动对大学生价值观念、道德情操、思想内涵和行为模式的形成与发展发挥着重要的影响。因此，开展丰富多彩的校园文化活动，是高等院校实施生涯辅导和影响的重要途径。就生涯管理来看，开展校园文化活动的形式主要有班会活动、社团活动、社会实践活动等。

第一，班会活动。班会活动是大学校园文化活动的基本方式，也是大学生自我教育的重要阵地，它不仅具有教育功能，还具有娱乐等功能。班会活动是大学生创新活动的乐园，主要包括模拟表演、分组竞赛、相互咨询、专题报告、节日纪念、现场体验、经验交流、专题辩论、实话实说、总结归纳等形式，它能够吸引广大学生积极参与，调动学生的积极性和创新性。体验式情境培训已经成为班级生涯指导的一种创新形式，受到大学生的欢迎。体验式情境培训是近年来一些高等院校主题班会开展生涯指导的创新形式，是大学生通过设计职业生涯活动模型和模拟职业活动获得新的知识、工作技能、工作态度的方法。教育心理学相关研究表明，体验式情境培训给学生带来的知识掌握程度要远远超过传统意义上的教学活动。体验式情境培训包括情景活动、角色扮演等方面，让学生能通过亲身体验在较短时间内获得最多的经验。

第二，社团活动。学生社团是自发的有特定活动内容的学生组织，它们自我管理、自我服务，受学校团组织的统一监管。高等院校社团活动是参与人数最多、活动范围最广、内容最丰富的学生校园活动，有效地活跃了大学生活，深受广大学生的青睐，已成为大学生展示自己才华的重要载体和校园文化的主力军。高等院校应将生涯辅导的有关因素有机融入学生社团活动，通过营造生涯发展氛围，发挥社团活动在大学生生涯教育中的载体作用。社团活动对大学生的全面发展有多方面的意义，综合来看主要有三点：其一，学生可在社团学到人际关系技巧与领导技巧，并能够有机会展露自己的才能，这些有助于其日后的职业生涯发展；其二，参与各种活动与人际交往有助于学生了解自己、确立志向、实现自我发展；其三，参与各种有趣的活动可使学生得到情绪的释放与满足。通过社团活动这种无压力的形式来进行生涯教育，无疑会让学生感觉更为从容自如。研究表明，参与社团时投入越多、贡献越大者，其学习和成长收获越丰厚。因此，高等院校应鼓励大学生积极参加学生社团，以提升自身发展能力。

第三，社会实践活动。社会实践活动有利于培养和提高大学生实践能力和职业技能。大学生在社会实践活动中既磨炼了意志、锻炼了能力、了解了社会，又能对所学专业应用前景以及与理想职业匹配情况有一个感性认识，促进其积极构建与理想职业需求相符的能力结构、知识结构。在实践活动过程中，大学生既可以体验和感悟职业岗位需求变化对职业能力的影响，根据变化适时调整职业生涯发展计划和职业生涯目标，还能够了解当下人才市场对基本职业能力和基本职业素质的要求，明确努力方向，提高行业关注度和敏感度。因此，要充分利用各种资源搭建实践锻炼平台，为大学生创造更多接触社会、了解社会、锻炼能力的机会,如开展大学生志愿者活动、"三下乡"活动、社区咨询服务活动等有明确目标的社会服务性实践活动。

（3）开展生涯规划咨询

高等院校生涯咨询是高等院校为了满足大学生生涯发展需要组织开展的一种由专业人员参与的咨询指导服务,目的是帮助学生提高自我认知能力和自助能力,指导学生求职,帮助学生做出生涯决策,最终促进学生的职业成功与生涯发展。

第一,建立咨询室,开通咨询热线。建立生涯规划咨询室,开通生涯咨询热线,为学生提供生涯规划辅导服务是高等院校生涯管理的工作形式之一。高等院校的生涯规划咨询应包含生涯发展咨询和心理咨询,由经验丰富的专业咨询人员从事这项工作。生涯发展咨询则以发展心理学、成功心理学、人力资源管理学为理论基础,开展生涯发展与规划的咨询服务。生涯发展咨询的形式主要有面对面个别咨询、团体咨询和电话咨询。

第二,建立生涯资料袋。通过为学生建立生涯资料袋,为其生涯规划和发展提供帮助与指导,是高等院校生涯管理工作的基本任务之一。其主要是利用人格测验、能力测验、职业兴趣测验等专业测量工具定期为大学生开展测量服务,帮助大学生进一步了解自己的职业兴趣、能力倾向、个性特征、社会态度等个性特点,并整理这些信息资料,建立个人生涯资料袋,为将来学生了解自己和指导教师研究指导学生做参考。高等院校一般在大一和大三分两次定期开展专业心理测试,第一次心理测验是为了了解学生基本状况,第二次心理测验是为学生职业选择提供参考。学生在校期间,其生涯资料袋应不断丰富,高等院校应将学生参与职业辅导、参加职业活动以及能够反映个体职业心理发展特征的资料均保留下来,以便为将来帮助学生进行职业选择提供依据。

（4）开发校友资源

校友是学校的一笔宝贵财富,他们不仅传承着学校的历史文化,更有着丰富的社会阅历、生涯发展经验和优秀的社会资源。邀请事业、学业有成的校友与学生交流,向同学们传授经验,能够发挥其榜样和示范作用,激发学生的探索欲望和创新意识,有利于引导学生积极主动借鉴校友的成功经验,科学合理地规划职业定位,纠偏避误,扬长避短,更好地适应社会发展需求。

三、构建积极人际支持机制

从调查数据看,在对大学生心理健康具有重要影响作用的十个因素中人际支持因素排在第一位,来自家庭的、同学的和知心朋友的信任、帮助、理解、关心等对大学生心理健康的影响最为明显。因此,在大学生教育管理过程中积极构建来自家庭和同龄人的人际支持机制就显得非常重要。

1.建立促进家庭支持的沟通机制

对大学生心理健康影响因素的调查分析显示,"从家庭成员处得到理解、支持和帮助"

一项影响力得分最高，这说明来自家庭的影响和支持对大学生心理健康发展有着重要影响。许多学者的研究也表明，来自父母的理解与支持对大学生人际信任、乐观品质、韧性品质、主观幸福感等都有显著影响。

家庭是大学生自出生以来成长生活的地方，大学生与家庭成员有着深厚的感情和不可替代的信任感，大学生无论是经济上还是心理上都与家庭保持着密切联系，在大学生心理健康发展中家庭应该发挥其必不可少的作用，因此，高等院校积极促进学生家庭成员对大学生的理解和支持，也是大学生心理健康教育不可或缺的重要举措。

通过适当方式让家庭成员了解学校和学生。在信息技术发达的今天，距离已经不再成为沟通的障碍，学校可以通过学院网站专栏、QQ群、微信等方式，与学生家庭建立联系通道，定期把学生所在学院或专业的教学、科研、学生工作等进展情况，学生积极参与上述工作取得业绩情况以及学科发展情况和专业的社会需求情况传递给学生家庭，让家庭成员了解学生的学习生活状况，了解学生未来职业发展情况以及学生将会面临的各种挑战等，增强家庭成员对大学校园生活和未来发展的全面了解，提升家庭成员对学生的理解、关怀与支持。

定期开展不同形式的家长论坛。大学生来自五湖四海，学生家长的受教育程度、生活经历、认识问题的角度、子女教养方式等都存在着很大差别，他们对高等教育认识和了解程度差异很大，对大学生的成长与发展的关注程度和层次差异也很大。面对这样一种现状，学校与家庭之间如果只有单向的信息交流，收效不会显著。学校还必须通过多种途径和多种形式与学生家庭成员进行交流互动，一方面调动家庭成员关注学校教育、关注学生成长的主动性；另一方面，深入了解学生与家庭成员的沟通联系状况，引导家庭成员给予大学生更多的理解、支持和帮助。具体途径和方式包括举行网上视频论坛、召开年度部分家长见面会、利用寒暑假进行家庭走访等。

开展针对家长的专项教育咨询服务。由于不同学生家庭成员的整体素质水平不同、经历不同、家庭情况不同，学生与家庭成员的沟通情况也不尽相同，得到家庭成员的理解、支持和帮助的程度也不相同。学生遇到问题可以到学校的专门咨询机构来寻求帮助，但是，单项解决问题的效果会大打折扣。因此，学校要开展家长专项咨询服务，由专门的工作人员和辅导员或学生任课教师来参与服务，为那些与学生交流问题的家长提供帮助，帮助其与学生重建较好的沟通，达到互相理解，使学生能够感受到来自家庭的温暖。

2. 引导学生群体开展互助活动

大学生群体年龄相仿、生理与心理发展特征相近，在学校朝夕相处，相互之间沟通和帮助便利，也更容易相互接受和理解，因此，引导学生开展互助活动，有利于大学生获得人际支持，增强自信心，促进自我接纳。同学之间的互助主要包括学习与生活方面的互助和心理互助。

指导学生组织开展面向广大学生的志愿服务。目前，高等院校学生群体中的学生组织

（这里指正式组织）主要有党组织、团组织、学生会、班委会以及各种社团，这些学生组织在配合学校管理、丰富校园文化生活以及开展社会志愿服务方面发挥着积极作用。但是这些志愿服务的内容主要是对社会弱势群体的帮困活动，对本校内同学之间开展的志愿服务活动普遍关注较少。因此，学校应该积极引导校内的学生组织在同学之间开展志愿服务活动，同学之间的志愿服务活动有别于针对社会开展的志愿服务活动，体现为一种群体内的互助，主要包括四个方面：一是在生活适应方面的帮助，主要体现为对各种生活不适应同学的帮助；二是在学习方面的帮助，主要体现为对那些专业学习确实有困难学生的帮助；三是家庭生活方面的帮助，主要体现为对家庭有后顾之忧或者是经济困难学生的帮助；四是职业发展方面的帮助，主要体现为对那些自我规划能力不足、择业与就业困难学生的帮助。

组织开展学生心理互助活动。学校组织大学生开展心理互助活动主要可以通过"隐蔽式"心理互助和朋辈心理互助的方式开展。"隐蔽式"的心理互助活动主要是通过学生之间匿名沟通的方式，告诉别人自己在心理上存在的某些障碍，以获得大家共同帮助的方式。"隐蔽式"的心理互助活动可通过如下步骤来实现：第一步，学生以匿名的方式写下自己心理上的困惑和烦恼，由年级或者是班级几位同学进行收集和整理，这种方式可以消除学生对隐私泄露的担忧和顾虑；第二步，将收集整理的咨询信件以随机分发方式再发给每一位参与者，这样每位参与者都可以收到一封他人的咨询信，根据咨询信上的困惑，通过自己的理解写下自己的建议；第三步，将同学们写好建议之后的信根据每位同学对应的代号反馈给每一位同学；第四步，对反馈回来的各种建议进行归纳总结，提炼出比较典型的案例，然后组织小组讨论这些案例，以提高每位参与者对这些问题的认识。朋辈心理互助是指同龄人之间进行的心理辅导。具体做法是学校面向学生群体招募朋辈辅导员，学生自愿报名参加，对招募来的符合基本要求的志愿者进行系统专业培训，经考核合格后，这些志愿者根据自己所掌握的专业知识为需要帮助的学生提供一些专业性的建议或指导，使受助者开阔思维、缓解压力，摆脱心理困境。

参考文献

[1] 陈孝彬 . 教育管理学（第三版）[M]. 北京：北京师范大学出版社，2008.

[2] 范国睿 . 学校管理的理论与实务 [M]. 上海：华东师范大学出版社，2003.

[3] 安文铸 . 现代教育管理学引论 [M]. 北京：北京师范大学出版社，1995.

[4] 安文铸 . 学校管理研究专题 [M]. 北京：科学普及出版社，1997.

[5] 冯大鸣，吴志宏 . 教育管理学参考读本 [M]. 上海：华东师范大学出版社，2002.

[6] 李保强 . 学校管理学 [M]. 北京：高等教育出版社，2002.

[7] 陈桂生 . 到中小学去研究教育 [M]. 上海：华东师范大学出版社，2000.

[8] 范国睿 . 多元与融合：多维视野中的学校发展 [M]. 北京：教育科学出版社，2002.

[9] 孙灿成 . 学校管理学概论 [M]. 北京：人民教育出版社，2000.

[10] 冯大鸣 . 沟通与分享：中西教育管理领衔学者世纪汇谈 [M]. 上海：上海世纪出版社，2002.

[11] 周三多 . 管理学原理与方法第六版 [M]. 上海：复旦大学出版社，1997.

[12] 黄云龙 . 现代教育管理学 [M]. 上海：复旦大学出版社 1993.

[13] 黄崴 . 教育管理学：概念与原理 [M]. 广州：广东高等教育出版社，2002.

[14] 黄志成，程晋宽 . 现代教育管理论 [M]. 上海：上海教育出版社，2001.